いちばんやさしい

タロット入門

ウエイト＝スミス版対応

美園環希＝著

ナツメ社

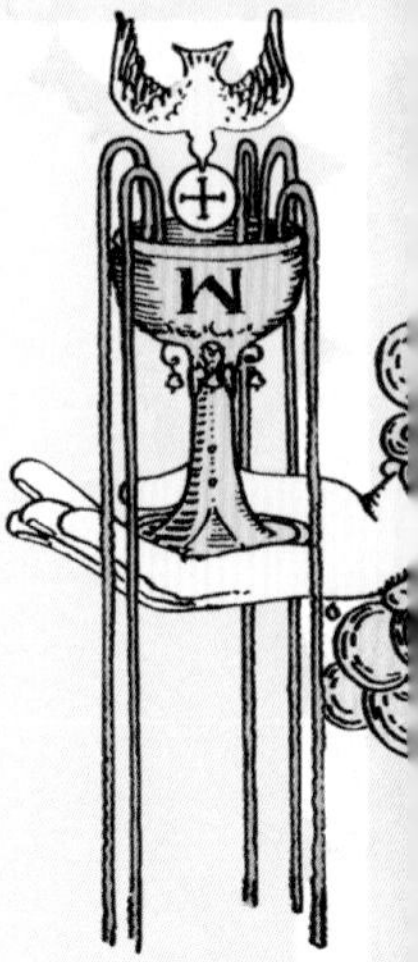

はじめに

最近では、タロットカードも入手しやすくなり、興味を持ってくださる方も増えました。特別な能力や特殊な才能がなければタロットカードはできないのかしら……？　いえいえ！　心配はいりません！　ベテランの方々にも、初めての時はあったのです。

私は占いの館で長年対面鑑定をしてきましたが、もっとタロットカードを皆さんにお伝えしたくて、初心の頃を思い出しながらこの本を書きました。初心者の方に必要と思われる基本的なことをまとめてあります。この１冊があれば、タロットカード占いをスタートしていただけるでしょう。また、これまでの経験の中で、気づいたことや、ぜひお伝えしたいと思うことも書かせていただきました。こちらは、タロットカードの中級レベルの方やこれからプロのタロットリーダーを目指す方にもお役に立てるのではないかなと思います。そのような部分は初心の方にはまだ少し難しいかもしれませんね。最初からすべての情報を頭に入れる必要はありません。まずはタロットカードの楽しさや不思議さを味わいながら、自分なりにタロットカードと親しんでみてください。

人は幸せになるために生まれてきたのだと私は思っています。つらい時、迷った時……自分自身や必要とする方々のために、タロットカードがきっとお役に立つでしょう。そんな時、この本を活用していただけるならどんなにうれしいことでしょう。同じ学びの道の仲間として心から応援しております。

美園環希

もくじ

いちばんやさしいタロット入門

はじめに……2
もくじ……3
本書の特長・使い方……8

第1章 タロットカードとは？……9

タロット占いとは？……10
タロットカードって何？……11
いつ、どこで生まれたの？……12
どんなことが占えるの？……13
どうして当たるの？……14
導き出された未来は絶対なの？……15
本書で解説するタロットカードについて……16
タロット学へようこそ vol.1 タロットカードの移り変わり……18

第2章 22枚の大アルカナ……19

大アルカナとは、重要な意味を秘めた22枚のカード……20
カード解説の読み解き方……21
0 愚者……22
Ⅰ 魔術師……24
Ⅱ 女教皇……26
Ⅲ 女帝……28
Ⅳ 皇帝……30
Ⅴ 法王……32
Ⅵ 恋人……34
Ⅶ 戦車……36
Ⅷ 力……38
Ⅸ 隠者……40

X 運命の輪 42
XI 正義 44
XII 吊るされた男 46
XIII 死神 48
XIV 節制 50
XV 悪魔 52
XVI 塔 54
XVII 星 56
XVIII 月 58
XIX 太陽 60
XX 審判 62
XXI 世界 64

タロット学へようこそ vol.2 大アルカナと占星術の関係 66

第3章 56枚の小アルカナ 67

小アルカナとは、四大元素の四要素を表す56枚のカード 68
カード解説の読み解き方 69
ワンドのエース 70
ワンドの2 71
ワンドの3 72
ワンドの4 73
ワンドの5 74
ワンドの6 75
ワンドの7 76
ワンドの8 77
ワンドの9 78
ワンドの10 79
ワンドのペイジ 80
ワンドのナイト 81
ワンドのクイーン 82
ワンドのキング 83
カップのエース 84
カップの2 85
カップの3 86
カップの4 87
カップの5 88
カップの6 89
カップの7 90
カップの8 91
カップの9 92
カップの10 93
カップのペイジ 94
カップのナイト 95
カップのクイーン 96
カップのキング 97
ソードのエース 98
ソードの2 99
ソードの3 100
ソードの4 101
ソードの5 102
ソードの6 103

ソードの7……104
ソードの8……105
ソードの9……106
ソードの10……107
ソードのペイジ……108
ソードのナイト……109
ソードのクイーン……110
ソードのキング……111
ペンタクルのエース……112
ペンタクルの2……113
ペンタクルの3……114
ペンタクルの4……115
ペンタクルの5……116
ペンタクルの6……117
ペンタクルの7……118
ペンタクルの8……119
ペンタクルの9……120
ペンタクルの10……121
ペンタクルのペイジ……122
ペンタクルのナイト……123
ペンタクルのクイーン……124
ペンタクルのキング……125
タロット学へようこそ vol.3 小アルカナと「生命の樹」の関係……126

第4章 スプレッドを学ぶ

第4章 スプレッドを学ぶ……127
タロット占いの準備をしましょう……128
タロット占いで守るべきルールについて……129
基本のシャッフル＆カットを行いましょう……130
あれ？ 困った…こんな時はどうしたらいい？……131
SPREAD1 ツー・オラクル……132
SPREAD2 スリー・カード……133
SPREAD3 ファイブ・カード……134
SPREAD4 ヘキサグラム……135
SPREAD5 ラブ・クロス……136
SPREAD6 二者択一……137
SPREAD7 チョイス・スプレッド……138
SPREAD8 ケルト十字スプレッド……140
SPREAD9 ホロスコープ・スプレッド……142

SPREAD10 ラブ・ホロスコープ 144
SPREAD11 トゥエルブ・メッセージ 146
SPREAD12 ナイン・カード 148
SPREAD13 キャラクター・スプレッド 150
SPREAD14 パーセンテージ 152
SPREAD15 願望実現スプレッド 154
SPREAD応用編1 3枚引きコンビネーション 156
SPREAD応用編2 ワン・オラクル 157
デイリータロット占い ワン・オラクル 毎日のラッキーキーワード 158
SPREAD応用編3 ドリーム 160
タロット学へようこそ vol.4 誰かを占う際に心がけること 162

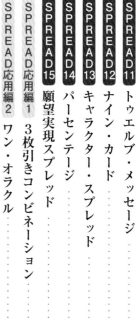

第5章 実践編 鑑定で学ぶ

第5章 実践編 鑑定で学ぶ 163
リーディングのコツを伝授！ タロット占い鑑定例 164
相談1▼▼美貌を保つにはどうしたらいい？ 165
相談2▼▼旧友との関係を取り戻すには？ 166
相談3▼▼仕事を辞めて新規事業を手伝うべき？ 167
相談4▼▼夫とこの先やっていけるか不安です 168
相談5▼▼このまま彼とつき合って大丈夫？ 169
相談6▼▼人間関係に悩んでいます。転職したほうがいい？ 170
相談7▼▼どちらとおつき合いできるか悩んでいます 171
相談8▼▼サークル活動を楽しく続けられる？ 172
相談9▼▼来月の運勢を教えて！ 174
相談10▼▼30代をどう過ごしていけばいい？ 175
相談11▼▼この先、素敵な出会いはある？ 176

相談12▼いつかは彼女ができる？ 177
相談13▼失恋から立ち直れる？ 178
相談14▼転職後はうまくいきますか？ 179
相談15▼同僚のAさんはどんな人？ 180
相談16▼アプリで知り合った彼…… 181
相談17▼片思いの人がいます 181
相談18▼起業した仕事で成功するためには？ 182
相談19▼彼から別れを告げられた 183
相談20▼今日1日ラッキーに過ごしたい！ 184
相談21▼面接はうまくいく？ 184
相談22▼デートを成功させたい！ 185
相談23▼自分を魅力的に見せたい！ 185

タロット学へようこそ vol.5 さらに読み込みを深めたい人へ 186

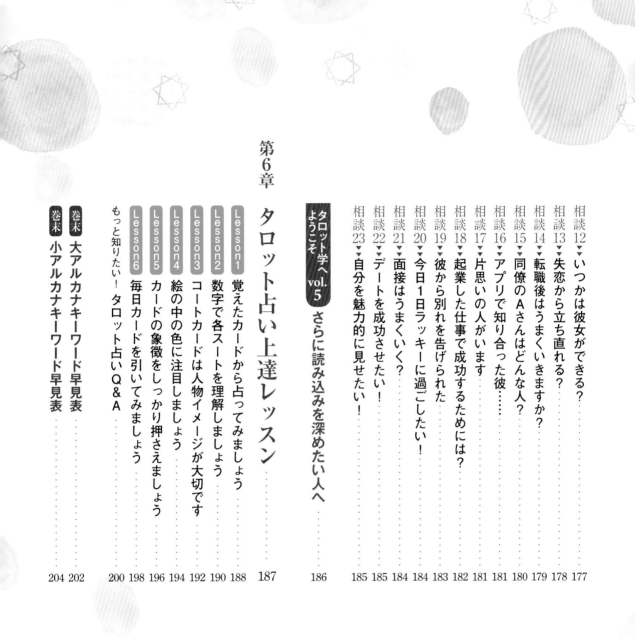

第6章 タロット占い上達レッスン 187

Lesson1 覚えたカードから占ってみましょう 188
Lesson2 数字で各スートを理解しましょう 190
Lesson3 コートカードは人物イメージが大切です 192
Lesson4 絵の中の色に注目しましょう 194
Lesson5 カードの象徴をしっかり押さえましょう 196
Lesson6 毎日カードを引いてみましょう 198
もっと知りたい！ タロット占いQ＆A 200

巻末 大アルカナキーワード早見表 202
巻末 小アルカナキーワード早見表 204

本書の特長・使い方

スキルのすべてがここにある！
タロット占いの決定版！

カードの基本的な意味からリーディングの応用レッスンまで、この1冊で万事解決。タロット占いのすべてがつまった入門書です。
1章はタロットの成り立ちや考え方について。2～3章は78枚のカード解説。4章は占い方やスプレッド紹介。5章はプロの鑑定例。6章は応用力を鍛えるレッスン。順番に章を読み進めていけば、タロット占いを楽しくマスターしていけるでしょう。
その他、解釈のコツやプロの隠し技を「コラム」として随所に収録。さらに一歩踏み込んだ上級者向けの「タロット学」も各章末に掲載しています。
本書をタロット占いを極めたいと願うすべての人に捧げます。

Point1

テーマ別の豊富なキーワード！

78枚の基本的なキーワードに加え、過去・現在・未来・恋愛と結婚・仕事・家庭・対人・お金の意味を丁寧に解説しています。

Point2

18のスプレッドを紹介！

カードの並べ方・質問例を豊富に用意しました。いろいろな配置を試すことができて、タロット占いの奥深さを実感できます。

Point3

23の鑑定例でレベルアップ！

スプレッドごとの実例集をたっぷり掲載しています。プロの鑑定の様子から、リーディングのコツやヒントが見つかるはずです。

Point4

巻末にキーワード早見表つき！

78枚の正位置・逆位置キーワードをわかりやすく確認できる一覧表がついています。占いに慣れるまでの心強い助けとなるでしょう。

第1章

タロットカードとは？

タロット占いとは？

心の真実を映し出し未来を伝える神秘のカード占い

タロット占いとは、タロットカードと呼ばれるカードを使った占いのことです。『運命の輪』『吊るされた男』『塔』『審判』といった神秘的な絵柄が描かれたカードからインスピレーションを得て、様々な事柄を占います。たくさんの占いの中でも、特に的中率が高いカード占いとして有名なため、名前を聞いたことがある方も大勢いらっしゃるのではないでしょうか。実際のところ、タロット占いの名手といわれる占い師さんには、鑑定依頼が殺到しています。

ただし、こう聞くと、「タロット占いは、素人には手に負えないのでは……」と思い、挑戦するのをためらってしまうかもしれませんが大丈夫。タロット占いに特別な能力は必要なく、年齢も関係ありません。興味を持った方なら、どなたでもすぐに始められます。タロットカードと親しむうちに、自然とタロットの専門知識や占い方が身についていくでしょう。初心者の方でも、カードは答えをしっかりと出してくれるのです。

偶然、広げられたカードから、意味のあるメッセージを受け取る……。それは、タロットカードが、あなたの心の中に隠されていた真実を読み取った瞬間といえます。つまり、タロット占いは、あなたの心の声を映し出す占いなのです。そして、あなたの心は、質問に対する答えをすでに知っています。なぜなら、心は時間も空間も関係なく、自由に行き来できるからです。あなたが心の奥で「未来はこうなる」と感じたことを拾ってくれるタロット占い。この占いこそ、悩みを抱えるあなたが決断を下す時、もっとも納得のいく答えを示してくれる神秘のツールといえるのです。さあ、タロット占いの世界へ参りましょう。

タロットカードって何？

大小アルカナ78枚で構成される象徴に満ちたカード

タロットカードとは、大アルカナと呼ばれる22枚の絵札と、小アルカナと呼ばれる56枚を合わせた、78枚で構成されているカードです。アルカナとは、ラテン語で「隠されたもの」という意味。78枚のフルセットをフルデッキと呼びます。

大アルカナには『愚者』『星』といったタイトルがつけられていて、それぞれに絵が描かれています。一方、小アルカナはトランプのように4つのグループに分かれており、それぞれ数と人物が登場します。タロットカードに描かれた絵にはすべて意味があり、1枚ごとに異なるメッセージを秘めています。

例えば、大アルカナの『愚者』を見た場合、白い太陽、白いバラ、白い犬が描かれています。白い太陽は神聖さを表し、旅人が祝福された存在であることを示しているのです。また、白いバラは、旅人の汚れない心を象徴したもの。そして、白い犬は、旅人に「この先には崖が迫っていますよ」と危険を知らせる、友人や周囲の人々の存在を表しています。

小アルカナを見てみますと、同じく1枚ごとに意味があります。例えば、『ワンドの2』では、赤い帽子の男が、地球儀とワンド（こん棒）を持って、遥か遠方を望んでいます。これは、男が情熱を胸に抱き、積極的に何かをやろうという目的意識を持っていることを示すのです。

このことから、赤は情熱や、野心の象徴だとわかるでしょう。ただし、カードの背景は灰色で、男は灰色の石の上に立っています。そのため、「まだ、先の見通しは立っていない」「けれど、着実に歩んできているので、一定のものは手に入れた」ということがわかるのです。大アルカナと小アルカナのさらに詳しい解説は、第2章、第3章をご覧ください。

いつ、どこで生まれたの？

ルーツは15世紀頃にヨーロッパで誕生したゲーム用のカード

神秘的な絵柄から古い歴史を持つカードという印象を受けますが、ルーツはそれほど昔ではなく、15世紀中頃ということが現代の研究によりわかっています。中国やインドで生まれたゲーム用のカードが西ヨーロッパに伝わり、ルネサンス期の北イタリアにおいて、ゲームをより複雑化するために絵札が加えられたのです。つまり、最初から占い用のカードとして誕生したわけではなく、最初はありふれたゲーム用のカードでした。

このカードが占いのツールに変化したのは、18世紀末頃のこと。その頃、フランスにクール・ド・ジェブランという学者がいて、「タロットの起源は古代エジプトにある」という学説を発表しました。当時のヨーロッパはエジプトブームで、「タロットは、古代エジプトの英知をたたえたものであり、様々な神秘的事柄を含んでいる」と考えられたからです。現在の歴史的見解からするとまったくの誤りですが、この説は多くのオカルト主義者や占い師の心をつかみました。以来、占いにタロットを使う人たちがたくさん現れるようになったのです。

19世紀末には、神秘的な哲学を研究する集団の中で、タロットの意味がさらに掘り下げられ、オリジナルのタロットカードが作られるようになりました。

20世紀に入ると、イギリスの神秘主義者アーサー・エドワード・ウエイトの指導の下、画家のパメラ・スミスが作画を担当し、独自のタロットを作り上げます。これが世界でもっとも普及している、ウエイト＝スミス版と呼ばれるタロットです。18世紀より前に、タロットが占いの道具として広く普及していたという証拠はなく、意外にも歴史の新しいカードだったのです。

どんなことが占えるの？

基本的にどんな内容もOK 具体的な質問が◎

基本的に、どんな内容でも占うことができるでしょう。現在、過去、未来、恋愛、結婚、仕事、お金など、およそ知りたいことなら何でも占えます。例えば、「今日の運勢が知りたい」という質問はもちろん、「この恋が今後どうなるかを知りたい」「運命の相手に出会えますか？」などの未来、「転職するか、今の職場にとどまるべきか」などの二者選択、「あの人は私が好き？」「あの人の今の状況を知りたい」といった、相手の心の中や状態など、およそ考えつく限りのことが、何でも占えるのです。

また、特に占いたいことが思い浮かばないから占ってはいけないということはありません。「今日のラッキーファッションは何？」という気軽な問いかけにも、タロットは答えてくれるでしょう。

ここでポイントとなるのが、「はっきりした答えを求めているなら、質問内容もはっきりさせる」ということ。同じ恋愛についての質問でも、漠然と「相手の気持ちが知りたい」ではなく、「今、この瞬間、相手は自分をどう思い、何を求めているのか教えてください」といったように、できるだけ具体的な質問をするのです。そうすれば、カードも具体的な回答を示してくれるでしょう。

一方、タロットでは一般的に「タブー」とされている内容もあります（129ページ参照）。最たるものは、生死に関わること。このように重大な事柄を占おうとすると強い緊張感を伴い、結果次第では、冷静な解釈ができなくなる恐れもあるため、やめておくべきです。また、同じ質問を繰り返すのも、同様にタブーとされています。どの結果を信じていいのかわからなくなり、総じて占った意味がなくなってしまうからです。

どうして当たるの？

無意識や宇宙からのメッセージを受け取るため

私自身は、タロットカードも、他の占いと同様に、「当てものではない」という感覚ではあります。「当てもの」とは、「当てることだけを目的としたもの」という意味です。しかしながら、その的中率の高さは、誰もが認めるところではないでしょうか。

タロットが当たる理由として考えられるのは、何らかのメッセージを受け取っているため、というもの。おみくじ類もそうですが、偶然引いた、または出たカードに、無意識の領域からの、あるいは宇宙からのメッセージが込められているように思います。

特にタロットカードに関しては、カードのデッキ構成が「カバラ（ユダヤ神秘主義）」でいう「生命の樹」と対応しており、この世の森羅万象を解き明かすように作られているのも理由の一つだと個人的には考えています（「生命の樹」については、126ページで詳しく解説していますので、ご参照ください）。

要するに、そもそもタロットカード自体が、「無意識や宇宙からのメッセージを受け取れるように構成されているのだ」と言えるのです。

ちなみに、「当たる」と信じれば信じるほど、不思議とタロット占いは当たるようになります。自分の存在する世界において、「タロットカードは当たる」のだという信念が、高い的中率を現実のものにするのでしょう。

これはまさしく「引き寄せの法則」です。これは、「自らが思い描いた事柄は、どんなことであれ現実になる」という成功法則の一つです。そのように考えると、タロット占いをする時には、引き寄せ的なエネルギーが加わっているのかもしれません。

導き出された未来は絶対なの？

このまま進むとどうなりやすいかを教えてくれるもの

タロット占いについて、私はこう考えています。「その時出た結果は、占った時の考え方や行動での、未来予測のような意味合いだ」と。つまり、「今のまま進むと、このようになる可能性があります よ」ということを、カードが教えてくれているのです。しかし、これはあくまでも可能性なので、絶対の未来ではないといえるでしょう。

また、展開されたカードを見てみると、嫌な未来を現実化させないために、アドバイスや対策を教えてくれるカードがあるはずです。それゆえ、少しでもいい方向に進むための方法を探るきっかけを得ることができます。

ですから、タロット占いは確定した未来を知るための占いというよりも、「このまま進むと、どうなりやすいか」を知り、対策を立てたり、場合によっては、考え方や行動を変えたりするために役立つ占いであると考えていただきたいのです。

悪い意味合いの強いカードが出た場合は、周囲のカードやアドバイスカード（157ページ参照）などから、少しでも開運していけるように対策を練っていきましょう。考え方や行動を変えると、状況が変わることがよくあるのです。

さらに、自分の望む未来が叶わないという結果が出た場合には、実は他にもっと、自分にとってふさわしい未来が待っているのだと告げてくれることも多いでしょう。そのような時には、望む未来へのこだわりはいったん捨て、カードのアドバイスに素直に従ってみることをおすすめします。

このように、必要のない執着は手放して、本当の意味での幸せをつかむことの大切さも、タロット占いは教えてくれるのです。

本書で解説するタロットカードについて

本書は大アルカナと小アルカナのフルデッキで占います

本書では、大アルカナ22枚と小アルカナ56枚のフルデッキで占います。もちろん、最初の頃は、大アルカナのみで占ってもいいでしょう。慣れてきたら、小アルカナを加えた78枚で占ってみてください。大小アルカナで導き出される答えは、より現実的で、具体的な内容を伴っているはず。深い解釈ができ、タロット占いの神髄を味わうことができるでしょう。

タロットカードはウエイト＝スミス版を採用しています

数あるタロットカードの中でも、本書では特に、ウエイト＝スミス版を採用しています。これは、ウエイト＝スミス版がもっとも広く普及していて、売り上げナンバーワンを誇り、多くのタロットカードの基盤となっているからです。なかには、『天使のタロット』や『易タロット』など、本来のタロットとは異なるオリジナルな解釈のカードもありますから、選ぶ時には注意しましょう。

タロットカードの**順番**は**ウエイト=スミス版**に準じます

本書では、ウエイト=スミス版のタロットカードを採用しています。そのため、大アルカナの8は『力』で、11は『正義』となっています。もし、この順番が逆で、8が『正義』、11が『力』となっているなら、ウエイト=スミス版に準じていないカードということになるでしょう。購入する前に、ぜひウエイト=スミス版かどうかの確認を行ってください。

本書のタロット占いでは**正位置**・**逆位置**を区別しています

占い師の中には、タロットの逆位置を採用しないで占う方もいます。つまり、カードの意味が正位置・逆位置に左右されない、という考え方です。これは、占い師のタロットに対する解釈の違いによるものです。本書のタロット占いでは、正位置と逆位置を採用しています。位置によって意味がガラリと変わるのも、タロット占いの真骨頂といえるでしょう。

タロット学へようこそ

vol.1

タロットカードの移り変わり

時代によって移り変わった個性豊かなタロット。その特徴を知っておきましょう。

現存する世界最古の壮麗なタロット

ヴィスコンティ・スフォルツァ版

15世紀末のルネサンス期、ミラノ公国で制作された、現存する世界最古のタロットです。ミラノ公フランチェスコ・スフォルツァなどが、当時の画家にタロットの絵を描かせたといわれています。装飾が施された、手書きの豪華なタロットです。

ヨーロッパで普及した木版画のタロット

マルセイユ版

17～18世紀、ヨーロッパでもっとも普及していました。フランスの港町マルセイユの地名を冠しています。ウエイト＝スミス版とは大アルカナの順序が違い、8と11が逆です。また、小アルカナの数札には人物が描かれていません。

世界中で人気のベーシックなタロット

ウエイト＝スミス版

19世紀、「黄金の夜明け団」に所属する神秘主義者アーサー・エドワード・ウエイト（12ページ、126ページ参照）が考案し、画家パメラ・コールマン・スミスが描き下ろしました。現在、もっともベーシックなタロットとして普及しています。

第2章

22枚の大アルカナ

大アルカナとは、重要な意味を秘めた22枚のカード

あなたの決断をサポートしてくれる心強い味方

タロットカードは全部で78枚あり、そのうち22枚のカードを大アルカナと呼びます。大アルカナはタロットの基本となるカードで、特に重要な意味を持っています。タロットカードというと、この22枚を思い浮かべる人も多いことでしょう。実際、占う時に大アルカナのみを使用する占い師もいるようです。

大アルカナには『愚者』や『恋人』『運命の輪』『世界』など、各カードに不思議な人物や生き物、植物、記号のようなものが描かれています。例えば、羽の生えた人間、白い犬、黄金の蛇、スフィンクス、たわわに実ったザクロ、無限大マーク。これらのシンボルが表すのは人間の喜怒哀楽や自然、社会の法則です。さらに宇宙を構成するあらゆる事柄が、大アルカナには秘められています。

一方、大アルカナは0の『愚者』から通して見ると、人間の成長を表した物語であるという説もあります。0の『愚者』で人は生まれ、Ⅰの『魔術師』で意志を持ち、Ⅱの『女教皇』で初めて他者を意識し……というように。その後もカードの順を追うように人は成長を遂げ、XXIの『世界』で完成を見るのです。この神秘的な大アルカナは、あなたの悩みを解決するカギを、はっきり示してくれるでしょう。

大アルカナを読み解くためには、カードが持つ意味をしっかりと把握することが大切です。大アルカナの意味については、22ページからのカード解説で、1枚ずつ詳しく説明しています。また、さまざまな意味が込められたカードを正確に読み解く方法は、187ページからの6章を参照してください。

カード解説の読み解き方

0
愚者❶
THE FOOL

自由と無限の可能性を求めて冒険する旅人

未知の可能性を秘めた旅人が、白いバラを手に、冒険に出ています。彼の頭上には、白く輝く太陽。意気揚々と歩く彼は、何…と自由です。そんな彼の足元…な崖っぷち。「危ない」と白い犬が伝えようとしますが、彼は気にしていないでしょう。「愚者」のカードが示すのは、何が起こるかわからない状況の中に広がる、無限の可能性。崖から転がり落ちるかもしれないし、飛び越えて広い世界に出ることも考えられるのです。❸

カードが示すシンボル

❶白い太陽……神聖さの象徴です。彼は、神に祝福されています。ただ、すべてが許されるとは限りません。

❷白いバラ……汚…を意味しています。彼は、生…赤ん坊のように純粋な存在…。❹

❸白い犬……危険を知らせる友人や、周囲の人たちを表しています。彼が耳を傾けなければ、忠告は無駄となります。

カードが示すキーワード

自由と未知への冒険

恐れを知らない旅人が表すのは、型にはまらない自由な精神と、未知の世界…もうとする冒険心。枠にとらわれるのをやめ、…イデアと個性を発揮すれば、未来への可能性が広がります。一方、成り行き任せに行動した場合、何一つ手にできないでしょう。❺

正位置　独創性と個性で夢が広がる
過去…オリジナリティあふれる発想…くる
現在…自…れない自由な行動…する
未来…夢と可能性がどこまでも広がっていく ❻

逆位置　現実性に乏しく夢ばかり追う
過去…非現実的な計画や実現しそ…イデア
現在…スを無視して物…進める
未来…思いつきで行動するため失敗に終わる ❼

カードが示すメッセージ

	正位置 ❽	逆位置 ❾
恋愛と結婚	友達感覚の楽しい恋／自由を尊重し合う恋人同士／束縛しない夫婦／その場のノリでカップル成立／今は婚約や結婚のタイミングではないので決断は避けるべき／刺激的だがどう転ぶかわからない恋愛／無邪気な恋愛観／風変わりな恋人	その場限りの遊びの恋／いい加減な気持ち／結婚には向かない恋愛／中途半端な関係／好きになるのも覚めるのも早い／本気で向き合ってくれない相手／どこか不安定な関係が続く／恋人や配偶者がいる相手を好きになる／短い恋を繰り返す
仕事	自由に働ける仕事で能力を発揮／フリーランスで成功する／アーティスト／クリエイティブな才能を生かした仕事／際立つ個性と豊かなアイデア／思いがけないチャンスを得る／これまでやったことのない仕事を手がける／直感が冴えわたる	無職状態が続いてしまう／働く意欲がなくなる／浅はかな考えによる失敗／長続きしない仕事／職を転々とする／仕事中になまけてしまう／気分がコロコロ変わって仕事に集中できない／ルーズな職場環境／仕事にうんざりして逃げ出したくなる
家庭	家族それぞれが別行動を取る／家族間で自由を認め合う／友達同士のように仲がいい家族／好きなように過ごせる居心地のいい家庭／世間の常識など気にしない家庭生活／お互いあまり干渉しすぎない家族関係／ゼロから家族関係を築き上げる	家族間で約束を守らない／落ち着かない家庭／放任主義／家族同士で協力する場面がない／いつのまにか家族の絆がバラバラになる／家族それぞれが自分勝手な振る舞いをする／風変わりで世間から理解されない家庭／奇妙な行動を取る家族
対人	お互いの自由を尊重した関係を築く／常識にとらわれない個性的な友達／気軽で楽しい友達づき合い／深く親密な関係よりライトで明るい関係のほうがいい／新しい人間関係が次々とできる／アーティスト風の友達との間に友情が結ばれる	友達との約束にルーズすぎる／他人に無関心になる／何でも自分勝手に進めてトラブルに／協調精神に欠ける／常識はずれなまでに変わった人／周囲から浮いてしまう／無責任なつき合い／責任問題をうやむやにされる／責任を逃れようとする
お金	思いがけない収入がありそう／発明や企画などでアイデアを生かして大儲け／趣味や創作活動を通してお金が入ってくる／お金よりも夢を大切にする／金銭的ピンチを迎えてもクヨクヨしない／少ない金額で満足する／がめついところがない	アテが外れてお金が入ってこない／後先考えずにお金を使ってピンチを招く／期待していた金額を大幅に下回る／賭けは大きくはずれる／クジや懸賞は空振り／何に使ったのかわからないお金が増える／お金のことを気にしなくなってしまう

❶カードの名前とカード番号

0「愚者」〜XXI「世界」までのカードの名前と番号です。タロットの種類によっては、名前と番号の組み合わせが異なることがあります（18ページ）。

❷カードの絵柄

本書では、もっともポピュラーなウエイト＝スミス版タロットを使用しています。タロットの種類によっては、絵柄が大幅に変わることがあります（18ページ）。

❸カードの基本的な意味

絵柄から導き出される、基本的なカードの意味を解説しています。

❹カードが示すシンボル

カードに描かれているもののうち、特に象徴的な3つのシンボルを抜き出して、解説しています。

❺カードが示すキーワード

カードのカギとなるキーワードと、そこから導き出される解釈を記しています。カードの読み解きに悩んだ時は、このキーワードに立ち返るといいでしょう。

❻正位置のカードが表す過去・現在・未来

カードが正位置（絵柄の上下が正しい向き）で出た場合の、過去（問題の原因は何か）・現在（今、どんな状態か）・未来（今後、問題はどうなるか）の意味を解説しています。

❼逆位置のカードが表す過去・現在・未来

カードが逆位置（絵柄の上下が逆向き）で出た場合の、過去（問題の原因は何か）・現在（今、どんな状態か）・未来（今後、問題はどうなるか）の意味を解説しています。

❽正位置のカードが示す各メッセージ

恋愛と結婚・仕事・家庭・対人・お金という5つの主なテーマについて、カードが正位置で出た場合の意味を解説しています。

❾逆位置のカードが示す各メッセージ

恋愛と結婚・仕事・家庭・対人・お金という5つの主なテーマについて、カードが逆位置で出た場合の意味を解説しています。

0
愚者
THE FOOL

自由と無限の可能性を求めて冒険する旅人

未知の可能性を秘めた旅人が、白いバラを手に、冒険に出ています。彼の頭上には、白く輝く太陽。意気揚々と歩く彼は、何をしようと自由です。そんな彼の足元は、危険な崖っぷち。「危ない」と白い犬が伝えようとしますが、彼は気にしていないでしょう。『愚者』のカードが示すのは、何が起こるかわからない状況の中に広がる、無限の可能性。崖から転がり落ちるかもしれないし、飛び越えて広い世界に出ることも考えられるのです。

カードが示すシンボル

❶白い太陽……神聖さの象徴です。彼は、神に祝福されています。ただ、すべてが許されるとは限りません。

❷白いバラ……汚れなき心を意味しています。彼は、生まれたての赤ん坊のように純粋な存在なのです。

❸白い犬……危険を知らせる友人や、周囲の人たちを表しています。彼が耳を傾けなければ、忠告は無駄となります。

自由と未知への冒険

恐れを知らない旅人が表すのは、型にはまらない自由な精神と、未知の世界に飛び込もうとする冒険心。枠にとらわれるのをやめ、独自のアイデアと個性を発揮すれば、未来への可能性が広がります。一方、成り行き任せに行動した場合、何一つ手にできないでしょう。

カードが示すキーワード

正位置　独創性と個性で夢が広がる

過去…オリジナリティあふれる発想が湧いてくる
現在…枠にとらわれない自由な行動力を発揮する
未来…夢と可能性がどこまでも広がっていく

逆位置　現実性に乏しく夢ばかり追う

過去…非現実的な計画や実現しそうにないアイデア
現在…周りのペースを無視して物事を押し進める
未来…思いつきで行動するため失敗に終わる

カードが示すメッセージ

	正位置	逆位置
恋愛と結婚	友達感覚の楽しい恋／自由を尊重し合う恋人同士／束縛しない夫婦／その場のノリでカップル成立／今は婚約や結婚のタイミングではないので決断は避けるべき／刺激的だがどう転ぶかわからない恋愛／無邪気な恋愛観／風変わりな恋人	その場限りの遊びの恋／いい加減な気持ち／結婚には向かない恋愛／中途半端な関係／好きになるのも覚めるのも早い／本気で向き合ってくれない相手／どこか不安定な関係が続く／恋人や配偶者がいる相手を好きになる／短い恋を繰り返す
仕事	自由に働ける仕事で能力を発揮／フリーランスで成功する／アーティスト／クリエイティブな才能を生かした仕事／際立つ個性と豊かなアイデア／思いがけないチャンスを得る／これまでやったことのない仕事を手がける／直感が冴えわたる	無職状態が続いてしまう／働く意欲がなくなる／浅はかな考えによる失敗／長続きしない仕事／職を転々とする／仕事中になまけてしまう／気分がコロコロ変わって仕事に集中できない／ルーズな職場環境／仕事にうんざりして逃げ出したくなる
家庭	家族それぞれが別行動を取る／家族間で自由を認め合う／友達同士のように仲がいい家族／好きなように過ごせる居心地のいい家庭／世間の常識など気にしない家庭生活／お互いあまり干渉しすぎない家族関係／ゼロから家族関係を築き上げる	家族間で約束を守らない／落ち着かない家庭／放任主義／家族同士で協力する場面がない／いつのまにか家族の絆がバラバラになる／家族それぞれが自分勝手な振る舞いをする／風変わりで世間から理解されない家庭／奇妙な行動を取る家族
対人	お互いの自由を尊重した関係を築く／常識にとらわれない個性的な友達／気軽で楽しい友達づき合い／深く親密な関係よりライトで明るい関係のほうがいい／新しい人間関係が次々とできる／アーティスト風の友達との間に友情が結ばれる	友達との約束にルーズすぎる／他人に無関心になる／何でも自分勝手に進めてトラブルに／協調精神に欠ける／常識はずれなまでに変わった人／周囲から浮いてしまう／無責任なつき合い／責任問題をうやむやにされる／責任を逃れようとする
お金	思いがけない収入がありそう／発明や企画などでアイデアを生かして大儲け／趣味や創作活動を通してお金が入ってくる／お金よりも夢を大切にする／金銭的ピンチを迎えてもクヨクヨしない／少ない金額で満足する／がめついところがない	アテが外れてお金が入ってこない／後先考えずにお金を使ってピンチを招く／期待していた金額を大幅に下回る／賭けは大きくはずれる／クジや懸賞は空振り／何に使ったのかわからないお金が増える／お金のことを気にしなくなってしまう

I
魔術師
THE MAGICIAN

創造への尽きない意欲とすべての始まり

杖を掲げた魔術師の前にはテーブルがあり、こん棒、聖杯、剣、金貨が置かれています。この4つが意味するのは、世界を構成する四大元素、火、地、風、水。彼はこれから四大元素を操り、新しいものを創り出そうとしているのです。そのため、意欲に燃えているでしょう。『魔術師』のカードは、人間が創造するための技術や知的能力、情報を集めるためのコミュニケーション力を表します。それらが十分身についていて初めて、目的を達成できるでしょう。

カードが示すシンボル

❶無限マーク……無限を意味するこのマークは、彼が何かを生み出そうとする可能性には限界がないことを意味しています。

❷ポーズ……指さしている方向にあるのは、「上なるもの」と「下なるもの」。彼は、この2つを統合させようとしています。

❸ベルト……ベルトの模様は、ウロボロスの蛇。これは永遠のシンボルで、彼のクリエイティブな活動には終わりがないのです。

創造の意欲

無限の可能性を秘めた魔術師が、創造性を思う存分発揮できるのは、十分な技術が身についてこそ。アイデアとコミュニケーション能力を生かし、何でも生み出せるのです。未熟なのに無計画なスタートを切ったのでは、目的を達成することが困難となるでしょう。

カードが示すキーワード

正位置 **十分な技術を生かして成功**

過去…十分な能力と技術を身につけ備える
現在…スムーズにスタートを切ることができる
未来…創造力を存分に生かして新しいものを生み出す

逆位置 **実力不十分なまま行動し失敗**

過去…能力が不足しているうえ意欲も湧かない状態
現在…計画性のない言動ばかりを繰り返す
未来…技術不足のため思うように進まない状態が続く

カードが示すメッセージ

	正位置	逆位置
恋愛と結婚	友達から恋がスタートする／会話が弾む2人／告白やプロポーズがある／様々なタイプの相手からモテる／恋が思うように進展する／メールや電話の活用で恋が育っていく／積極的な態度を取ることで恋が実る／気持ちがしっかり通じ合う相手	口のうまい相手にだまされそう／恋のきっかけがなかなか作れない／停滞したまま進まない恋／将来の見通しが立たない関係／愛を育てるためにはかなりの苦労が必要／偽りの愛に振り回される／相手の本心が見えない／連絡が取れなくなる
仕事	ビジネススキルを身につける／仕事がどんどんはかどる／新しい展開やスタート／思う存分能力を発揮できる／ユニークな方法で業績が上がる／効率的に仕事を進める／資格試験を受ければ合格する可能性が高い／計画通りに仕事が進むチャンス	スランプに陥り無気力状態に／計画を最初から見直す必要性がある／見当違いの方向性で業績が悪化する／なかなかいい案が浮かばない／実力不足を痛感しそう／きちんとした計画を立てないでスタートする／ビッグチャンスを逃してしまう
家庭	会話の多い家庭／家族間でしっかりコミュニケーションが取れる／子どもの個性を大切にする教育法／和気あいあいとしたムードが家庭内に漂う／家族で何でも相談し合う／隠し事がなく風通しのいい家庭／新しい情報や流行を生活に取り入れる	夫婦や家族間での会話がない／お互いに理解し合えない夫婦／夫婦間のコミュニケーションが不足している／秘密やウソばかりの家庭／子どもの個性を摘み取る教育／先行き不透明な結婚生活／古い習慣を捨てられない／共通の話題がない
対人	人間関係が広がる／新しい友達ができる／話の合う仲間／友達との間で親密さが増す／仲間内で信頼関係が築かれる／様々なタイプの友達と仲良くなる／何でも相談し合える親友／巧みな話術で人気が集まる／流行を追った話題で会話の中心に	連絡の行き違い／関わりたくない相手とは距離を置いたほうがいい／信頼していた相手からだまされる／本音をなかなか口に出さないため気まずくなる／周囲から誤解を受けてしまう／利用したりされたりする／せっかくの約束や計画が流れる
お金	計画的な出費で貯金が増える／プロフェッショナルな人からアドバイスをもらう／順調に貯金できる／思わぬアイデアでお金を得る／新しい財テク法を試して資産を増やす／収支のバランスがよくなる／口コミで評判が広がり売り上げがアップ	使途不明金が増えてピンチに陥る／経済観念がなくなり金欠状態になる／うまい儲け話にだまされる／無計画な出費が続く／後先を考えずにお金を使ってしまう／十分な情報や知識のないまま投資して損害を出す／口のうまい人物にだまされる

Ⅱ

女教皇

THE HIGH PRIESTESS

高い精神性と知性を備えた宇宙の真理を知る者

陰と陽、男と女、光と影……。この宇宙は、そんな2つの対立要素で成り立っていることを、女教皇は知っています。彼女はこの宇宙の真理を理解し、秘められた英知さえ得ているでしょう。また、精神性が高く、知的であり、思慮分別に富んだ女性ですから、どんなことにもまじめに取り組みます。『女教皇』のカードは、知性と精神性の象徴ですが、ネガティブなほうに転ぶと、プライドの高さや批判精神、排他的な態度が表れるでしょう。

カードが示すシンボル

❶柱……白と黒、2本の柱はソロモン神殿の柱。陰陽や男女といった2つの対立要素が、宇宙を構成することを表します。

❷経典……持っているのは、ユダヤ教の法律書。その名前は『TORA』といい、タロット（TARO）を暗示しています。

❸月と樹……女教皇の足元にある月は女性性を、背面に生い茂るザクロの樹とシュロの樹は、女性性と男性性を表してます。

カードが示すキーワード

知性

精神性の高さと知性は、冷静さや分別、洞察力を与えてくれます。しかしながら、状況によっては閉鎖的で融通が利かない、潔癖で批判的といったマイナス面に転じることも。あらゆる物事を白か黒かだけで判断しようとすると、そこには無理が生じることを知るべきです。

正位置　深い知性と思考力で真実を得る

過去…冷静な観察眼と高い知性が備わる
現在…思慮深く分別のある行動を取る
未来…落ち着いて洞察力を発揮し真実を得る

逆位置　自分の殻に閉じこもり孤立する

過去…排他的・閉鎖的な態度を取り批判がましくなる
現在…ヒステリックな言動を繰り返し理解されない
未来…プライドの高さにより周囲から孤立してしまう

カードが示すメッセージ

	正位置	逆位置
恋愛と結婚	プラトニック・ラブ／精神的なつながりの強い2人／憧れの感情が強い／恋愛の場面でつつましさがにじみ出る／積極性に欠けるところがある／胸に秘めた情熱／クールで知性的な恋愛／精神的に実りの多い恋愛／心の奥底で理解し合える2人	恋のきっかけを作ろうとしない／潔癖で相手のわずかな欠点も許せなくなる／愛想がない／素直になれない／理想を追いすぎて現実を見ようとしない／思い込みが激しい／片思いで終わる／独身主義を貫く／パートナーに対して厳しい目で見る
仕事	与えられた仕事に対して誠実に取り組む／勤勉な態度で仕事に取り組む／目標へ向けて努力を重ねる／専門的な職業／仕事が順調にはかどる／研究職／資格試験に合格する／仕事に打ち込める／知的な欲求が高まる／研究熱心になってくる	柔軟性に欠ける／独断的な態度や発言が多い／職場で孤立してしまう／気分にムラがあって仕事に集中できない／失敗しても反省しない／不得意分野で失敗する／手抜きがわかり大目玉を食らう／精神的に重苦しい職場／物足りなさを感じる仕事
家庭	清潔で管理のしっかりと行き届いた家庭／精神的なつながりのある家族／穏やかで家庭内のトラブルとは無縁／教育熱心な家庭／社会的なルールや規範を守る家庭／静かで落ち着いた家庭環境／家族の健康や生活環境への気配りを欠かさない	思いやりのない家族／近隣と交流しないため孤立していく／家庭内の決まりや約束事が多いため窮屈さを感じる／門限が厳しい／家族間で意思の疎通ができない／家族に自分の考えを押しつける／感情的になり家族に八つ当たりをする
対人	品行方正な態度によって好感を持たれる／周囲の人たちに対して誠実な対応を常に心がける／感情を抑えた冷静な振る舞い／精神的に理解し合える関係を築く／人づき合いにおいて深い洞察力を発揮する／適度に距離をおいた心地いい人間関係	頑なな態度で印象が悪化する／すぐ感情的になってしまう／周囲に批判的な言動を繰り返す／友達の間で孤立していく／ヒステリックな態度／意地悪／冷淡な対応をしてしまう／協調性に欠けて問題が起きる／思慮分別に欠けた発言や行動
お金	収支のバランスがいい状態になる／経済観念がある／健全なお金の使い方ができる／勤勉に働いて地道に稼ぐ／コツコツ貯金に励む／浪費にもケチにも偏らない／自然と節約できる流れになっていく／無理のないつつましい生活ができる	節約しすぎて生活が苦しくなる／度を越したケチ／偏った金銭感覚になってしまう／削ってはいけないところまで削ろうとする／節約第一の味気ない日々／節約疲れで突然浪費してしまう／金銭感覚が鈍ってどんぶり勘定に／経済的ピンチ

Ⅲ

女帝

THE EMPRESS

豊かな実りと愛を受け取って微笑む最高位の女性

ゆったりと玉座に座るこの人は、女性の最高位である女帝です。微笑みを浮かべた彼女の姿からは、余裕すら感じます。なぜなら彼女は、愛を得て満足しているから。そして、彼女そのものが豊かさの象徴でもあるのです。『女帝』のカードは、豊かな実りや繁栄、収穫を意味し、同時に、受動的な女性原理も表しています。彼女にとって、愛も安らぎも豊かさも「受け取る」もの。待っていれば、手に入れることができるものだといえるでしょう。

カードが示すシンボル

❶ 金星……ハート形の盾に描かれたマークは、愛と美の星である金星。女帝が愛を得て満たされていることを意味します。

❷ 樹木と麦……背景に描かれた、群生する樹木や足元の麦は、豊かな実りの象徴。今まさに、収穫の時を迎えているのです。

❸ ザクロと棒……女帝の服に描かれたザクロと右手に持つ棒は、女性性と男性性の結合を暗示。受胎と妊娠を意味しています。

豊かさ

穏やかな笑みを浮かべた女帝は、豊かさや実り、愛情を受け取っています。その心は、深い満足感に満ちているでしょう。ただ、彼女はあくまでも受け身で、待つことしかできません。そのため、時には周囲の状況に流されて、ルーズになる危険もはらんでいるのです。

カードが示すキーワード

正位置　豊かな愛情で満たされる

過去…思いやりある態度を示して誰からも好かれる
現在…身の周りで愛情がすくすくと育っていく
未来…穏やかで安らぎに満ちた未来を迎える

逆位置　だらしなく流される日々

過去…浪費を繰り返したり快楽主義に走ったりする
現在…流されやすくルーズな毎日を送るようになる
未来…誰からも愛されず得るものがない寂しい未来

カードが示すメッセージ

	正位置	逆位置
恋愛と結婚	情熱的ですぐ夢中になるタイプ／愛される喜びを感じることができる／愛情を豊かに育むデートを重ねていく／両思いになれる／相思相愛の2人／思いが通じ合っている2人なら結婚の可能性あり／妊娠や出産をする／実りの多い恋愛	快楽主義に走りがちな恋愛／節度をわきまえない恋愛／不倫の恋に陥ってしまう／飲み会や合コンから始まる遊びの恋愛／過度に愛情を押しつけて失敗する／失恋／流産の恐れあり／恋を見失わないよう心の絆をしっかり結ぶことが大事
仕事	過去の実績が認められて出世する／成功のチャンスが巡ってくる／職場環境がよくなり能力を思う存分発揮できる／仕事の成果がメキメキ上がる／多忙ながら結果は上々／苦手なジャンルを克服する／仕事に対するモチベーションがアップする	怠けグセが出てしまい仕事がはかどらない／集中力に欠けた状態になる／努力をしても結果が出ない／知らず知らずのうちに過労になりやすい／職場でわがままが出やすくなる／能力が低下してしまう恐れ／基礎固めをしっかりすること
家庭	余裕のある暮らしができる／愛情豊かな母親／子育ての環境が整っている／家族団らんの喜び／母親の力が強い家庭／母親が家庭をリードすればうまくいく／子どものいるにぎやかで明るい家庭／家族間が穏やかな愛情で結ばれている状態	掃除や整理が行き届いていない家庭／孤独な食事／愛情のない食卓／過保護で口出しの多い親／何の感情も通い合わないバラバラの家族／ルーズでだらしない家庭／子どもの教育によくない家庭／子育ての環境が整わない／寂しさを感じる家庭
対人	有意義でプラスになる交流／食事や飲み会で意気投合する／思いやりのある態度が魅力／物事にこだわらないサッパリした性格が好かれる／開放的なムードで人を引きつける／美的センスを発揮して注目を浴びる／意欲的に人づき合いをする	誠実さに欠けた関係／得るもののない不毛な関係／自分のことしか考えていない／出しゃばりな態度を取って嫌われてしまう／プライドの高さが災いする／注意力が足りなくて人間関係で失敗／約束や時間にルーズになりトラブルを起こしそう
お金	仕事がうまくいって収入が増える／貯金が増える／金銭的に余裕があるため自由にお金が使える／美術品やファッションにお金を使う／欲しい物が何でも手に入る恵まれた状態／金銭的余裕が心の豊かさを生む／お金や物など物質運に恵まれる	せっかくお金があっても浪費してなくなる／金欠状態に陥ってしまう／どんなにお金をつぎ込んでも見返りがない／株や投資などで損失を被る暗示／金運が低迷する／何となくお金を使ってしまう／何に使ったのかわからないお金が増えていく

Ⅳ

皇帝

THE EMPEROR

成功への情熱と意欲を秘めた最高権力者

男性の最高位である、皇帝。このカードは、強い意志をもって行動し、目標を達成していくことや、リーダーシップを発揮することを表しています。ただ、皇帝が時として暴君になってしまうように、力の使い方を間違えた場合、横暴さが出てくるでしょう。その結果、手がけたことが裏目に出て、達成できなくなるのです。彼は果たして、真の王者になれるのか、それとも裸の王様になるのか。それは、彼の情熱が向かう方向で決まるでしょう。

カードが示すシンボル

①玉座……灰色の玉座は物質世界を表すもので、形が四角なのは、現実世界の象徴。皇帝が現世の王である暗示なのです。

②アンク十字……皇帝が右手に持つアンク十字は、生命と多産の象徴であり、エネルギーを強める働きを意味しています。

③牡羊と服……玉座につけられた牡羊の飾りと皇帝がまとった赤い服は、どちらも目的に向かう情熱を表しています。

成功への意欲

強い意欲と情熱、そして力。それらを備えた時、人は成功をほしいままにできるでしょう。それだけに、おごり高ぶる気持ちを抑え、未熟さを克服してからでないと、人は道を誤ってしまいます。自らを厳しく律することが大切だと、このカードは教えてくれます。

カードが示すキーワード

正位置　強い意志で目標を達成する

過去…壮大な野心を抱き高い目標に意欲を燃やす
現在…強い意志とリーダーシップをもって行動する
未来…目標を達成し大きな成功を手にできる可能性

逆位置　横暴で身勝手な行動による失敗

過去…自分勝手で無理な目標を立て押し進める
現在…未熟さを抱えたまま強引な行動を繰り返す
未来…物事がことごとく裏目に出て失敗する

カードが示すメッセージ

	正位置	逆位置
恋愛と結婚	好きな相手に対し情熱的に思いを伝える／恋のライバルに勝つことができる／自分が中心になってデートの予定を立てる／恋のイニシアチブを握る／好きな相手の前で積極的に恋愛感情をアピールする／やや強引ながら頼りになる恋人ができる	自分勝手なアプローチによって相手の心証を損なう／一方的な振る舞いが恋の先行きに水を差す／恋愛感情を持っていない相手／わがままで身勝手な愛を押しつける／周囲の意見に耳を傾けないで恋をする／見かけよりも頼りにならない相手
仕事	目標を達成する／思う存分手腕を振るう／独立する／社会的な権威を得る／管理職に就く／会社の経営者やショップのオーナーになる／職場でリーダーシップを取る／ハイレベルな目標を達成できる／手がけた仕事で思うように実力を発揮できる	実力があると思い込んで失敗する／降格させられる／ワンマンで部下がついてこない／目標を達成できない／左遷される／解雇される／仕事に対する意欲がない／見かけ倒しの能力／過労でダウンしてしまう／実力が伴わない仕事をする
家庭	ハイレベルな生活を目指す上昇志向の強い家庭／近隣住民から一目置かれる一家／子どもを正しく導く親／父親の権限が強い家庭／責任感の強い親／父親を中心にしてまとまっている家庭／頼りになる親がいる家庭／暮らしが上向きになっていく	手助けや保護が必要な家庭／ワンマンな父親／威張るだけで頼りにならない父親／支配的な親／まとまりのない家族／近隣住民を見下した態度を取る／経済的に不安定な状態が続く家庭／それぞれ勝手な振る舞いばかりを繰り返す家族
対人	意思の強さが周囲の人々の支持を得る／周囲の人々と積極的に交流する／チームやグループ内でリーダーになる／強い意欲と行動力によって人の上に立つ／責任感のある態度が人に好かれる／ハイレベルな目標に向かって刺激し合う友達がいる状況	ワンマンな態度によってトラブルを起こしてしまう／尊大な態度を取る／他人に対する配慮が足りない／わがままで身勝手な行動で嫌われる／他人のアドバイスに耳を貸さない／周囲の反感を買う／アテにならない友情／約束が破られる
お金	出世によって収入が増える／投資が成功してお金が入ってくる／積極的にお金を稼ぐ／金銭管理が行き届いている状態／自分なりの方法で財産を増やすことができる／強い金運／バリバリ働いてお金をたくさん儲ける／精力的にお金を得る	降格や左遷によって収入が減ってしまう／野心から無謀な投資をする／助言を無視してお金を失う／約束したはずのお金が入ってこない／貸したお金を踏み倒される／自分のやり方にこだわって損をする／頼りにならない金銭アドバイザー

V

法王

THE HIEROPHANT

道徳心や慈悲の心を象徴する精神世界の王

慈悲の心に満ちた法王は、あらゆる人々の父と呼べる存在。現世の王が皇帝なのに対し、法王は精神世界の王ともいえるでしょう。ただ、法王は、道徳や法律で人間の自由な精神を縛ることもあるのです。道徳心や倫理、法律を意味するこのカードは、時として温厚な包容力や思いやりを示し、またある時には隠れた不正や不道徳な行いをあらわにするでしょう。人間の精神には表と裏があり、どちらがクローズアップされるかはわかりません。

カードが示すシンボル

❶ 冠と十字架……冠と十字架が三重なのは、三位一体の象徴。父と子と聖霊を意味し、同時に肉体と感情と精神も表しています。

❷ 柱……灰色をした背景の柱は、物質世界、つまり人間界の象徴。法王は、人間界最高の司祭だということを表しています。

❸ カギ……足元にあるカギは、高位の聖職者だけが開けることのできる、神聖な場所のカギであることを意味しています。

慈悲の心

人間の心には、裏と表があります。道徳や法律を守り、慈悲の心を忘れないのが表の顔。周りの人々に信頼され、慕われるでしょう。逆に、ルールを守ろうとせず、無慈悲な仕打ちをするのが裏の顔。冷たく依存心の強い人物として、人々から疎まれてしまうのです。

カードが示すキーワード

正位置　慈悲の心を発揮し支持者を得る

過去…周囲の人々からの敬意を集め信頼される
現在…慕ってくる人々を手厚く保護するようになる
未来…支援者に恵まれて何事も順調に進んでいく

逆位置　過保護過干渉により敬遠される

過去…口うるさく過保護になってしまう
現在…人に対して独りよがりな世話を繰り返す
未来…周囲の人々から迷惑がられ相手にされなくなる

カードが示すメッセージ

	正位置	逆位置
恋愛と結婚	信頼関係からだんだん愛情を育む／兄妹愛的な関係／目上からお見合い話が来る／いい縁談が舞い込む／尊敬できる恋人／つき合っている相手との結婚話が浮上する／結婚につながる恋愛／穏やかで優しく信頼できる相手／深く広い愛	不道徳な恋に落ちてしまう／不倫の関係／好きな相手に気持ちを理解してもらえない／相手のウソに振り回される／結婚するのが難しい恋／なかなか親の賛同が得られない交際／ヤケを起こして結婚する／実りのない出会い／思いやりに欠ける
仕事	支援者の力添えにより仕事が順調に進む／伝統を守る仕事／信頼関係によって仕事を続ける／上司にかわいがられる／法的な資格を取る／いい師に巡り会うことができる／第一志望の会社に入れる／職場の環境が心地よくて気に入る	頑固な上司に苦労させられる／せっかく作った商品が売れない／手抜きをする／宗教を利用した詐欺まがいのビジネス／気分が浮ついて仕事に集中できない／職場で孤立してしまう／独りよがりのやり方にこだわって失敗／職場で煙たがられる
家庭	模範的な家庭／何でも相談し合える家族／社会活動や学校行事に熱心な家族／世間の常識からはずれない家族／家族間で信頼関係を築く／思いやりにあふれた家庭／協調性を持つことによって友情がさらに強く結ばれる／よき友が出現する	依存し合う家族／家族に言えない隠し事や秘密を抱える／世話を焼きすぎる親／家庭内不和が起きる／毒のような言葉ばかり吐く親／1人では何もできない家族／子どもを過保護にしてしまう／子どもを過干渉によって縛り自由を奪う親
対人	常識のある人／信頼できる相手／思いやりのある言動／よき理解者や相談相手が現れる／周りへの気遣いがプラスに働く／優しさや思いやりの心があふれる／周囲の人たちから慕われる／尊敬の念が芽生える／救いの手が差し伸べられる	本音と建前が大きく違う人物／不親切な人／冷淡な相手／人に依存しすぎる／お節介を焼きすぎて迷惑がられる／口うるさいだけで迷惑な人／好意の押し売りになってしまう／相手を甘やかしすぎる／過保護のせいでわがままが増長する
お金	公的資金の運用／金銭面の危機を迎えても助けが現れる／仕事が順調で金運が上がる／投資や株を上手に運用／いい助言を受けたおかげで損をしない／信頼できる金融アドバイザーを得る／何人もの頼もしい援助者が現れて難を逃れる	頼りにしていた入金がない／借金の申し込みを冷たく断られる／ずるい手口で儲ける／詐欺に遭って損失を出す／考え方の甘さから損をしてしまう／金銭的ピンチに陥っても助けてくれる人が現れない／人を頼ればいいという考え方に陥る

VI

恋人

THE LOVERS

選択の時を迎えている楽園の恋人たち

生まれたままの姿の男性と女性が、美しい楽園に立っています。天には、2人を祝福するかのような天使が。この麗しい光景が続くかどうかは、2人の選択にかかっています。もし、2人が邪悪な蛇にそそのかされ、誤った選択をすれば、この楽園を追放されるでしょう。果たして2人はどうなるのでしょうか。『恋人』のカードは選択や周囲との調和を意味し、正しい選択をしている限り、バランスが取れた楽しい毎日が約束されると告げているのです。

カードが示すシンボル

① 男性と女性……男性と女性は、顕在意識と潜在意識を表すもの。人間の意識は、この2つで成り立っているという暗示です。

② 樹……2人の背後に描かれた2本の樹は、生命の樹と知恵の樹。この男性と女性がいるのは、エデンの園なのです。

③ 蛇……知恵の樹に絡みつく蛇は、邪悪なものの象徴。この男女をそそのかし、タブーを犯させようと狙っています。

ひらめきと調和

無垢な魂を持った2人に忍び寄る、蛇の姿。2人の選択を促したのは、蛇の甘い誘惑でした。2人の選択は、直感によるもの。結果がどうなるかは、考えていないのです。何かを選択する時、周囲に流されないことの大切さを、この『恋人』のカードは教えてくれます。

カードが示すキーワード

正位置 **ひらめきに従った選択ができる**

過去…直感が冴えわたりアイデアが次々と湧いてくる
現在…選択の時、正しい答えが頭に浮かんでくる
未来…ワクワクするような、発展性のある未来

逆位置 **惰性に流されて決めてしまう**

過去…誘惑に弱くなり周囲の状況に流されてしまう
現在…優柔不断になりなかなか物事が決められない
未来…裏切りに遭って後悔するような状況に

カードが示すメッセージ

	正位置	逆位置
恋愛と結婚	恋のチャンスや出会いに恵まれる／相思相愛／心から楽しいと思える恋愛／熱烈な愛の告白を受ける／新しい愛が始まる予感／直感から始まるロマンチックな恋愛／恋のハプニングが起きる／ひらめきによって運命の相手と巡り会える	遊び感覚の軽い交際／ただの友達なのか恋人なのかわからない曖昧な関係／不倫の恋／誘惑に流される／浮気の心配／愛のない交際／恋に恋して気持ちが空回りする／別離／冷めていく愛／相手の心がわからなくなってしまう／偽りの愛に気づく
仕事	職場の雰囲気がいいものになる／ノリよく仕事ができる／直感が冴えて仕事にハリが出る／ひらめきを大切にすることで仕事がうまくいく／未来について決めるなら今がチャンス／好きな仕事が増える／楽しみながら仕事をすることができる	集中力に欠けてダラダラと仕事をする／オンとオフのけじめがつかない／仕事を始めても長続きしない／重要なプロジェクトや企画のメンバーからはずされる／未熟さと若さで失敗する／カンに頼りすぎる／職場内の雰囲気がどんどん悪くなる
家庭	気持ちのいい部屋／楽しい会話の弾む家庭／レジャーや旅行を家族で楽しむ／家族間で意気投合できる／フィーリングの合う家族／協調性を持つことで家族の絆が強まる／多感な家族／家庭の中に楽しみが多い／家族が気軽に話し合える家庭環境	居心地の悪い空気が漂う／分不相応な生活／家族がまとまりなくバラバラ／無理をしながら生活を続ける／親子ゲンカが絶えない家庭／子どもの教育方針がなかなか決まらない／親子としてのけじめがない／家事や用事を協力し合わない
対人	気心の知れた仲間との楽しい交流／和気あいあいと趣味を楽しむ／感性がピッタリの友達／協調精神を発揮することで固い友情が結ばれる／意気投合できる関係／魅力的な人と知り合いになる／好感を持った相手と仲良くなれる／心が通じ合う	信じていた相手から裏切られる／よくない仲間からの誘い／惰性の人間関係／楽しめない交友関係／ケンカ／性格が合わない／グループ行動がうまくいかない／誰も合わせてくれない／まとまりのない集団／非協力的な態度を示される
お金	金回りがいい／お金が入り欲しいものを購入する／何を購入したらいいかの正しい判断ができる／直感が大当たりして得をする／好きなことにお金を使える／投資のタイミングが合う／経済状況がよくなる／貯金が増える／利益が上がる	浪費する／買うべき物の選択を誤る／金銭計画が立てられない／選択ミスによってお金を失う／なかなか貯金が増えない／計画を立てても目標額に届かない／貯金しようとしても足を引っ張られてしまう／タイミングを誤り株や投資で損をする

VII

戦車

THE CHARIOT

力強く突き進み 栄光を手にした勝者

勇ましい戦車が、力強く進んでいます。戦車を操縦している兵士の顔には、勝利を喜ぶ笑みが浮かんでいるよう。このカードは、願望を達成するために前進していくことを表していますが、衝動も意味し、つかみ取った勝利が一時的なものかもしれないとも告げています。操縦者によっては、予測のつかない動きをしたり、暴走したりする恐れもある戦車。軽率な判断や、思い込みによって動かすのは危険だ、というメッセージも伝えているのです。

カードが示すシンボル

❶スフィンクス……スフィンクスはコントロールすべき本能の象徴。白は光の側面である純粋さを、黒は闇の側面を表しています。

❷鎧（よろい）……鎧の肩の部分にある月は、ペルソナと不安さを意味します。表向きの顔で、本能を隠そうとしているのです。

❸コマ……戦車の前面に描かれた赤いコマは、衝動性を表しています。コマは激しく回転しながらブレるからです。

カードが示すキーワード

前進

願望達成のため、スピーディーに前進する様子を表すこのカードは、力強さと衝動性が同時に存在していることを意味しています。せっかく勝利を手にしても、持続力に欠けたり、軽率な行動や思い込みの激しさから暴走し、失敗してしまう危うさも秘めているのです。

正位置 **パワフルに前進し勝利を収める**

過去…目標を定めてわき目もふらず一直線に突き進む
現在…次々と困難に立ち向かい努力を重ねていく
未来…最初に立てた目的を達成し栄光をつかむ

逆位置 **思い込みと暴走によって敗北する**

過去…無謀な目標を立てたり願望を抱いたりする
現在…思い込みの激しさで暴走してしまう
未来…衝動的な行動を重ねた末に失敗する

カードが示すメッセージ

	正位置	逆位置
恋愛と結婚	恋がスピーディーに進展する可能性あり／積極的に恋のアプローチをする／好きな相手から誘われる／遠距離恋愛／ドライブデート／自分から恋をリードする／スピード婚／恋のライバルに勝つことができる／行動的な相手／恋を手に入れる	相手の気持ちを考えずに気持ちを押しつけて失敗／思い込みが激しすぎる／気まぐれな恋／熱しやすく冷めやすい／相手の心変わりに振り回される／婚約破棄／恋のライバルに敗れる／弱気になってなかなかアプローチができない／恋を逃す
仕事	仕事に全力投球する／ライバルに勝つ／目標実現に近づく／積極的に取り組む／仕事の効率が上がる／トップの成績を収める／激しい競争に勝てる／職場で注目され仕事が集中する／短期間でよい業績を上げることができる／自力で成功する	軽率な言動で失敗／仕事への意欲がない／いい加減な仕事をする／なかなか業績が伸びない／あっさりとライバルに出し抜かれてしまう／挫折感を味わう／見込み違いが原因で失敗する／業績を早く上げようと焦って失敗／仕事のトラブル発生
家庭	行動を共にする仲のいい家族／積極的に活動する家庭／家族の目的が一致する／家族の気持ちが一つにまとまる／旅行やドライブなどを楽しむ家族／明るく活気のある家族／スポーツやジムで汗を流すと家族間の結束が強まる／家族旅行	子どもの教育方針が定まらない／感情的になりやすい家庭／ケンカばかりの家庭／気弱で陰気な家族／家庭内トラブルが続出する／突発的な出来事で家庭内がピンチに／不摂生な生活を送る／運動不足が続いて家族の健康状態が危うくなる
対人	積極的に人と関わる／グループ内でリーダーシップを取る／ライバルに勝つ／スピーディーな行動によって人間関係が良好なものに／難しい人間関係が解消する／思ったことをストレートに発言して理解される／スポーツでいい関係を築く	感情的になって対人トラブルを起こす／軽率な言動／一方的な振る舞いで人間関係が悪化する／グループ内に困難な問題が持ち上がる／人に対する思いやりが不足する／いつも突っ走るため周囲からの風当たりがきつくなる／トラブル続出
お金	努力の甲斐があって金運アップ／仕事がうまくいき昇給する／お金が入る／スピーディーな行動のおかげで利益を得ることができる／株や投資がうまくいく／短期間でお金を儲ける／事業が早々と軌道に乗り大きな収益を上げる／即断即決できる	計画性のない散財／衝動買い／むしゃくしゃして大金を使ってしまう／貯金のめどが立たない／焦って儲けようとして失敗／張り切って貯金を始めたものの長続きしない／収入源が途絶えてしまう／トラブルを起こしてお金が出ていく／損失

Ⅷ

力

STRENGTH

荒々しいパワーをコントロールする精神力

白い服を着た乙女が、ライオンを手なずけています。ライオンは人間が内面に秘めている獣性を表し、少女の純粋さによって獣性が穏やかに抑えられているさまを、このカードは描いているのです。もし乙女がその手を離したら、ライオンは暴れるかもしれません。そうならないよう、乙女が根気強くなだめているのでしょう。このカードは、力任せに物事を進めるよりも、忍耐強く取り組むことで、可能性が広がることを暗示しているのです。

カードが示すシンボル

❶獅子……このライオンは、人間が内面に秘めている獣性、つまり荒々しい野生の本能や圧倒的なパワーを意味しています。

❷乙女……白い服の乙女は、女性原理や受動性を表しています。乙女が着ている服の白さは、純粋さの象徴です。

❸無限マーク……頭上にあるマークは、無限大を意味するもの。無限の可能性を秘めていることが、このマークからわかります。

強い精神力

強い精神力があれば、忍耐強く物事に取り組むことができます。力任せに推し進めるよりも、そのようなあり方のほうが、可能性を広げてくれるでしょう。しかし、精神力が弱まると、我が強く出て強引な態度を取ったり、根気が続かず諦めてしまったりするのです。

カードが示すキーワード

正位置 **試練に耐え抜く不屈の精神**

過去…勇気を出して物事に立ち向かう
現在…粘り強さを発揮して少しずつ進めていく
未来…強い精神力によって目的を達成する

逆位置 **力不足による物事の中断**

過去…実力が足りないという自覚のないまま計画する
現在…弱気になったり強引になったりを繰り返す
未来…進めていた計画が途中で終わってしまう

カードが示すメッセージ

	正位置	逆位置
恋愛と結婚	じっくりと時間をかけて恋に向き合う／恋を少しずつ育てていく／秘めた思いや忍ぶ恋に幸運の暗示が／強い絆で結ばれている2人／大恋愛に発展する／困難を克服する恋愛／愛の試練を乗り越え結ばれる／長い片思いも途中で諦めなければ実る	進展の遅い恋愛／途中で恋を諦めてしまう／強引にアプローチして失敗する／相手に甘えすぎる傾向／恋に対する迷いが心の中に生まれてしまう／うぬぼれによって恋が悪い状況に／危険な恋／正しい判断ができなくなる／弱気になって恋を逃す
仕事	腰を据えて仕事に取り組む／計画的にプランを進める／努力を積み重ねる／根性で仕事に全力投球する／強い信念をもって仕事に向き合う／着々と実力をつける／目標を達成する／職場の同僚や仲間と一致団結する／実現不可能を可能にする	急いで手をつけて失敗する／思うようにいかず諦める／やみくもに努力を重ねても成果が出ない／実力の低下／せっかく目標を立てても実現不可能な状態に／仕事に対する自信を失ってしまう／仕事を始める前から諦めムードが漂う
家庭	目標に向けて力を合わせる家族／固い結束によって家庭の危機を乗り越える／お互いに受け入れ合える家族／強い信頼関係で結ばれている家族／家族のために危険を顧みずに行動する／勇気ある決断で家族のピンチを救う／困難な状況を克服する	子どもをコントロールしようとする母親／家族に対してわがまま放題になる／意志が弱い家族／いざというとき家族全員がオロオロする／言葉の行き違いが多い家庭／家族間で誤解が生じる／家族を信じることができなくなってしまう
対人	周囲と協力し合える／時間をかけてよい関係を育てる／包容力を発揮／固い信頼で結ばれた友情を築く／仲間と力を合わせて難関を突破する／仲間を救うために危険に飛び込む／勇気ある発言／元気いっぱいでハツラツとした友達	自己主張が強すぎてギスギスした関係になる／弱気になり仲間に溶け込めない／依存してしまう／わがまま放題／ハッタリばかりで信頼できない相手／うぬぼれが強い人物／言葉の行き違いによって友情が壊れる／相手に信用してもらえない
お金	目標額に達するまでコツコツ貯金する／給与アップのために辛抱強く働く／無駄遣いをやめてお金を貯める／衝動買いの誘惑に負けない強い意志／本当に欲しい物が買える／金銭的ピンチを克服する／ハードな節約方法がうまくいく	資金にアテがないのに商品を購入して困窮／定期預金を中途解約する／節約の効果が出ない／セールストークに負けて不要な商品を買ってしまう／欲しい物が際限なく現れる／気が大きくなって散財／買い物で迷いが生じて決められなくなる

IX

隠者

THE HERMIT

孤独の中でひたむきに真理を追い求める探求者

世俗を離れ、ひたむきに探求を続ける隠者。彼は真理を追究するために、あえて孤独な環境を選んでいるのです。そして、誰にも邪魔されずに没頭し、悟りを得ようとしているのでしょう。

このカードは、物事の本質を見抜き、思慮深く行動することを意味しています。ただ、日々の研究の中で精神的な成長が遂げられなかった場合、彼の行動は偏屈で理解を得られないものとなり、単なる社会に背を向けるだけの変人に終わってしまうでしょう。

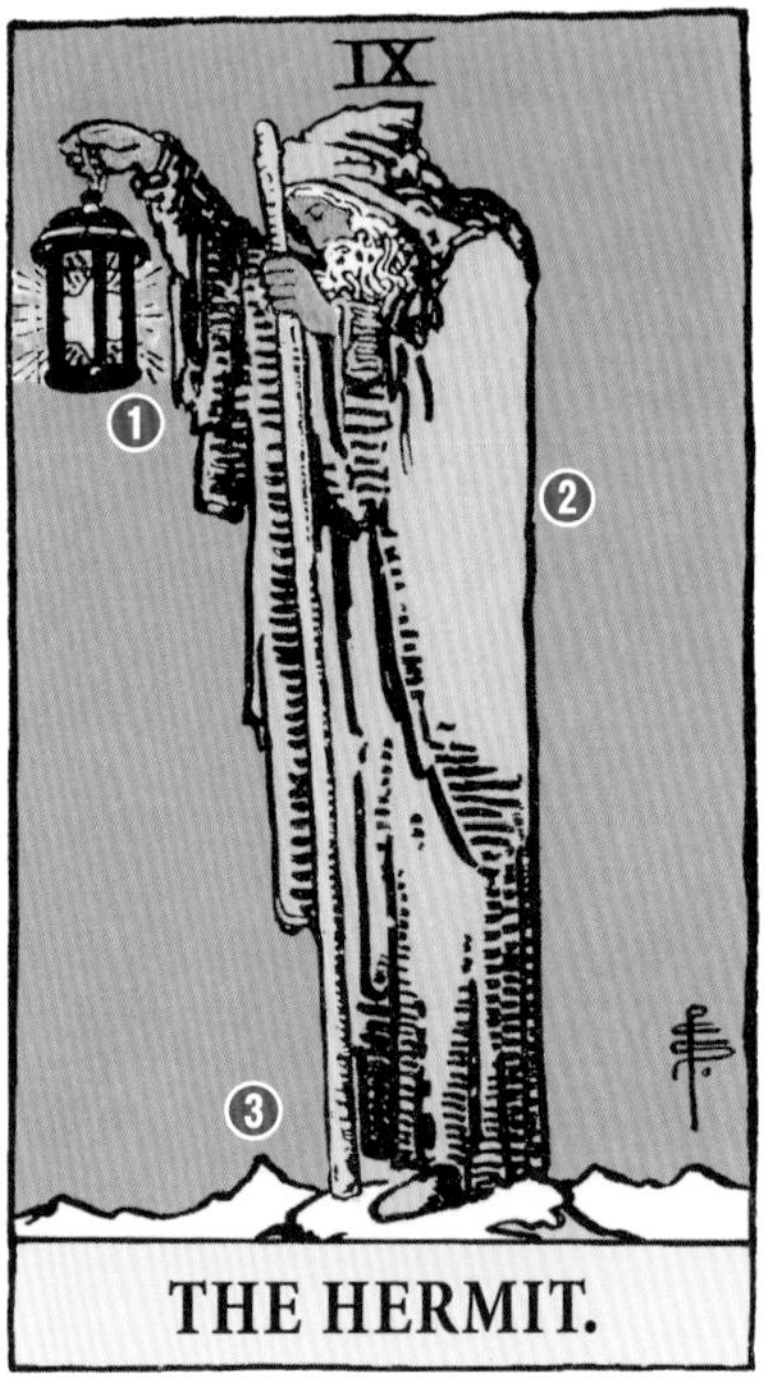

カードが示すシンボル

❶ランタン……隠者が手にしたランタンの中にある六芒星は、完全なる調和の象徴です。調和は、この世界に光をもたらします。

❷マント……隠者がまとっている灰色のマントは、彼が悟りを開き、そんな自分の身を隠そうとしていることの象徴です。

❸山の頂……隠者の足元に描かれた、白い山々の頂は、すでに隠者が悟りの境地へと達していることを表しています。

カードが示すキーワード

思慮深さ

高尚な精神や思慮深さを表す、『隠者』のカード。このカードが出た時は、精神的な成長を遂げ、物事の本質を見抜き、思慮深く行動することができます。しかし、マイナスの面が出てくると、頑固で閉鎖的な、社会から背を向ける変人になる危険性もあるでしょう。

正位置 **思慮深い考えと慎重な行動**

過去…隠された真理を追い求めて研究を始める

現在…孤独な環境に耐えながら精神的成長を遂げる

未来…たゆまぬ研究の結果、悟りをついに開く

逆位置 **社会から孤立する風変わりな変人**

過去…世俗を嫌って社会に背を向け閉じこもる

現在…考え方がどんどん偏り一般とかけ離れる

未来…独りよがりで見当違いな答えを導き出す

カードが示すメッセージ

	正位置	逆位置
恋愛と結婚	プラトニック・ラブ／片思いの恋／憧れ／滅びることなき愛／大人の恋愛／胸に秘めた思い／お互いの心を尊重し合う結婚／言えないまま何年も思い続ける／精神的に成熟した関係／真実の愛／いくら愛し合っていても深い関係にならない	人に言えない秘密の恋愛／行動を起こすことができないためラブチャンスがない／気持ちのすれ違い／相手の心変わりにより恋が終わる／結婚していてもわかり合うことができない／愛に疑いを持つ／一緒にいてもさびしさを感じる愛／軽薄な恋
仕事	周りに振り回されることなく黙々と責任を果たしていく／頭脳労働で成果を挙げる／計画を内密に進める／専門職や研究職に縁あり／努力が実を結ぶ／ゆとりある計画によってうまくいく／集中力が高まり短時間で成果が上がる／冷静な作戦	こだわりが強く常識に欠ける仕事ぶり／自信をなくす／職場で孤立する／職が見つからない／集中力を欠いてミスを連発してしまう／ケアレスミス／長時間仕事に取り組んでも能率が上がらない／つまらないこだわりによって失敗する
家庭	近所づき合いをしない／独自の教育方針／家族に本音を言わない／真の絆で結ばれた家族／精神的にクオリティの高い目標を追いかける家族／家族それぞれが自分の立ち位置を理解している／分をわきまえている家族／賢い判断をする家庭	部屋に閉じこもりがちで会話がない家族／家族間で交流がない／家族が秘密を抱えている／一緒に暮らしていても孤独を感じる家庭／気難しい家族／家庭内が陰気なムードに包まれる／お互い干渉せず勝手なことをする家族／家族と気が合わない
対人	1人の時間を大切にする／精神的にわかり合える相手との狭く深い交際／飲み会より読書会／精神的なつながりの強い友達／真実の友情を結ぶ／立場をわきまえた発言をする／賢い友達／内面の美しさが光る／ひそかな人気が出る／永遠の友情	閉鎖的になり孤立する／単独行動／周囲からのアドバイスに耳を貸さないで孤立／変人扱い／人のあら探しばかりして敬遠される／気難しい態度を取り煙たがられるように／周りの人たちと気が合わない／単独行動を取ってトラブルに
お金	へそくりが貯まる／お金よりも精神的な事柄に価値を置く／教育にお金をかける／お金儲けに興味がなくなる／ひそかに欲しかった物が手に入る／自分ならではの方法で利益を出す／たとえお金が入ってきても人に言わないで秘密にする	マニアックな趣味にお金をつぎ込む／人に言えない目的でお金を使う／目標額に届くまでにかなりの時間がかかる／悪いクセが出て損失を出す／一つの方法にこだわるあまりお金儲けのチャンスを逃す／欲しいものがコロコロ変わる／金銭的不安

X
運命の輪
WHEEL of FORTUNE

時の流れと変化を表す永遠に回り続ける輪

人間の力の及ばないところで、時は流れ、万物は変化していきます。幸運も不運も、永遠に続くものではありません。絶え間なく回り続けるこの輪が示すのは、幸運を手に入れて勝ち誇っていても、あるいは不運に嘆き苦しんでいても、それらは絶対ではないということ。時の流れの中で起きる、一瞬の出来事といえるでしょう。人は幸運と不運を繰り返し経験しながら生きていくものと悟った時、因縁から解き放たれるのかもしれません。

カードが示すシンボル

❶聖獣……四隅の聖獣は、獅子、牡牛、人間、鷲。獅子は四大元素の火を、牡牛は地を、人間は風を、鷲は水を象徴します。

❷輪の文字……輪に描かれたROTAは、ラテン語で「輪」のこと。文字の間には、ヘブライ語で「神」と書かれています。

❸生物……下降する左の生物は、ギリシア神話の怪物ティフォン。上昇する右の生物は、エジプト神話の冥界の神アヌビス。

時の流れと変化

グルグルと絶え間なく回り続ける運命の輪は変化を意味し、永遠に続くものなどこの世に存在しないことを伝えています。幸運の訪れや成功を喜び、ずっと続いてほしいと願っても、それははかない願い。一方、不運や失敗にこだわり続けるのも、意味のないことなのです。

カードが示すキーワード

正位置　幸運の訪れによって物事を達成

過去…幸運が巡ってきてチャンスをつかむ
現在…成功に向けて物事がどんどんいい方向に進む
未来…運勢はピークを迎え物事を達成できる

逆位置　避けられない出来事による失敗

過去…不運が訪れ思うようにいかなくなる
現在…物事がどんどん停滞し先が見えない状態になる
未来…手がけてきたことが失敗し失望のどん底に

カードが示すメッセージ

	正位置	逆位置
恋愛と結婚	恋の出会いが訪れる／喜ばしい進展／結婚／運命的な出会い／一目ぼれ／プロポーズや告白をするには絶好のタイミング／幸せな結婚生活の始まり／玉の輿に乗る／思いがけないラブチャンス到来／告白の返事をすぐにすると恋がうまくいく	出会いに恵まれないタイミング／恋に障害が立ちはだかる／すれ違いの多い恋／恋に不安定な状況が続く／長期ではないつかの間の恋愛／諦めムードが漂う／深追いしても失敗するだけ／失恋してしまう／恋を実らせるにはツイてない時期
仕事	チャンス到来／成果が上がる／成功する／昇進／希望の職場に就職できる／仕事運好調／臨機応変な対応がカギとなり仕事が成功する／新しいやり方を試すと仕事の効率がアップする／思いがけないチャンスが訪れる／大成功を収める	状況に恵まれず不調／ミスが多い／転職や就職活動がうまくいかない／仕事の停滞／妨害者が現れる／失敗に終わる／業務実績が急降下する／いくらやっても能率が上がらない／配置換えによって仕事に悪影響が出る／嫌いな仕事をする
家庭	家族の出世や昇進など家庭内に喜び事が起きる／運が上向きになり生活レベルが上がる／家庭内の雰囲気がどんどんよくなる／恵まれた生活環境／幸せを肌で感じる家庭生活／家族同士の絆が強まる／トラブルが起きても解消する	家族の仕事状況が悪化する／家庭内不和／家庭内に心配事を抱える／小さな家庭の問題が放置したことによって大きくなる／家族間で誤解やすれ違いが生じる／家庭内の空気が悪化する／家族とのつながりを持とうと焦って失敗
対人	いい関係が築かれる／新しい良縁ができる／憧れてやまなかった相手との縁が結ばれる／思いがけない幸運を運んでくれる人間関係／実りある関係／因縁や腐れ縁が解消される／対人関係全般が好調／友達関係に幸運な変化が訪れる	突然の不快な出来事／腐れ縁に苦しむ／見当違いの見方や意見によって人間関係が悪化する／早とちりでトラブルを起こす／バツが悪い経験をする／友達がコロコロ変わる／安定しない人間関係／焦らず時間をかければ仲直りできる
お金	思いがけない高額収入／収入アップ／臨時収入／ツイている時／クジ運や懸賞運など棚ボタ的金運に恵まれる／一目でピンときた商品を買うとラッキー／ビギナーズラック／新しい方法で貯金が増える／効率のいいお金の使い方ができる	入金の遅延／事態が変化してお金が入らなくなる／タイミングが悪く出費が重なる／欲しかった商品を買い逃す／ツイていない時期／判断ミスから損をする／焦ってお金を貯めようとしても無駄／金運が不安定／アテにならない収入源

XI
正義
JUSTICE

秩序とバランスが取れた状態を保つ裁判の女神

緋色の衣装をまとった女性が、今まさに裁きを下そうとしています。彼女は裁判官であり、正しき者の味方で、不正を許しません。彼女がいるおかげで、この世に秩序が保たれるのです。

『正義』のカードは、物事のバランスが取れた状態を表しています。正しい行いをする人間には、ふさわしい結果をもたらしてくれるでしょう。逆に、バランスが崩れているときには、不当な扱いを受けたり、努力がなかなか報われなかったりするでしょう。

カードが示すキーワード

バランス

正義の女神が手に持った天秤は、善に傾くのでしょうか。それとも、悪のほうに傾くのでしょうか。今はバランスが取れて水平を保っていますが、どちらに傾くかわかりません。その結果で、明暗が分かれるでしょう。正当な努力が報われるかどうかを、左右するのです。

正位置 **公平で正当な評価を受ける**

過去…自らの正義感に恥じない、正しい行いをする
現在…公平に判断されてバランスの取れた状態が続く
未来…今までの努力にふさわしい評価が下される

逆位置 **不公平で不当な扱いを受ける**

過去…不正を働いたり周囲のバランスを崩したりする
現在…なかなか決着がつかずに時間ばかりが過ぎる
未来…自分にはふさわしくない結果が待っている

カードが示すシンボル

❶ 裁判官……裁判官の姿をした女性は、正義の女神・アストレイアがモデルとされています。彼女は不正を許しません。

❷ 天秤……手に持った天秤は、公平さのしるし。彼女はこの天秤によって、公平な裁きを下そうとしているのです。

❸ 剣……天に向けて掲げた剣は、権力の象徴です。彼女には、人に対して裁きを下すだけの権力が与えられているのです。

カードが示すメッセージ

	正位置	逆位置
恋愛と結婚	誠実に愛情を育む／結婚が決まる可能性あり／ふさわしい相手との出会いや交際／理想的な愛／2人の相性はピッタリ／平和な恋愛／お互いにバランスが取れた関係／性格が合う／世間に向けて恥ずかしくない恋愛／穏やかに育つ愛情	条件が合わない恋／報われない恋／不倫／二股交際／一方的な愛／性格の不一致／ライバルと争っても無意味／恋を求めても無残な結果に終わりそう／どっちつかずの態度のせいで両方を失う／恋と友情の板挟みになる／好き嫌いが多すぎる
仕事	ふさわしい職場に就職／正当に評価され結果を出す／取引や契約関係は良好／苦手分野がなくなり平均的に業務成績が上がる／仕事と趣味を両立させる／職場では中立的立場を守ると吉／自己判断でなく周囲の意見を取り入れると成功する	えこひいきされる／不公平な扱い／不正取引に巻き込まれる／条件が釣り合わない契約／苦手な業務が足を引っ張り業績が伸びない／ここぞという場面で一か八かの賭けをすると大きく外れる／業務内容によって得手不得手の開きが大きくなる
家庭	穏やかで平和な家庭／家族がそれぞれの役割を果たすバランスの取れた家庭／家庭のレベルが平均以上／家族間で争いが起きても中立的な立場を取ると吉／得意な家事と苦手な家事との差がなくなる／まじめで公正な家族関係が築かれる	地域社会の規則に従わない家庭／偏った近所づき合い／えこひいきする親／偏った愛情／意見がかみ合わない家族／それぞれの家族の考えに大きな開きがある／家族間で価値観の一致を見ない／世間一般の家庭と比べると明らかにバランスが悪い
対人	よきパートナーシップ／バランスよく協力し合える／分け隔てのない交際／裁判では公平な結果が出る／裏表のない公正な友達／友達同士の争い事が起きたら仲裁役を務める／正しい意見が受け入れられる／まじめな態度で好感をもたれる	報われない関係／不公平な扱いに不満／一方が我慢するバランスの悪さ／優柔不断で孤立／勝手な判断をしてトラブルが起きる／1人の意見だけ聞くと恨まれそう／義理と人情の板挟みになる／フェアプレイにならない／偏った人間関係
お金	約束通りの入金や振り込みがある／働きに見合った収入が得られる／収支のバランスがよい／世間の平均的な収入になる／まんべんなく節約できる／本業と変わらないくらい副業で利益を上げる／お金を貸しても必ず戻って来る／公平な配分	サービス残業／不正に儲ける／賃金以上のハードワーク／信じてお金を貸しても戻ってこない／一つのことにお金をつぎ込みすぎる／平均を下回る収入／一獲千金を夢見て失敗／優柔不断な態度を取ると失敗する／理不尽な不利益

XII

吊るされた男

THE HANGED MAN

試練の時を耐えながら希望を抱き続ける罪人

1人の男が、樹から吊るされています。こうして逆さ吊りにされるのは罪人であり、彼は罰を受けているはずなのに、笑みを浮かべているようです。このカードは、試練の時をじっと耐えれば、やがて明るい未来が見えてくることを伝えているでしょう。たとえ現状が自分の望むものでなくても、柔軟に受け入れると、いつか希望が見えてくるのです。逆に、自分の考えに固執すると、事態を悪化させる恐れがあることも示唆しているでしょう。

カードが示すシンボル

❶男の表情……吊るされた男の笑顔と頭から発せられたオーラは、彼が望んでこのような状態にされていることを示します。

❷芽吹き……樹からいくつもの芽が吹いているのは、吊るされた男の未来に、明るい可能性があることを表しています。

❸樹……樹の形がT字形です。これは、神聖さの象徴であるT十字のこと。彼は、神聖な樹に吊るされているのです。

カードが示すキーワード

試練

吊るされた男が笑顔なのは、素直に試練を受け入れ、耐えることで、未来が見えてくるのだと知っているから。こうした柔軟性の有無が、未来を左右することをカードは告げているでしょう。逆位置では、報われない努力を意味し、物事を違う角度から見る必要性を促します。

正位置　試練を受け入れつつ時期を待つ

過去…忍耐と試練の時が到来して犠牲になる

現在…身動きが取れなくなりひたすら耐え忍ぶ

未来…状況を受け入れることでまもなく未来が開ける

逆位置　見当違いの報われない努力

過去…間違った物事の捉え方をしてしまう

現在…努力が報われず気力体力が消耗していく

未来…状況が悪化してむなしい結果に終わる

カードが示すメッセージ

	正位置	逆位置
恋愛と結婚	恋のチャンスに恵まれない／忍耐の時／出会いがない／うまくいかない2人／相手に尽くす愛／苦労に耐えて愛を貫く／愛や家庭のために何かを犠牲にする／愛の試練を乗り越える／たとえ報われなくても思い続けることが恋愛成就の鍵となる	高望みの恋／どんなに尽くしても報われない恋／乗り越えられない壁がある／今こそ視点を変えるべき時／今の恋を続けることに耐えられなくなる／自己中心的な考え方によって恋愛状況が悪化する／恋愛に対してジレンマを感じてしまう
仕事	現状を受け入れて耐える／試練の時を迎える／求職活動／時期を待つ／妥協する／業績の伸び悩みは努力を続けることによって克服できる／一時的に業績が落ちるものの後で回復する／苦しくても辛抱強く仕事を続ければ報われる／身動きが取れない	無駄な努力／職探しでは条件を変える必要がある／耐えても未来が開けない／パワハラで退職／仕事をしたくなくなる／昇進が遅れる／骨折り損のくたびれ儲け／昇級試験に落ちる／無理な仕事を押しつけられる／プライベートを犠牲にする
家庭	家庭で居心地が悪く重荷になる／家族と折り合いが悪い／予定や計画が家族のために先延ばしに／家族のために尽くす／しばらくの間は現状で我慢するべき／身動きが取れなくなるような事件が家庭内で起きる／家庭や家族第一に考えて行動する	家庭や家族によって苦労させられている／わがままが多く不仲の家族／家族のために犠牲を払っても報われない／苦痛を強いられる家庭／家庭や家族に縛られて身動きが取れない／助言しても聞き入れない家族／家庭内に複雑な問題が起こる
対人	こちらの思い通りにならない相手／奉仕精神を発揮する／自己犠牲を払う／妥協する／相手に従うしかない／友達のことで身動きが取れなくなる／中途半端な態度／なかなか友情が育たずにもどかしい状態／対人トラブルには腰を据えて対応を	意味のない忍耐を強いられる／今の人間関係に我慢できなくなる／周囲の要求に応じても無駄／何の役にも立たない人間関係／一方的に尽くすが報われない／相手の犠牲にならざるを得ない／役に立たない情報を教えようとする相手／ジレンマ
お金	仕事の不調により入金が遅れる／欲しいもののためにお金を貯める／他人のためにお金を使わなければならなくなる／自由に使えるお金が少ない／コツコツ辛抱強く貯金する／一時的にピンチに陥るが後で回復する／諦めずにお金を貯め続ける	労働に見合わない給料で我慢する／金銭感覚がおかしくなる／欲しい物があってもキッパリと諦める／他人によってお金をむしり取られる／お金を貯めようというモチベーションが下がる／間違った方法でお金を増やそうとする／節約効果なし

XIII

死神

DEATH

死と再生、終わりと始まりを司る神

ガイコツの騎士が、馬に乗ってどこかへ行こうとしています。彼は死神であり、死を司っているのです。しかしながら、死は単なる終わりではありません。新しい始まりも、死によってもたらされます。このカードは、一つの終わりと始まりの時がやってきたことを表し、これまで継続してきた生き方や考え方が、もはや通用しないと告げているでしょう。もう、古いやり方を捨て、新しく再スタートを切るしか、道は残されていないのです。

カードが示すシンボル

❶太陽……山の間に描かれた太陽は、死と再生のシンボル。昇らなければ沈まず、沈まなければ昇らないのです。

❷旗の柄（え）……死神が手にした旗の柄には、目盛りが書かれています。これは、人間の寿命を測るために刻まれているのです。

❸川……足元に描かれている川は、人間の内面状態を表しています。同時に、新しく生まれることの象徴でもあるのです。

カードが示すキーワード

終わりと始まり

今まで当然のように続いていたことが、突然、通用しなくなった時、人は変わらねばなりません。心機一転してやり直せば、新しい人生が開けるでしょう。しかし、変化する状況を受け入れられないと、いつまでも同じ境遇にとどまり、先へ進めないという状況になるのです。

正位置　方向転換するべき時の到来

過去…一つの時期や物事が終わって次の段階に進む
現在…変化を受け入れまったく新しい考えになる
未来…方向転換が成功して新しい道が開けていく

逆位置　行きづまり前進できない状況

過去…大きな変化やストレスを抱えて低迷する
現在…変化についていけず古い考えにしがみつく
未来…進むことも戻ることもできずスッキリしない

カードが示すメッセージ

	正位置	逆位置
恋愛と結婚	愛情が冷める／恋を諦める／別れの暗示／離婚する可能性／苦しい恋／2人の間で溝が深まる／誤解が生じる／愛を揺るがすような出来事に見舞われる／恋愛観が激変する／恋をやり直す／長い低迷期から脱出できる可能性	可能性がなくても恋を諦められない／別れ話が出ても決断できない／昔の恋を引きずる／古い恋にしがみつかないで新しい出発をするべき／思い切った方向転換が必要な時／砂を噛むようなつらい毎日が続く／恋に行きづまりを感じるようになる
仕事	気持ちを切り替えて仕切り直すタイミング／事業が失敗に終わる暗示あり／仕事の見直しをする時／退社や転職の可能性／なかなか方針を変えることができない／昇級試験や昇格試験で失敗／仕事の進め方に行きづまる／心機一転して再出発	思い切った決断ができず同じことを繰り返す／事業の不振が続く／ダラダラ作業をする／やり方をガラリと変えるべき／実力を養成し直す時／長期間の無理がたたる／面接や会議にはイメージチェンジして臨むこと／対策が見つからない
家庭	家庭内に重大な変化が起きる／別離／別居／家族間に深い溝ができる／不幸な事件に見舞われる可能性／今の家庭生活に行きづまりを感じる／家族としてやっていく自信がなくなる／希望の芽が摘み取られる／家庭内に暗いムードが漂う	家庭内の問題をいつまでも引きずる／嫌だと感じているのに方向転換できない／家庭が重荷になっても関わらざるを得ない／惰性で家庭を続ける／不満だらけの家庭から飛び出すことができない／家族との関係を改善することができない
対人	これまでの関係に終止符を打つ／周囲との関わり方や関わる相手を変える／相手の感情が激変する事態あり／友情に行きづまりを感じる／今の人間関係を変えたくなる／人間関係によって体力や精神力を消耗してしまう／人間関係が悪化する	関係性が悪くても変えることができない／よくない相手との悪縁を引きずる／居心地の悪い環境からなかなか飛び立てない／友達に対する見方が変わる／現在の人間関係を見直すべき時／思い切った改革をしないと関係性がどんどん悪化する
お金	仕事や生活の変化により収入が変動する／退職や倒産などで一時的に収入が途絶える可能性あり／病気や事故などのやむを得ない事情でお金が出ていく恐れ／金銭的ピンチを迎える／生活がどんどん苦しくなる／希望の見えない毎日が続く	相変わらずの金運／諦めムードが漂う／パッとしない状況が続く／今までの金銭感覚を捨てないと危機的状況に／経済計画を思い切って方向転換する必要性／過去の豊かな生活を忘れられない／悪いつき合いによってお金がしだいになくなる

XIV

節制

TEMPERANCE

自制心を保ちながら繰り返される創造の作業

天使が2つのカップを持ち、水を移し替えています。左右のカップに水を移し替えることで、2つの異なる要素から、新しいものを生み出そうとしているのです。彼は決して焦らず、自制心を働かせているでしょう。じっくりと時間をかけ、周囲との調和を大切にしながら、その作業は続きます。このカードは、節度ある行動が異なるものを融合させ、調和を生み出すことを表しているのです。ただし、もし自制心を失えば、世界は乱れるでしょう。

カードが示すキーワード

自制心

異なる要素を融合させ、新しいものを生み出すには、自制心が必要だと伝えるカードです。途中で焦ったり、だらけたりしては、成功しないでしょう。常に自己コントロールをしながら淡々と行うことにより、創造という大切な作業は初めて成し遂げられるのです。

正位置 **節度と感情の制御が調和を生む**

過去…穏やかでコントロールのきいた感情をもつ
現在…節度を守りながら柔軟な行動を取る
未来…調和の取れた平和な世界が実現する

逆位置 **自分勝手な行動で状況が悪化**

過去…抑えられない感情がこみ上げてくる
現在…我を通して勝手な行動に走るようになる
未来…周囲とのバランスが崩れ状況が悪化する

カードが示すシンボル

❶ 水と天使…水は無意識を、地面は意識を表します。天使は片足を水の中、もう片足は地面につき意識と無意識を統合しています。

❷ カップ…2つのカップの水は、異なる要素を表します。天使は水を移し替えることで、融合を図っているのです。

❸ 四大元素…天使の胸に描かれた三角マークは、四大元素の火を、地面は土を、翼は風を、水はそのまま水を意味しています。

カードが示すメッセージ

	正位置	逆位置
恋愛と結婚	献身的な愛情／節度のある交際／相手に求めすぎず自分から合わせていく／控えめなアプローチ／純粋な愛情／深まる愛／心が通い合う／無理なくくつろげる相手／単なる好意が愛情に変わる／何度も繰り返しアプローチすれば成功する	秘めた思い／片思い／なかなかラブチャンスに恵まれない／自分の気持ちばかり押しつける／思いやりが足りない／神経の疲れる相手／愛情をコントロールすることができない／しっくりなじまない相手／愛がマンネリ状態に陥ってしまう
仕事	周囲と協力して仕事を進める／臨機応変な仕事ぶり／無茶をしない／自制心があるため穏やかな進め方ができる／繰り返し作業をすることで業績が上がる／順調に成果を出せる／職場の環境が良好／グループやチームで進める仕事がうまくいく	自分本位な言動で職場のチームワークを乱しがち／他人への配慮を欠き孤立する／自分のやり方を変えようとしない／仕事が不調／これまでの積み重ねを大切にする／おさらいをする／根気が足りない／ロスや無駄が多い／仕事を投げ出す
家庭	家族との関係は良好／思いやりがある穏やかな家庭／家族間でやり取りが活発になる／家族への純粋な思い／家庭での食事が健康を保たせる／家庭内の雰囲気がいいのでくつろげる／心と心の通い合う家族／繰り返し主張すれば意見が通る	我を通して家族との間に不協和音が／家族や家庭の事情に合わせようとしない／家庭生活がだらしなくなる／家族に対して感情のコントロールができない／いい加減な態度を取ってケンカになる／栄養に偏りのある家庭料理で体調を乱す
対人	節度のある言動で信頼される／周りとの調和を大切にする／分け隔てのない人づき合い／中立の立場を守る／一緒にいて楽な相手／感情のコントロールをしてトラブルを収める／友達との意見交換で学ぶところが大きい／純粋な友情が育つ	協調性に欠けた言動／出すぎた態度で周囲とギクシャクする／自分本位に振る舞う／引っ込み思案になる／適当な言葉やいい加減な態度で信用を失う／つき合うほど心が疲れてしまう／気持ちがダレる相手／感情的になりケンカに発展していく
お金	節約上手／やりくりがうまくいく／懐具合に合わせて我慢する／臨機応変な判断で利益を得る／財産が順調に増える／お金を増やすには最適の環境／毎月の貯金は金額を変えないほうが吉／わからないことがあれば繰り返し尋ねること	無駄遣いが多い／分不相応な買い物をする／カード使用による出費がかさんで困窮／欲しいものが際限なく現れる／気が大きくなって散財する／ヤケ買い／節約疲れ／せっかく買った物がしっくりこない／貯金に励んでも思うように貯まらない

XV

悪魔

THE DEVIL

生まれながらに持つ欲望と本能の象徴

鎖につながれた男女が、悪魔の前にいます。男女の鎖はゆるんでいるのですが、彼らは逃げようとしません。まるで、喜んで今の状態にいるかのようです。また、彼らにはしっぽが生え、獣になりかけています。彼らの望みは、獣となって、欲望を叶えることなのでしょうか。このカードは、人間が生まれながらに持つ、欲望を表しているもの。甘い期待を抱いたり、金銭に執着したり、ルーズで惰性に流されたりするのは、欲望のせいなのです。

カードが示すシンボル

❶台座……悪魔が座る台座は、四角い形をしています。これは、四大元素の「地」を意味するもので、物質を表しています。

❷悪魔……悪魔の額にあるのは、悪魔崇拝のしるし。悪魔は右手で祝福し、左手に死を意味する逆向きの火を持っています。

❸男性と女性……男女が逃げようとしないのは、本能や欲望に身を任せているから。しっぽが生え、獣になりかけています。

カードが示すキーワード

欲望

人間は、生まれながらに欲望を持っています。甘い期待や流されやすさ、執着心は、快楽と物質への欲望からくるもの。しかし、欲望から解き放たれた時、人間はつきものが落ちたかのように目覚め、スッキリとし、純粋な気持ちに立ち返ることができるのです。

正位置 **欲望にとらわれて動けなくなる**

過去…甘い誘いに乗り自ら欲望にとらわれていく
現在…物事に執着し、動けなくなった状態に陥る
未来…ルーズで快楽に流されるまま日々を送る

逆位置 **解放され自由を取り戻す**

過去…ハッと我に返り純粋な心を取り戻す
現在…悪縁や悪い習慣をどんどん断ち切っていく
未来…更生が成功してやり直すことができる

カードが示すメッセージ

	正位置	逆位置
恋愛と結婚	相手への執着心が強い／略奪愛の可能性／精神面よりも体の関係を求めやすい／セックスアピールが強い／引かれ合う引力が強い／束縛／ストーカー／よくない情事にハマる／のめり込む愛／危険な誘惑／遊ばれていることに気づかない	身体の関係より精神的な結びつきのほうが強い／腐れ縁の関係を清算する／相手への未練がなくなる／別れの時／吹っ切れる／しばらく冷却期間を置いたほうがいい／曖昧な恋に終止符が打たれる／苦しい恋の傷から立ち直ることができる
仕事	他人をアテにする／仕事を辞められない／甘い誘いに乗って失敗する／法に触れそうな仕事／ごう慢な仕事ぶり／束縛が多い職場／職場内の揉め事に巻き込まれる／深夜残業や徹夜続きになる／気苦労の多い仕事／水面下での致命的なミス	気持ちを入れ替える／まじめに仕事に取り組む／真摯な気持ちで働き能率もアップ／悪縁から離れる／さぼりグセがなくなる／しだいに集中力が出てくる／ようやくいい仕事が見つかる／危ない仕事仲間から逃れることができる／危機を脱する
家庭	自立を阻む家族／必要以上に束縛される／行きすぎた干渉／暴力的な家族／重荷になる家庭／家族の体調不良／気苦労が多い家庭／あれもこれもと欲しがる家族／家族の持病が出る／極端な夜型の家庭生活／乱れた家庭／家族間に秘密がある	精神的な絆で結ばれた家族／家族の束縛から自由になる／ピンチからの脱出／家族の病気が快方に向かう／家庭にまつわる苦しみから解放される／家族から自立する／家族間のケンカはしばらく冷却期間を置くことで収まる／過干渉がなくなる
対人	打算的で周りから敬遠される／ごう慢な言動／周囲に依存する／ルーズな態度／しつこい相手／腐れ縁の相手／悪い誘いをしてくる相手／反社会勢力／面倒な揉め事が起こる／厄介なしがらみに取り込まれる／トラブルに巻き込まれてしまう	誠意が伝わりいい関係に／精神的につながった関係／腐れ縁や悪縁を断つ／ハッキリしない関係に決着がつく／悪い誘惑を断ち切る／面倒ばかりかける相手との別れ／執着していた友達が去って行く／トラブルメーカーがいつのまにかいなくなる
お金	怪しい儲け話が舞い込む／悪い誘惑／人をだましてお金を得る／不正な方法で儲ける／物欲が強まる／欲しい物が次から次へと出てくる／どんな手を使ってでも手に入れようとする／金銭的な悩みが生じる／自由に使えるお金がない	お金の使い方が正常になる／金銭への執着から解放される／悪い誘惑にのらずに済む／長いローンが終わる／集中して節約に取り組むことができる／金銭的ピンチからの脱出／健康になったのでかかっていた医療費が減る／借金を完済する

XVI

塔

THE TOWER

突然の衝撃的なトラブルや状況の急変を暗示

落雷によって、崩れ落ちる塔。このカードは、突然の衝撃的なトラブルや状況の急変を表しています。状況を改善するためには、考え方や意識を変えなければなりません。雷は、天からの警告なのです。衝撃を受けた後、人々は混乱状態にしばらく置かれるでしょう。しかし、少しずつではありますが、事態も回復していきます。行きづまった状況の中で、どう行動するかが問われるでしょう。その時の行いにより、回復へのスピードが決まるのです。

カードが示すシンボル

❶塔……四角柱の塔は、この世を構成する四大元素の「地」を象徴。つまり、物質世界が崩壊していることを表しています。

❷稲妻……稲妻は、天からのメッセージを意味しています。「意識を変えよ」という天の警告だといえるでしょう。

❸かけら……22枚の黄色いかけらは、ヘブライ文字の数。黄色は祝福を意味し、神の恩恵があることを表しているのです。

事態の急変

突然のトラブルが降りかかったり、事態が急変したりした時、人々は衝撃を受け、不安を抱えます。その際、意識を変えることができなければ、混乱状態はしばらく続くでしょう。回復を望むなら、自分を変えるしかないのだということを、このカードは伝えています。

カードが示すキーワード

正位置 **衝撃的なトラブルが突然起きる**

過去…予想もしなかった不運に見舞われ状況が一変

現在…突然の出来事に混乱しパニック状態になる

未来…考え方を強制的に変えざるを得なくなる

逆位置 **トラブルの後の混乱状態が続く**

過去…事態の急変から受けたダメージを引きずる

現在…行きづまりを感じても打開策を思いつかない

未来…意識を変えることで回復が少しずつ進む

カードが示すメッセージ

	正位置	逆位置
恋愛と結婚	予期せぬトラブルが起きる／衝撃的な事件／好きな相手とのケンカ／突然の別離／恋人未満で肉体関係を結ぶ／一目惚れ／愛情をなくす／ちょっとした遊びのつもりが大事件に至る／なかなか合う相手が見つからない／信頼関係を失ってしまう	過去の恋のトラウマに悩む／ケンカやトラブルの影響を引きずる／誤解が解けない／２人の間に緊迫したムードが漂う／別れの予感／ショックな状況になる／２人の関係が険悪なものに／愛情が危険にさらされる／困難な状況が長引いてしまう
仕事	手がけてきた仕事に邪魔が入る／倒産や解雇の暗示／状況の急変／突然の辞職／大きな損失を出す／仕事上の重大なミスが発生／昇級や昇格試験は不合格／事業計画がなかなか思うように進まない／職場でのトラブルが続出する／仕事仲間への不信	先が見えずに行きづまる／方針を転換できない／トラブルから立ち直る途中／実力を過信して失敗する／窮地に立たされる／高望みし過ぎ／周囲のペースについていけなくなる／落ちこぼれる／長期の休養が必要になる／休職期間が長引く
家庭	家族間でのケンカ／家庭に災難が降りかかる／家族の病気／家庭や家族のことでショックな出来事が起きる／考え方を切り替えるタイミング／放っておいた家庭内の問題が悪化する／家族間で信頼が失われる／家族の行動を疑うようになる	一刻も早く家庭内の問題に取りかかる必要／取り返しのつかない家庭内トラブルの暗示／家族が危機にさらされる／家庭内が大混乱に陥る／家族への信頼回復には時間が必要／ゆっくり休むことで現状回復／困難な状態が長引くが最後には実る
対人	ケンカ／事態の急変でこれまでの関係が崩壊／関係が悪化する／必要のない関係を切り捨てる／信念が変わって友達を疑うようになる／対人トラブルが発生する／友情が信じられなくなる／突然の別れ／予想もしなかった人間関係に変わる	お互いに信頼し合うことができない緊張状態／トラブルの後に少しずつ関係を修復する過程／不信感が残る／慎重な対応が必要／険悪なムードに包まれる／立場が危なくなる／対人関係が大混乱に陥る／おごった考え方によって対人関係が悪化
お金	大損失／入金のアテがはずれる／収支計画は崩壊寸前／分不相応な買い物をして金銭的ピンチに／預金計画は高望みしないこと／ほんの出来心によって金銭面で損失する／安易な買い物が痛い出費に／突然の病気や事故などのトラブルによる出費	仕事や健康が本調子でなく収入減に／やりくりが大変になる／今すぐ収支計画を立て直すことが必要／金銭的な争い事に巻き込まれる／貧困状態が長引く／収入はあっても予断を許さない状態／預金通帳の残高を見てショックを受ける

XVII

星

THE STAR

永遠の流れの中で営まれる創造と希望のシンボル

水瓶を手にした乙女がひざまづき、頭上には星が輝いています。その中で、ひときわ輝く大きな星はシリウスです。古代エジプト人が、肥沃な土を運んでくれる、ナイル川の氾濫期を知るための目安としたシリウス。古代エジプトに文明をもたらしたこの星は、永遠の象徴でもありました。また、水は生命の源です。このカードが意味するのは、永遠の流れの中で、人間が営む創造と希望。希望を胸に、人は豊かな芸術を生み出せると告げているのです。

カードが示すシンボル

❶ 八芒星……大きな八芒星は、シリウスです。古代エジプトでは豊穣の女神イシスとしてあがめられ、永遠の意味も持ちます。

❷ 7つの星……7つの星は、宇宙のサイクルリズムを表します。7という数字そのものが、宇宙を動かすサイクルなのです。

❸ 水……豊かに湧き出る水は、人間の無意識の領域を指すと同時に、水こそが生命の源であることを表しています。

カードが示すキーワード

希望

カードに描かれた輝く星々は、人間の希望や創造性を表しています。人は希望があれば、イキイキと過ごすことができ、その中で、豊かな感性によって、創造性を発揮するでしょう。けれど、叶わぬ夢を追いかけていることに気づかなければ、描いていた未来は訪れないのです。

正位置 **人間の希望と豊かな創造性**

過去…希望を抱いて生き生きとした生活を送る
現在…豊かな創造力や芸術的才能を存分に発揮する
未来…夢が叶って理想通りの日々を手に入れる

逆位置 **叶わぬ夢と期待外れの結果**

過去…閉鎖的で古い考えを抱き夢のない日々を送る
現在…期待外れの出来事が起こり失望のどん底に
未来…ストレスがたまるばかりで先が見えなくなる

カードが示すメッセージ

	正位置	逆位置
恋愛と結婚	友達から始まる恋愛／精神的なつながりが強い恋愛／夢や希望が広がる恋／愛の誕生／希望にあふれる未来が開けていく／理想の相手が現れる／素晴らしい恋人や結婚相手／イメージがよく似た2人／等身大のつき合いができる／くつろげる相手	恋の出会いに恵まれない時／悲観的な考え方／恋や結婚に後ろ向き／マンネリ状態になる／背伸びしている恋／相手の容姿にばかりこだわって中身を見ない／期待外れの相手／恋も結婚も高望みしている／何となく好きになれないムードが漂う
仕事	希望にあふれて前向きに取り組む時／創造力や感性を生かして仕事が好調／新企画に挑戦するべき／クリエイティブな職種の適正あり／希望の会社や部署に入れる／業績アップに明るい見通し／独創的な仕事の進め方で成功する／理想的な職場	期待外れの結果でスランプ気味／マイナス思考で能率低下／目標を見失う／夢に向かう現実的な推進力が弱い／ストレスが多く休息が必要／実力を無視した高望み／根気がなく仕事が続かない／事業計画がつまずく／理想と現実のギャップに悩む
家庭	心身共にくつろげる家庭／将来の夢へと一緒に歩む家族／信頼関係が築かれている家族／家族の強い絆／健康的で快適な毎日が送れる／家族の夢や希望が叶う／芸術に触れる機会が多い家庭／家族で芸術活動をする／美意識の高い家族	リラックスできない家庭／理想からほど遠い家庭／家族と夢を語り合うことができない／睡眠不足に陥る／理想ばかり追求して現実が見えていない家庭／家族の願い事は叶わない／夢想家の家族／食事の栄養バランスが悪く健康を損なう恐れ
対人	充実した人間関係／よい人間関係のもとでイキイキと過ごす／感性の合う仲間との交友関係が広がる／仲間と将来の夢について語り合う／美しい友情が結ばれる／芸術方面に縁の深い友達ができる／仲間と共に創造的な活動をする／理想の友情	考え方が閉鎖的になる／相手に対して夢が持てない／希望のない人間関係／社交性に欠ける／感性の違う相手に合わせられない／周囲になじめない／疲れる相手／対人ストレスによって健康面が悪化する／奇抜なセンスを持った友達ができる
お金	お金を使うことでストレス解消／休暇のための出費／有意義なお金の使い方ができる／目標のための資金に見通しが立つ／希望通りの報酬を得る／芸術方面にお金を使うといい／お金の苦労を感じず快適に過ごせる毎日／美容への出費は吉	意味のないお金の使い方をしてしまう／お金を使っても楽しくない／出費しても割に合わない結果になる／途方もない夢のために浪費する／株や投資で高望みする／コツコツ貯金することができない／期待したほどの報酬が得られない／失望

XVIII

月

THE MOON

移ろいやすい心と不安定な状況を投影

夜空にかかる、大きな月。三日月から満ちていこうとする月は、移ろいやすい心や不安定な状況を表しています。そして、カード全体から不安感が漂い、まるで不透明な未来、水面下で進む策略、裏切りを象徴しているかのよう。しかし、月が日を追うごとに形を変え、三日月が、そのうち明るい満月になることは、誰もが知っています。それゆえ、不安もいずれは消え、曖昧だった状況が明るくなることも、このカードは教えてくれているのです。

カードが示すシンボル

❶ 月……三日月から満ちていく月は、太陽と重なっていきます。これは、移り変わっていく不安定さを象徴するもの。

❷ 犬と狼……月を見上げている、2頭の獣。これは、犬と狼です。2頭は、人間の本能や獣に近い性質を表しています。

❸ ザリガニ……水から這い上がろうとしているザリガニは、無意識の領域から不安が浮かび上がることを表しているのです。

カードが示すキーワード

不安

日に日に形を変えていく月は、移ろいやすさと不安定さの象徴です。不安な心が、月に投影されている状態ということもできるでしょう。ただ、時とともに、心の状態も変わります。しだいに不安が晴れ、不透明だった未来も開けるでしょう。

正位置　曖昧な状況と精神の不安定さ

過去…見えない敵の策略が水面下で進行する
現在…偽りを知り精神的にも不安定になってしまう
未来…はっきりしない状況がこの後も続いていく

逆位置　不透明な事柄がついに明らかに

過去…状況が少しずつよくなり落ち着きを取り戻す
現在…隠されていたことがしだいに明るみに出る
未来…精神的に落ち着いた状態が戻り安心できる

カードが示すメッセージ

	正位置	逆位置
恋愛と結婚	偽りの恋／曖昧な関係／既婚者との恋／恋や結婚の不安を抱える／相手の家族や母親の意向が潜んでいる可能性／複雑な恋愛関係／自分の心がわからなくなる／縁談が流れる／愛の裏切り／中傷される／結婚前に迷いやためらいが生じてしまう	自分の気持ちをはっきり自覚する／信頼の絆を取り戻すことができる／隠し事が表ざたになる／しだいに迷いの心が晴れていく／待つゆとりが愛を育む／偽りの愛に気づく／今は受け身でいたほうがよさそう／もつれた関係が解消する
仕事	職場でだまされたり中傷されたりする／仕事の状況がはっきりしない／精神的に不安定になり仕事に影響が出る／同僚の中傷や噂話をしてトラブルに／仕事の目的意識が見つからない／ダラダラと仕事を続ける／ずる休みがバレて不利な立場に	不安や心配事が解消して落ち着きを取り戻す／就職や仕事復帰のめどがつく／現実的に物事を把握できる／少しずつ業績が上向きになっていく／危ないところで災難を逃れる／自分から動くより少し待っていたほうが吉／先行きの見通しが立つ
家庭	家族に不安を抱える／家族、母親、郷里の事情が影響する可能性／家族が足を引っ張る／偽りの家族／家庭内に不信感が満ちる／家族が精神的に不安定になる／家族の病気／怠けて何もしない家族／近所の人からいわれのない中傷を受ける	家族や家庭への不安が解消する／足を引っ張る家族が誰なのか明らかになる／家族の病気が快方に向かう／家庭内の悪い状況がしだいに好転していく／家族からの悪影響がなくなる／被害を免れることができる／近所からの誤解がやがて解ける
対人	人間関係が不透明／感情的になりやすい／精神的に不安定になりがち／裏切りや策略の暗示／信頼関係を築くのが難しい状況／友達に対して不安を抱く／偽りの友情／無責任な噂をばらまかれる／不名誉な中傷を受けて悩む／足を引っ張る人	疑いが晴れて気分的にも安定に向かう／誤解が解けるなど状況が好転／心配事が解消する／陰で邪魔をしていた人物が明らかになる／信頼が回復する／悪化していた人間関係が徐々にいいほうに向かう／複雑に絡み合った人間関係が解消する
お金	金銭面が不安定／だまされて損をする／詐欺に注意／収入が一定しない／家族への送金をやむなく行う／収入のめどが立たない／金欠状態が続くことで精神面にも影響が／信頼していた人からの裏切りによってお金を失う／うまい話に注意	金銭面が安定する／収入の見通しが立つ／じたばたしないほうがよさそう／金欠の原因が明らかになる／最悪の状態を逃れる／だまされる寸前で気づく／早い段階で手を打てばピンチを免れる／待つゆとりを持つことで金銭面が好転していく

XIX

太陽

THE SUN

イキイキとした生命力とやがて来る喜びや幸福

白馬に乗った子どもが、屈託のない笑みを浮かべています。空には、輝く太陽。そして、背後には満開のヒマワリが咲いています。まるでカード全体から、イキイキとした生命力が伝わってくるよう。また、これから訪れる喜びと幸福を暗示しているかのようでもあります。しかし、太陽は曇りや雨の日、夜になると見えません。いくら物事がうまくいっていても、それを当たり前だと過信することの危険さも、このカードは教えてくれているのです。

カードが示すシンボル

1 太陽……大地を照らす太陽は、創造力と生命の源。太陽があるからこそ、万物は育ち、生きていくことができるのです。

2 馬と子ども……白馬と裸の子どもは、純粋さの象徴。また、馬は本能をうまくコントロールできていることを意味しています。

3 ヒマワリ……ヒマワリは、太陽の花とされています。カードが『太陽』であることから、描かれた花もヒマワリなのです。

カードが示すキーワード

喜びと幸福

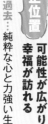

生命力の象徴である太陽は、物事がすくすくと成長し、発展していく様子を表します。純粋で健やかな精神なら、成功や成就、健康、結婚という喜びと幸福が手に入るでしょう。しかし、心が曇れば停滞や中止、挫折という事態になり、落胆するという結果に終わるのです。

正位置　可能性が広がり幸福が訪れる

過去…純粋な心と力強い生命力が備わる
現在…環境に恵まれ物事が思い通りに発展する
未来…成功や成就・名誉・地位が望むままに手に入る

逆位置　停滞し期待通りに発展しない

過去…自信過剰や過信という不健全な精神状態になる
現在…物事が停滞したり中止したりする事態が起きる
未来…挫折や失敗という結果に終わって落胆する

カードが示すメッセージ

	正位置	逆位置
恋愛と結婚	恋愛成就／楽しい交際／祝福される関係／結婚や出産の可能性／オープンで健康的な交際／理想的な相手が現れる／周囲から祝福される恋愛／幸せが約束された巡り会い／愛情がすくすく育つ／新しい恋は幸せの予感／恋や結婚の明るい未来	恋を諦める／恋愛や結婚に前向きになれない／自信をなくす／進展しない関係／その場限りの短い恋との出会い／結婚にまで結びつかないつかの間の関係／崩壊していく関係／将来性のない結婚／体力や気力を奪われる恋愛／お金のかかる恋
仕事	能力発揮／高い評価を得る／地位や名誉を得る／成功／昇進／取り組んだ仕事が大きく発展／就職がうまくいく／仕事にやりがいを感じる／仕事が絶好調／就職試験で合格／希望の会社に入れる／面接が成功／グループでの作業がうまくいく	仕事の遅延／契約の不調／うっかりミス／実力を過信して失敗／自信がない／努力不足／つらい仕事を押しつけられる／仕事への意欲が低下する／能率がダウンする／就職試験は不合格／降格の恐れあり／健康問題によって仕事を辞める可能性
家庭	家庭内での喜び事／家庭円満／明るく開放的なムードの家庭／家族で計画したことが順調に運ぶ／家族愛が育まれる／家族間で何でも話し合える雰囲気／元気いっぱいで健康に恵まれた家族／新しい家族が誕生する／家族でスポーツを楽しむ	家庭への不満が多い／家族間で歩み寄りがない／家事の手抜き／家庭を顧みない／家庭内が暗く沈んだムードになる／家族の中に病人が発生／家族で計画していたことが何もかもキャンセルになる／家族の関係がうまくいかない／不健康な家庭
対人	裏表のない良好な関係／周囲から応援をしてもらえる／明るく健全な関係／友情が順調に育つ／将来もずっとつき合っていける友人に出会う／友達同士でスポーツをすれば友情が深まる／グループで計画したことで得をする／ラッキーパーソン	周囲に味方が少ない／不用意な発言から関係がこじれる／求めるものが多い／楽しくないつき合い／不健康な友人／意欲をそがれることを言われる／交流によってどんどん元気がなくなる／長続きしない友情／絶交する／友達との約束が破られる
お金	金運に恵まれる／成功して富を得る／バリバリ働いてたくさん稼ぐ／ツキに恵まれる／思いがけない報酬あり／幸運としか言いようのない出来事でお金を得る／将来への投資吉／たまたま買ったくじが大当たりする可能性／懸賞で当選する	浪費する／贅沢を続けて金銭的なピンチに陥る／赤字続き／気が大きくなりパーッと使ってしまう／貯金が増えない／金銭的に厳しい状況なのに自覚がない／アテにしていたお金がすべてキャンセルになる／貯金の計画がうまく運ばない／損失

XX

審判

JUDGEMENT

これから進むべき道が開ける目覚めの時

天使がラッパを吹くと、死者が目覚め、よみがえる……。旧約聖書の『黙示録』に記された最後の審判の様子が、カードに描かれています。立ち上がった人々の魂は、これから救済され、天国へと導かれるのでしょうか。このカードは、よみがえりや目覚め、復活を意味します。肉体から解放された魂が救われるように、人は過去への執着心を捨てた時、道が開けるでしょう。しかし、とらわれの心を捨てられないなら、前へ進むことはできないのです。

カードが示すキーワード

復活

過去や物質にとらわれている時、人は前に進むことができません。その事実に気づき、目が覚めた者だけが、前進できるのだとカードは告げています。努力しても報われないと思うなら、過去に引きずられているのでは？　カードは、そんなメッセージを伝えています。

正位置 **努力が報われ願いが叶う**

過去…しだいに状況がはっきりしてきて道が開ける

現在…問題は解決に向かい努力が報われていく

未来…諦めていた物事が復活し望んだ成功を手にする

逆位置 **過去に引きずられ立ち直れない**

過去…こじれた状態になり改善されないまま続く

現在…相変わらずの状況が長引き諦めムードに

未来…立ち直りが困難になり過去から脱出できない

カードが示すシンボル

❶大天使……ラッパを吹く大天使は、最後の審判で、死者を目覚めさせる存在。赤い十字の旗は、救いを意味しています。

❷棺……棺は、物質の象徴です。魂は肉体という物質に閉じ込められていましたが、最後の審判で解き放たれるのです。

❸人々……立ち上がる人々は、よみがえった死者です。魂だけの存在としてよみがえり、救済される時を待っています。

カードが示すメッセージ

	正位置	逆位置
恋愛と結婚	運命的な出会い／真の愛情に気づく／復活愛／相思相愛の2人／愛がさらに進展／結婚や再婚の可能性／古い愛の再燃／愛に奇跡が起こる／相手と打ち解ける／2人を結びつけてくれる人物の出現／やり直せる／諦めていた愛がよみがえる	過去の恋を引きずる／報われない恋愛を諦められない／相変わらずのこじれた関係／やり直しはできない／好意が無駄になる／こだわりが強い／結婚がキャンセルになる／好きな相手にだまされる／過去の恋愛が影響を及ぼす／再婚は難しい
仕事	天職に巡り会う／進むべき道が見つかる／これまでの努力が実を結ぶ時／待ち望んだ結果を手にする／家業を継ぐ／昇級・昇格試験に合格する／決断の時を迎える／先輩や上司のやり方を取り入れると吉／業績は上のランクに入ることができる	努力が報われない／相変わらずの状況／気持ちを切り替えられない／仕事の悩みを抱える／今までの実績にとらわれすぎる／前向きになれない／実力発揮の機会に恵まれない／仕事をする環境には不向きな職場／作品を発表する機会が訪れない
家庭	家庭のよさを再認識する／家族関係がいいほうに向かう／家族に対して気持ちも新たに向き合う／再婚相手と気持ちがぴったり合う／ケンカをしていた家族との仲が修復される／家庭復活の喜びがもたらされる／家族関係がしだいに好転する	家族とのしこりを引きずる／家族に関するよくない知らせが入る／決断することができない／元通りの家庭になるまでに時間がかかる／家族の絆は復活できない／ネガティブな雰囲気が漂う家庭／昔のことを蒸し返してばかりの家族／持病が出る
対人	意義深い出会い／望んでいた関係を周囲と築く／昔の友人との再会／誤解が解けて仲直りする／ケンカ別れした友人との交流が復活する／せっかくの親切が無駄に／友達との約束がキャンセルになる／古いしこりにこだわりすぎ／友情に進展なし	お互いのわだかまりを引きずる／心から打ち解けられない／疎遠になる／仲直りできない／気持ちを切り替えてつき合うことができない／友達からだまされる／仲良くなるまでに時間がかかる／友人知人に関するよくない噂が耳に入ってくる
お金	お金に対する意識が変わる／収入源が変わる／一発逆転の金運／諦めていた入金がある／敗者復活／ここぞという場面での決断が利益を生む／忘れていた投資が大きく実を結ぶ／ピンチに陥っても奇跡が起きる／健康を取り戻し出費が減る	赤字になる／借金がかさむ／状況に変化なし／お金に関する悪い知らせが入る／どん底から復帰するまでに時間がかかる／アテにしていたお金が入らない／昔の豊かな生活を忘れられない／気持ちが切り替えられず節約に失敗／奇跡は起こらない

XXI

世界

THE WORLD

何もかも調和が取れて完成された世界

天空に掲げられたリースの中で、踊り子が舞っています。リースの外には、牡牛、獅子、鷲、人のような生き物が。これは4つの聖獣であり、世界を構成する火地風水の四大元素を表しています。このカードが意味するのは、完成された世界。四大元素が調和し、ゆるぎない世界が完成されたことを伝えているのです。同時に、これ以上の上昇はないという状態でもあります。さらに上を目指すなら、限界を突破する必要があるでしょう。

カードが示すシンボル

❶踊り子……天空の踊り子は、両性具有です。踊り子は、人間の内なる男性原理と女性原理が融合していることを意味します。

❷棒……踊り子が手に持った棒は、男女や善悪、光と影など相反するものの統合がなされたことを表しています。

❸リボン……リースの赤いリボンは、無限大の形に結ばれています。この世界には終わりがないことを伝えているのです。

カードが示すキーワード

完成と完全な調和

調和が取れている状態、完成された世界を意味するこのカードは、満足感や達成感をもたらしてくれます。物事は一つのゴールを迎え、理想的な形で終わるでしょう。しかし、条件が整わなかった場合には、思ったほどの収穫を得られず、望んだ通りの結末にならないのです。

正位置 **物事が完璧な状態で達成される**

過去…周囲との調和が取れ条件も整った状態になる
現在…積み重ねてきたことが完成し成功を手にする
未来…納得できる結果に深い満足感と達成感を得る

逆位置 **中断や不完全な結末を迎える**

過去…不完全な状態にもかかわらず高望みを抱く
現在…条件が整わず少ない収穫しか得られない
未来…未完成のまま物事が中断し不満だけが残る

カードが示すメッセージ

	正位置	逆位置
恋愛と結婚	恋の成就／順調な交際／結婚を考えている2人はゴールイン／出産／国際結婚／外国人のパートナー／相性のいい相手との出会い／ベストカップルの誕生／幸せな結婚／望み通りの相手との恋／ハッピーエンドが約束された恋／理想のパートナー	思い通りにいかない恋／出会いの望みが薄い／2人の生き方や考え方の不一致／あと一歩のところで実らない恋／煮え切らない態度／マンネリ状態に陥る／挫折しやすい恋／望みがない出会い／暗く沈んだムードになる／哀しみを暗示する結婚
仕事	満足いく成果を挙げる／望み通りの就職／仕事が順調にはかどる／トップクラスの業績を上げる／活躍の舞台に躍り出る／目標達成／意欲があふれる／仕事でラッキーな出来事が続く／職場の人達との結束が強まる／プロジェクトが成功を収める	期待したほどの成果が出せない／中途半端な結果に終わる／限界を感じる／進め方や計画に無理がある／気のゆるみから失敗する／業績が落ち込む／実力不足／準備が足りず計画は失敗に終わる／目標に到達できない／仕事仲間と意見が合わない
家庭	生き方や考え方が一致する家族／満足できる最高の家庭／外国での生活／家族で計画した目標を達成する／家庭内に幸運な出来事が起こる／相性のいい家族／居心地がいい家庭／健康的で明るい家庭／リズムのある生活を送ることができる	自分と合わない家庭／家族との考え方が不一致／家庭内に居場所がない／家族がバラバラになる／家庭内が暗いムードになる／気持ちが沈んでくる家庭／家族の同意が得られない／家庭内に不運な出来事が起こる／計画していたことが挫折する
対人	周囲との結束が固い／信頼し合える関係／周囲と調和が取れている状態／安定した関係／友情が完成する／皆で計画していたことが完成する／共同事業が成功／意見が一致する／外国人との友情／国境を越えてネットワークが築かれる／SNS	妥協を強いられる／自分と異なるタイプにストレスがたまる／周囲の人となじめない／甘えが出る／友達づき合いで手いっぱいになる／なかなか友達ができない／油断をしないこと／共同で計画していたことが中断する／人嫌いに陥ってしまう
お金	満足できる収入を得る／貯金が増える／計画通りにお金が入る／予想以上の貯金額／貯金が満期を迎える／納得いく報酬／経済的に満たされる／余裕のある暮らし／物質運や金運に恵まれる／海外からの送金／外貨を得る／計画的な投資ができる	納得いく収入が得られない／予想を下回る報酬／金銭的余裕がなくなる／金欠状態が続く／油断して損をする／預金計画が挫折する／共同事業は失敗に終わる／あと一歩のところで金運を逃す／気のゆるみから人にだまされる／生活に余裕がない

タロット学へようこそ

vol. 2

大アルカナと占星術の関係

タロットカードの大アルカナは、実は十二星座や惑星に対応しています。

占星術とタロットの大アルカナには密接な結びつきがある

古代に生まれた占星術は、神秘主義の中心的学問でした。特に、ルネサンス期の西ヨーロッパでは、占星術が爆発的に発展、流行したのです。当時の神秘主義者たちは、天体の動きが地上の出来事や、人体に影響を及ぼすと考えていました。その考えは、現在の占星術にも受け継がれています。そのような歴史を持つ占星術は、いつしかタロットカードの大アルカナと密接に結びつくようになりました。例えば、牡羊座が『皇帝』、木星が『運命の輪』……というように、それぞれのカードが星座や惑星に対応しています。

十二星座と10個の惑星がどのカードに対応しているか、またどのような意味があるのかを知ることにより、大アルカナの解釈にいっそう幅が出るでしょう。わかりやすくまとめてみましたので、ぜひ解釈の参考にしてみてください。

0	愚者	天王星
I	魔術師	水星
II	女教皇	月
III	女帝	金星
IV	皇帝	牡羊座
V	法王	牡牛座
VI	恋人	双子座
VII	戦車	蟹座
VIII	力	獅子座
IX	隠者	乙女座
X	運命の輪	木星
XI	正義	天秤座
XII	吊るされた男	海王星
XIII	死神	蠍座
XIV	節制	射手座
XV	悪魔	山羊座
XVI	塔	火星
XVII	星	水瓶座
XVIII	月	魚座
XIX	太陽	太陽
XX	審判	冥王星
XXI	世界	土星

十二星座が示すキーワード

- 牡羊座 ▶ 情熱的でまっしぐら
- 牡牛座 ▶ 穏やかさとこだわりを持つ
- 双子座 ▶ 好奇心旺盛な社交家
- 蟹座 ▶ 感受性豊かで敵とは戦う
- 獅子座 ▶ 自尊心が強く全力で進む
- 乙女座 ▶ 繊細で秩序を重んじる
- 天秤座 ▶ 優れたバランス感覚
- 蠍座 ▶ 感情を秘めた一極集中型
- 射手座 ▶ 自由で哲学的探究心が旺盛
- 山羊座 ▶ 理性的で責任感が強い
- 水瓶座 ▶ 高い理想を持つ個性派
- 魚座 ▶ 心優しいロマンチスト

惑星が示すキーワード

- 太陽 ▶ 前進するエネルギー
- 月 ▶ 感情的で素直
- 水星 ▶ 知識と情報
- 金星 ▶ 愛と美と豊かさ
- 火星 ▶ 活力とアクシデント
- 木星 ▶ 幸運の到来
- 土星 ▶ 限界と制限
- 天王星 ▶ 進化と革命
- 海王星 ▶ 夢想と自己陶酔
- 冥王星 ▶ 終わりと再生

※ここで紹介する「十二星座」及び「惑星」のキーワードは一例です。他にもたくさんの象意がありますので、興味のある方は調べてみてくださいね。

第3章

56枚の小アルカナ

小アルカナとは、四大元素の四要素を表す56枚のカード

各14枚ずつの4つのスートが表す人生のストーリー

小アルカナは、78枚のタロットカードから大アルカナ22枚を除いた56枚を指します。小アルカナには、こん棒（ワンド）、聖杯（カップ）、剣（ソード）、金貨（ペンタクル）の4つのシンボルが描かれ、エースからキングまでの14枚で1組になっています。それぞれのシンボルをスートと呼びます。

4つのスートは、西洋思想の世界を構成する四大元素を表したもの。こん棒（ワンド）は「火（情熱）」、聖杯（カップ）は「水（感情）」、剣（ソード）は「風（思考）」、金貨（ペンタクル）は「地（物質）」を意味しているのです。

一方、各スート14枚は2つのグループに分けられ、数札と呼ばれるエースから10までのヌーメラルカード、人物が描かれたコートカードで構成されます。エースから10までのカードには、そのスートの数と同じだけシンボルが描かれていて、ペイジからキングまでのカードでは、その人物がシンボルを手にしています。ここでそれぞれの人物について説明しますと、ペイジは小姓（こしょう）、ナイトは騎士、クイーンは女王、キングは王のことで、当時の宮廷での身分を表しています。ちなみに、コートカードのコートとは、宮廷という意味なのです。

さて、大アルカナとはだいぶ雰囲気が違い、どこか身近で親しみを感じる小アルカナ。カードに描かれている絵も、神秘的で意味深なものではなく、もっと世俗的です。人生のストーリーにおける日々の場面を描いているのです。全78枚で占うと、細かい部分まで読み取れるようになりますので、ぜひ小アルカナも加えてみてください。

カード解説の読み解き方

❶カードの名前とカード番号

ワンド・カップ・ソード・ペンタクルの各数カード（エース〜10）と、コートカード（ペイジ、ナイト、クイーン、キング）の名前と番号です。

❷カードの絵柄

本書では、もっともポピュラーなウエイト＝スミス版タロットを使用しています。カードの色や数などにもすべて意味があります（190ページ以降参照）。

❸カードの基本的な意味

絵柄から導き出される、基本的なカードの意味を解説しています。

❹カードが示すキーワード

カードのカギとなるキーワードと、そこから導き出される解釈を記しています。カードの読み解きに悩んだ時は、このキーワードに立ち返るといいでしょう。

ワンドの
エース❶
ACE of WANDS

❷

生命エネルギーが活性化 情熱や創造力が増す

❸ ワンドは世界を構成する四大元素の一つ、火の象徴です。や創造を意味し、エースは火の純粋なルギーそのもの。ワンドを握る右手は、創造主の手です。ワンドは芽吹いていますが、これは生命エネルギーが活性化していることを示しています。

カードが示すキーワード

直感

❹ 情熱や強い表すカード。正逆の位置でエネルギーの高まりや、暴走しているかを判断します。

❺ **正位置** **情熱と意欲によって目的を達成する**
過去…目標がにひらめく
現在…意欲をながら突き進む
未来…目的達成のチャンスをつかむ

❻ **逆位置** **ヤル気が空回りして成功が遠のく**
過去…自信過野心を抱く
現在…見当違い向に突き進む
未来…自分勝手になり失敗する

カードが示すメッセージ

	正位置 ❼	逆位置 ❽
恋愛と結婚	に火がつく／愛が成就する兆し／幸せな結婚生活がスタートする／気力で愛を手に入れる	自分本位になり突っ走って失敗／情熱の空回り／希望が遠のく／周囲に2人の広まる
仕事	仕事に対する意欲が湧く／情熱的に取り組む／仕事がはかどる／モチベーションがアップする	モチベーションが上がらず能率が下がる／気力がなくなる／自分だけが空回りする／失敗
家庭	家庭への関心が強まる／家族同士が向き合う／よい家庭を作ろうと意欲を燃やす／計画が成功	家庭を顧みなくなる／お互いに関心の薄い家族／仕事や遊びを優先する／家族愛が薄くなる
対人	積極的に人と関わる／友達作りに意欲を燃やす／友情が発展する／新たな人間関係が始まる	周囲との温度差を感じる／人と関わる気になれない／友達作りに消極的／友達ができない
お金	目的のためにお金を貯める／収入が増える／よい節約方法を思いつく／発明で利益を得る	衝動的にお金を使う／出費ばかり続く／口で言うほど貯金が進まない／欲しい物を買い逃す

---

❺正位置のカードが表す過去・現在・未来

カードが正位置（絵柄の上下が正しい向き）で出た場合の、過去（問題の原因は何か）・現在（今、どんな状態か）・未来（今後、問題はどうなるか）の意味を解説しています。

❻逆位置のカードが表す過去・現在・未来

カードが逆位置（絵柄の上下が逆向き）で出た場合の、過去（問題の原因は何か）・現在（今、どんな状態か）・未来（今後、問題はどうなるか）の意味を解説しています。

❼正位置のカードが示す各メッセージ

恋愛と結婚・仕事・家庭・対人・お金という5つの主なテーマについて、カードが正位置で出た場合の意味を解説しています。

❽逆位置のカードが示す各メッセージ

恋愛と結婚・仕事・家庭・対人・お金という5つの主なテーマについて、カードが逆位置で出た場合の意味を解説しています。

ワンドのエース

ACE of WANDS

生命エネルギーが活性化 情熱や創造力が増す

ワンドは世界を構成する四大元素の一つ、火の象徴です。情熱や創造を意味し、エースは火の純粋なエネルギーそのもの。ワンドを握る右手は、創造主の手です。ワンドは芽吹いていますが、これは生命エネルギーが活性化していることを示しています。

直感

情熱や強い意欲を表すカード。正逆の位置でエネルギーの高まりや、暴走しているかを判断します。

カードが示すキーワード

正位置

情熱と意欲によって目的を達成する

過去…目標が直感的にひらめく
現在…意欲を燃やしながら突き進む
未来…目的達成のチャンスをつかむ

逆位置

ヤル気が空回りして成功が遠のく

過去…自信過剰になり野心を抱く
現在…見当違いの方向に突き進む
未来…自分勝手になり失敗する

カードが示すメッセージ

	正位置	逆位置
恋愛と結婚	情熱に火がつく／愛が成就する兆し／幸せな結婚生活がスタートする／気力で愛を手に入れる	自分本位になり突っ走って失敗／情熱の空回り／希望が遠のく／周囲に2人の噂が広まる
仕事	仕事に対する意欲が湧く／情熱的に取り組む／仕事がはかどる／モチベーションがアップする	モチベーションが上がらず能率が下がる／気力がなくなる／自分だけが空回りする／失敗
家庭	家庭への関心が強まる／家族同士が向き合う／よい家庭を作ろうと意欲を燃やす／計画が成功	家庭を顧みなくなる／お互いに関心の薄い家族／仕事や遊びを優先する／家族愛が薄くなる
対人	積極的に人と関わる／友達作りに意欲を燃やす／友情が発展する／新たな人間関係が始まる	周囲との温度差を感じる／人と関わる気になれない／友達作りに消極的／友達ができない
お金	目的のためにお金を貯める／収入が増える／よい節約方法を思いつく／発明で利益を得る	衝動的にお金を使う／出費ばかり続く／口で言うほど貯金が進まない／欲しい物を買い逃す

ワンドの2

TWO of WANDS

実行力

はっきりとした見通しは立っていないものの、方向性は見えているという意味のカードです。

カードが示すキーワード

正位置

方向性が決まって新たな一歩を踏み出す

過去…目的と方向性が決まる
現在…新たな一歩を踏み出す
未来…実行力・指導力を発揮する

逆位置

方向性が見えず思うようにいかない

過去…計画性がなく空回りする
現在…想定外の出来事が起きる
未来…方向性が見えなくなる

カードが示すメッセージ

	正位置	逆位置
恋愛と結婚	デートを申し込む／思いがけない相手からの告白／予想外のタイミングでプロポーズされる	告白したいのにタイミングが合わない／プロポーズは失敗／ハプニングによる愛の危機
仕事	念願の企画書を提出／仕事で好成績を上げる／進むべき方向性が見えてくる／計画を立てる	企画書が不十分で取り下げられる／大事な商談が流れる／重要な仕事の失敗／無計画な事業
家庭	家族に対してリーダーシップを発揮する／思いがけない喜び／家族へのプレゼントが吉	家族とどう関わってよいのか迷う／家族を失う／家庭内にハプニングが起きる／親の叱責
対人	集会に参加する／贈り物で親交が深まる／思いがけないプレゼントをもらう／友情が成立する	相手とのやり取りで歩調が合わない／目上の人から怒られる／対人トラブルに巻き込まれる
お金	資金のアテがつく／クジや懸賞に当選する／物質運が上昇する／思いがけない報酬を得る	資金の見込みが立たない／予想外の出費／トラブルによる損失／大事な物を壊して買い替える

遥かな目的に向かって着実に歩みを進めていく

赤い帽子の男が、地球儀とワンドを持って遥か遠方を望んでいます。帽子の赤は情熱や野心を意味し、灰色の背景と灰色の石造りの建物は、まだ先の見通しは立たないけれど、着実に歩んでいることを表します。すでに彼は、一定の収穫を得ているのです。

ワンドの3

THREE of WANDS

計画的な行動が実を結び物事が大きく前進する

後ろ向きに立った赤いマントの男が、小高い丘から遥か遠方の船を見ています。カードの背景にある黄色は、実りや喜びを表すものです。この男はそれなりの結果を手にしていますが、さらなる未来の成功を目指していることがわかるでしょう。

計画の実行

それなりの成果を挙げていても、さらに上を目指すべきです。今よりも先の未来に目を向けましょう。

カードが示すキーワード

正位置 **計画を立てて実行したことが進展**

過去…きっちりと計画を立てる
現在…計画に沿って行動を起こす
未来…行動したことが実を結ぶ

逆位置 **無計画な行動により前へ進めない**

過去…いい加減な計画を立てる
現在…なかなか思うように進まない
未来…とうとう諦めてしまうことに

カードが示すメッセージ

	正位置	逆位置
恋愛と結婚	さらに愛情を深める／交際が一段と進展する／新しい恋が芽生える／ついにデートが実現	なかなか進展しない恋／結婚相手に失望する／恋のライバルが現れる／アプローチの甲斐なし
仕事	成功のめどがつく／事業拡大を目指す／努力が実る／新しい事業を始める／新天地を目指す	計画倒れ／先の予定が立たない／職場に失望する／先の見えない事業計画／ライバルに負ける
家庭	家族のプランを実行に移す／家族をほめたくなる出来事／長い間温めてきた夢がついに叶う	家族のプランは延期になる／協力し合わない家族／近所の人から嫌味を言われる／家庭に失望
対人	意気投合する関係／よき協力者／チームワークが抜群／団結して行動すれば成功は間違いなし	身勝手な相手／協力し合わない／チームワークがバラバラ／相手に努力を認めてもらえない
お金	目標預金額にいよいよ近づく／苦労が実って富を手にする／新しい目標に向けて貯金を始める	預金計画を諦める／成り行き任せになる／報酬が少なく拍子抜け／苦労のわりに少ない対価

ワンドの 4

FOUR of WANDS

実りの時期を迎えて心の安らぎと安定を得る

水色と赤の衣装をまとった女性が、遠くで迎えてくれようとしています。4本のワンドには果物や植物の飾りがつけられ、実りの時が来たことを伝えているでしょう。そして、カードの背景にある黄色は、物事が成就したのだと祝福しているのです。

カードが示すキーワード

安定

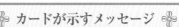

物事が成就したり、努力が実ったりする時期。このカードは、成功して安定した状況を表します。

正位置

実りの時期が訪れ穏やかで平和な状況に

過去…物事がどんどん発展する
現在…何事も順調に進んでいく
未来…実りの時期を迎えて安定する

逆位置

成就までに時間がかかる不安定な時期

過去…流されるまま惰性で行動する
現在…成し遂げるまで時間がかかる
未来…不安定で落ち着かない気分に

カードが示すメッセージ

	正位置	逆位置
恋愛と結婚	順調に恋が進展する／穏やかな恋愛／恋や結婚に喜び事が／心の安らぎを感じられる相手	マンネリ状態／盛り上がらない恋／不安な気持ちになる恋／信じていたパートナーの裏切り
仕事	仕事が充実する／今の仕事に満足できる／仕事環境が安定する／落ち着いて仕事に取り組める	変化のない仕事環境／仕事への意欲に欠ける／仕事でついうっかりミスを連発／仕事への不安
家庭	ほのぼのした家庭／一家団らん／リラックスできる家／家庭内に喜び事／家族がほめられる	家族をアテにしすぎる／家族への感謝の気持ちが足りない／家庭内に不穏な事件が起きる
対人	和気あいあいとした楽しい関係／心が安らぐ相手／ピンチの時に誰かがかばってくれる	馴れ合いの関係／頼りにしていた相手から裏切られる恐れあり／どこか不安を感じる相手
お金	順調に収入が上がる／思いがけずに得をするチャンス／うれしい臨時収入やボーナスの可能性	ありがたみを感じられない報酬／だまされて損をする恐れあり／金銭的に不安定な状況が続く

ワンドの 5

FIVE of WANDS

さらに上を目指すための意欲的な闘争

5人の人物が、それぞれワンドを振り上げ争っています。服装も向きも違う彼らは、それぞれが自分の主張を通したいと思っているのです。この戦いは、よりよいもの、成功、安定を求めるための、意欲的な行動。いわば、向上心の表れなのです。

闘争

上を目指すためには、戦うことも必要。このカードは、向上心が成功のカギだと伝えています。

カードが示すキーワード

正位置

戦うことによってより上を目指す

過去…現状に満足せず上を目指す
現在…戦うことで成功を勝ち取る
未来…ステップアップできる

逆位置

向上心ではなく欲望を通すための闘争

過去…欲望を満たしたいという思い
現在…自分勝手な欲望を押し通す
未来…混乱状態に陥り敗北する

カードが示すメッセージ

	正位置	逆位置
恋愛と結婚	恋のライバルと争う／自分勝手な恋／結婚相手に対して欲張りな条件を突きつける／トラブル	自己主張からケンカに至る／相手と無駄な争いを繰り返す／恋も結婚も混乱状態になりそう
仕事	企画を通すために奮闘する／実力を猛アピール／会議やプレゼンで目立つ／仕事での葛藤	共同事業は意見の食い違いから迷走／仕事の現場が混乱する／契約や商談で競争相手に負ける
家庭	意見を主張し合う家族／もっとよい生活レベルを目指す／近隣住民との争い／家族間の争い	ケンカの絶えない家族／わがままな主張の家族／家庭環境が混乱状態に／向上心のない家族
対人	意見の対立で揉める／人間関係で葛藤を覚える／小さな争いが生じる恐れ／強い自己主張	相手に合わせようとしない／折り合いがつかない／悪だくみをする人物がいる／内輪揉め
お金	賃金アップのための闘争／理想と現状との間で葛藤する／お金に対する欲が強く出てくる	報酬アップのためにしつこく食い下がる／金銭を巡る争い／あくどい手段でお金を得る

ワンドの6

SIX of WANDS

カードが示すキーワード

主導権を握る

勝利は満足感や達成感を与えてくれます。実力がないと、ただのうぬぼれに終わるでしょう。

正位置

勝利を収め満足感や達成感に包まれる

過去…主導権を握り物事を達成する
現在…達成感と満足感に包まれる
未来…有利な立場に立てるように

逆位置

力がないのにうぬぼれ心配事が生じる

過去…実力不足なのを知らない
現在…うぬぼれて心配事を起こす
未来…悪化する状況にジッと耐える

カードが示すメッセージ

	正位置	逆位置
恋愛と結婚	恋の願いが叶う／恋は順調に発展する／愛を勝ち取る／愛される満足感／ライバルより優勢	恋の相手に振り回される／恋の悩みが生じる／不安的中／愛されているとうぬぼれて失恋する
仕事	重要なポストに就いて活躍する／成功の予感／大変な仕事を達成／満足のいく結果を出す	任された仕事がうまくいかず手伝ってもらう／実力不足／うぬぼれによる失敗／心配事の発生
家庭	家族の結束／協力し合う家族／家族の中で優位に立つ／家庭内でリーダーシップを発揮する	家族の意見が合わない／まとまりのない家族／気になっていたことが現実に／家族に服従する
対人	周囲の推薦でリーダーになる／相手よりも立場が上に／満足できる人間関係／友情の達成	仕切り屋の相手に従わされる／うぬぼれの強い相手／人との交流において我慢を強いられる
お金	協力者や支援者からの援助／予定の金額を貯められる／心配事がなく、満足できる懐事情	やりくりが下手／我慢が必要な時／金銭面での心配事が発生／根拠もないのに太っ腹になる

勝利によって得られる達成感と満足感

赤い服の男が、白い馬にまたがっています。彼は勝者であり、手にしたワンドの先や、頭にある月桂樹の輪が、勝利を物語っているのです。このカードが意味するのは、達成、主導権、満足。いずれも、勝利によってもたらされるものでしょう。

ワンドの 7

SEVEN of WANDS

自分の立場を今のまま維持するための努力

岩の上で、男がワンドを手に身を守ろうとしています。攻撃してくる人数は多いものの、男は岩の上にいるため、若干有利な状況なのです。このカードは、身を守ろうとして戦うことを表し、現状を維持できればよいという意味を持っています。

現状維持

身を守るための戦いは、保守的な戦い。現状を維持することを、第一の目的としているのです。

カードが示すキーワード

正位置　現状維持を目的として努力を重ねる

過去…自分の立場を守ろうとする
現在…妥協を許さず信念を貫く
未来…現状を守ることができる

逆位置　弱気になって信念を曲げ戦いを放棄する

過去…信念が揺らぎ弱気になる
現在…戦うことを諦めてしまう
未来…現状を守り切れなくなる

カードが示すメッセージ

	正位置	逆位置
恋愛と結婚	ライバルからパートナーの座を守る／恋愛や結婚に妥協しない／恋は現状維持でよしとする	不本意ながら別れるしかない／ライバルに立場を追われる／恋を諦める／弱気になって失恋
仕事	ポジションを奪われないよう奮闘する／信念を胸に仕事をする／契約や交渉事では妥協せずに	うまくいかず諦める／今の地位が危うくなる／仕事で妥協せざるを得ない／競争から逃げる
家庭	家族に対して妥協しないで向き合う／家庭内での立ち位置を守る／家庭状況が変わらない	家族全員が勝手な行動を取る／まとまらない家族／家で言いたいことを誰にも言えない状況
対人	状況が悪くてもやるべきことをやる／自分の立場を守るべき／どうしても譲れないことがある	ごたごたに巻き込まれるなら距離を置いたほうがいい／争い事を避ける／言っても無駄になる
お金	収入を減らさないよう働く／金銭面では現状が続く／今の収入で満足／買い物では妥協せずに	出費がかさむが仕方ない／今の経済状況を維持することができない／お金を得ることを諦める

ワンドの8

EIGHT of WANDS

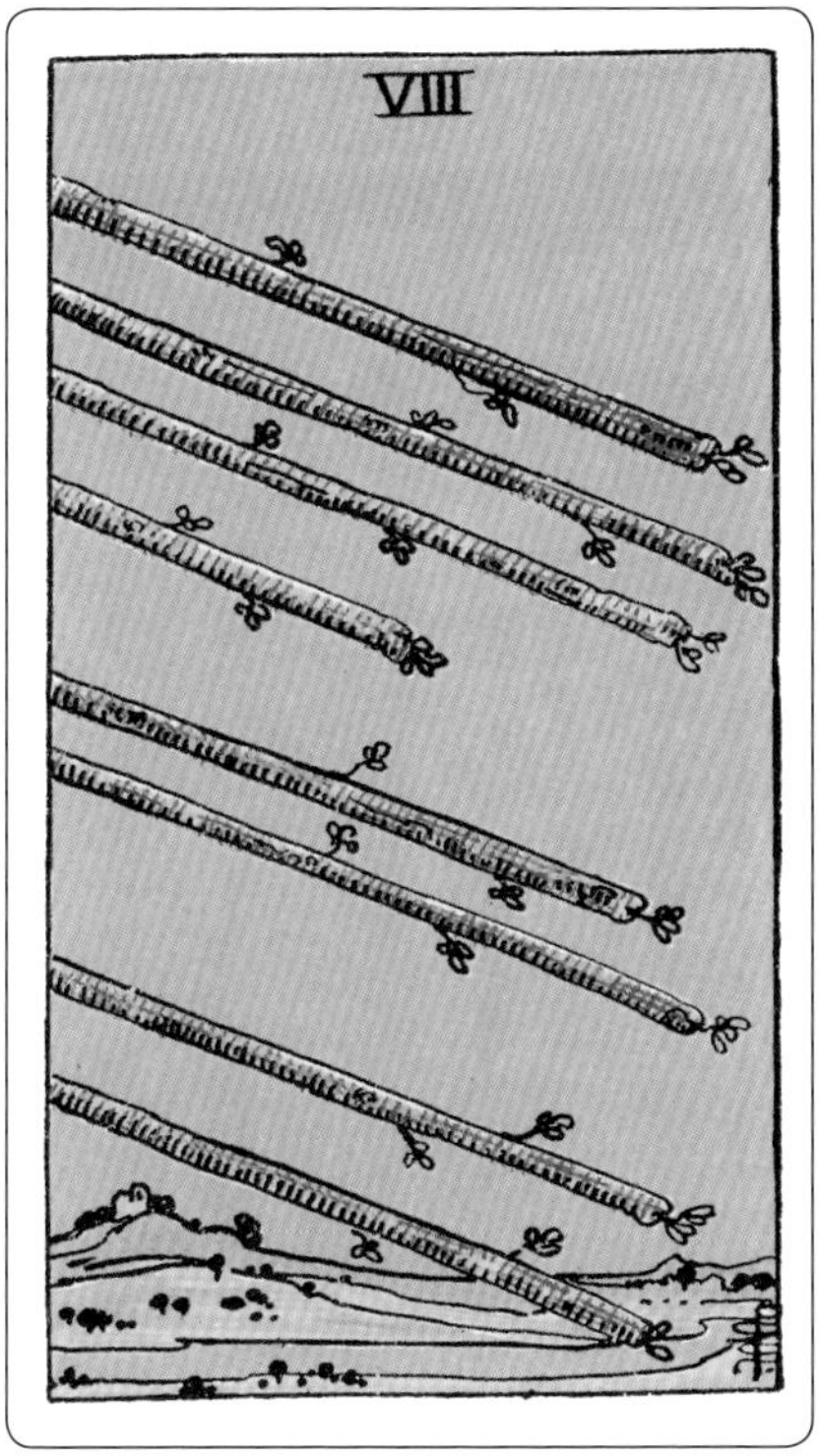

速やかな変化

人物が描かれていないこのカードは、移り行く物事の主導権が、本人にないことを示しています。

カードが示すキーワード

正位置

物事が速いスピードで進展していく

過去…絶好のチャンスがやってくる
現在…素早い速度で物事が展開する
未来…問題は解決し物事は進展する

逆位置

邪魔が入り物事の展開速度が落ちる

過去…邪魔や妨害が入ってしまう
現在…見当違いの展開になっていく
未来…進展速度がどんどん落ちる

カードが示すメッセージ

	正位置	逆位置
恋愛と結婚	初対面でいきなり交際を申し込まれる／電撃告白・電撃入籍／あっというまに深い関係になる	恋がなかなか進展しない／2人の関係が深まるのに時間がかかる／結婚が見当違いの方向に
仕事	急な転勤が決まる／目の前に大出世のチャンスが突然やってくる／猛スピードではかどる	事業計画に横やりが入り見直しに／事業が軌道をはずれる／なかなか業績が上がっていかない
家庭	家族の予定が急に決まる／家庭内の問題が急速に解決していく／いきなり幸運な出来事が	家の修理業者が決まらない／家族での計画が延期になる／家族関係に水を差す人物の登場
対人	級友からの連絡が突然入る／友情が急激に進展する／周囲の人との関係が急速に変わっていく	集会の予定が先延ばしになる／友情がなかなか深まらない／予想外の人間関係を築くことに
お金	持ち株で利益が出る／みるみるうちにお金が貯まる／予想しなかった突然の入金がありそう	予定の入金が遅れる／予想した報酬額と違う／預金計画は長い目で見ることが必要になる

本人の意志とかかわらずスピード展開していく

宙を横切る、8本のワンド。遠くにはゆったりと川が流れ、緑の丘が連なっています。川は幸運のしるしであり、緑の丘は希望を指すもの。そして、主（あるじ）のいない8本のワンドは、物事が本人の意志と関係なく、速い展開を見せることを意味するのです。

ワンドの 9

NINE of WANDS

不利な状況でも妥協せず戦う覚悟を決める

頭に包帯を巻き、ワンドを手に立つ男。グレーの地面は見通しの立たない状況を表しますが、この男が、それでも戦おうとしていることを伝えています。このカードは、不利な状況でも戦う覚悟を決め、闘志をみなぎらせている様子を表しています。

追いつめられた状態

ケガをしてなお、戦おうとしている男は、追いつめられても妥協しない状態を表しているのです。

カードが示すキーワード

正位置　追いつめられても手を尽くして踏ん張る

過去…見通しが立たない状況になる
現在…妥協せずあらゆる手を尽くす
未来…踏ん張り続けて諦めない

逆位置　不利な状況に負けてダメージを受ける

過去…状況がしだいに混迷する
現在…妥協せざるを得ない状況に
未来…敗北し大きなダメージを負う

カードが示すメッセージ

	正位置	逆位置
恋愛と結婚	好きな相手とのトラブルに耐える／苦しい結婚生活でも踏ん張って続ける／恋に妥協しない	恋のトラブルでハートが傷つく／恋愛や結婚でトラブルが／パートナーの主張に負けてしまう
仕事	難しい状況だが手を尽くす／妥協せず自分のやり方を貫き通す／安易な方向に流されない	方針転換を余儀なくされる／進めている仕事に災難が降りかかる／競争相手に出し抜かれる
家庭	家庭に重荷を感じる／家族それぞれが主張を譲らない／家庭内の状況が切羽詰まってくる	家族からのプレッシャーに疲れ果てる／家庭内トラブルが起きる／お互いに傷つけ合う家族
対人	責められてもグループを抜けず踏み止まる／お互い一歩も譲らない／トラブルに全力を尽くす	相手のためを思ってやったことが否定される／人と争った挙げ句に負ける／対人面で災難が
お金	収入源で限界を感じるが持ちこたえる／生活レベルには妥協を許さない／ギリギリの生活	今の収入ではギブアップ状態／避けようもない不運な出来事で散財／貯金計画でくじける

ワンドの10

TEN of WANDS

カードが示すキーワード

プレッシャー

重圧を自分から背負い、無理を承知のうえで物事を成し遂げようとすることを意味しています。

正位置 **苦労を承知の上で重圧を自分から背負う**

過去…前途多難が予想される状況
現在…苦労を知りつつ重圧を背負う
未来…粘った末に目的をやり遂げる

逆位置 **限界を超えた重圧によりギブアップする**

過去…トラブルを押しつけられる
現在…重圧が押し寄せ限界を超える
未来…ギブアップするしかなくなる

カードが示すメッセージ

	正位置	逆位置
恋愛と結婚	精神的な負担になる恋愛／続けるのがつらい恋／荷の重い結婚／相手に責任を負わされて結婚	相手に合わせていくのは無理／恋愛や結婚で被害を受ける／とても耐えられない結婚生活
仕事	責任感から仕事を抱え込む／プレッシャーの大きな仕事を担当する／重大な役目を背負う	限界まで追い詰められた挙げ句に挫折／事業で失敗し損害を受ける／可能性ゼロの事業計画
家庭	義務を果たすために家族が向き合う／家庭内が前途多難な状況に／家族からのプレッシャー	無理難題ばかりつきつける家族／家族の面倒を見切れない／家族に足を引っ張られてしまう
対人	義理が絡んだストレスの多い関係／逃れられない責任を負わされる／無理難題を押しつける	責任を押しつけられて疲れ果てる／トラブルしかない人間関係／つき合うことに限界を感じる
お金	資金繰りのために走り回る／返済能力がないのに借金をする／達成が到底無理な計画を立てる	気持ちだけではどうにもならない状態／金銭的に限界／やむを得ない事情で散財を強いられる

自らの意志で荷の重いプレッシャーを背負う

10本のワンドを担ぎながら歩いている男は、今にも倒れそうです。しかし、重さに耐えて担ぐのは、彼自身の意志。彼は自らプレッシャーを抱え、成し遂げようとしているのです。このカードは、重圧を承知のうえで背負うことを意味しています。

ワンドのペイジ

PAGE of WANDS

強い意志と使命を胸に抱いて知らせを届ける者

1人の若い男が強い意志を持って、ある知らせを、仕えている主人に届けようとしています。彼の身分は、ペイジ。その役目は、メッセンジャーです。彼は向上心と情熱を持ち、前進していきます。時に持続力に欠け、気まぐれな一面が出るでしょう。

知らせが届く

メッセンジャー的役割が大きいのが、ワンドのペイジ。何かの知らせが届くと伝えています。

カードが示すキーワード

正位置

情熱と野心を胸に抱き前進していく

過去…壮大な野心と情熱を抱く
現在…向上心を持って前進する
未来…いい知らせを受け取れる

逆位置

意欲も持続力もなく残念な結果に終わる

過去…集中できず意欲も出ない
現在…途中で努力をやめてしまう
未来…残念な知らせが届く結果に

カードが示すメッセージ

	正位置	逆位置
恋愛と結婚	年下の相手／友達同士や仲間同士のような恋愛／愛の告白やプロポーズなどの知らせが届く	恋愛対象にならない／好きな相手がコロコロ変わる／恋が長続きしない／告白は断られる
仕事	意欲に満ちる／前向きに仕事をする／仕事がどんどん進む／仕事に野心を抱くようになる	ヤル気はあるものの未熟で危なっかしい／計画性のない事業は失敗する／仕事が長続きしない
家庭	協調性のある明るい家庭／家庭や家族に関するいい知らせが届く／家族の計画が前進する	自分のことばかりアピールする家族／家庭内の和を乱す／家庭や家族に関する悪い知らせ
対人	明るい性格によって友達の輪が広がる／お互いに向上心を刺激し合える友情／勇敢な友達	悪目立ちする／自分勝手な行動を取ってしまう／友情が長続きしない／無気力な態度を取る
お金	自分のためにお金を使う／ステップアップを目的とした投資／お金に関するいい知らせが届く	気まぐれにお金を使う／いつのまにかお金がなくなる／貯金は挫折する／悪い知らせが届く

ワンドのナイト

KNIGHT of WANDS

意欲的

ナイトは情熱と冒険心に富み、勇敢です。しかし、一歩間違えば、衝動的な乱暴者になるのです。

カードが示すキーワード

正位置
情熱と意欲を胸に秘めて冒険の旅に出る

過去…冒険心と意欲が湧き起こる
現在…エネルギッシュに行動する
未来…情熱を抑え切れず冒険の旅へ

逆位置
競争心が強すぎて様々な争いを起こす

過去…野心が胸の奥でふくらむ
現在…激しい競争心が湧いてくる
未来…争いやトラブルを引き起こす

カードが示すメッセージ

	正位置	逆位置
恋愛と結婚	気持ちのままに急接近／積極的なアプローチ／旅行先で出会いがある／結婚への意欲が強い	自分の都合で相手を振り回す／玉の輿結婚を狙う／ライバルを蹴散らして結ばれる／トラブル
仕事	営業能力を発揮する／新規事業に挑戦する／転勤／異動／ライバルとしのぎを削って勝利する	仕事が長続きしない／業務上のトラブルを起こす／野心が強すぎて失敗／短期の仕事ばかり
家庭	留守がちの家庭／引っ越し／家族旅行／家族の目標に一歩ずつ近づく／意欲にあふれる家族	ソリが合わない家族／良好な家族関係が築けない／家庭内トラブル発生／親子ゲンカの恐れ
対人	ノリのよい相手／友達と盛り上がる／急に意気投合する／自分から積極的に近づいていく	周囲との対立／ケンカ／好戦的な態度を取る／あちこちで対人トラブルが発生／友達を利用
お金	後先を考えないで使う／その場の勢いで支払う羽目に／目標金額到達まで着実に前進する	衝動的に使う／人と競い合って散財する／一攫千金を夢見る／長期の資産運用ができない

荒れ馬を乗りこなし冒険の旅に出る騎士

荒れ馬にまたがる青年が、どこかへ行こうとしています。彼の身分はナイト。暴れる馬を乗りこなす情熱と意欲にあふれ、これから冒険の旅に出ようとしているのです。しかし、彼が短気を起こせば、ただのトラブルメーカーになってしまうでしょう。

ワンドのクイーン

QUEEN of WANDS

ハツラツとして明るく人のために動く女王

咲き誇るヒマワリを背に堂々と玉座に座るクイーン。玉座の獅子は火を、ヒマワリは太陽を象徴し、足を開いたポーズは、彼女がもっとも快活なクイーンで、堂々としていることを物語っています。また、彼女は面倒見がよく、情熱的でもあるのです。

やる気と行動力

明るく面倒見がいい人も、一歩間違えば、自分本位で押しつけがましい人物となってしまいます。

カードが示すキーワード

正位置 **意欲と情熱を胸に秘め人のために働く**

過去…人のために役立ちたいと願う
現在…社会活動に進んで関わる
未来…人から慕われ頼られる

逆位置 **自己中心的な世話を焼きすぐに怒る**

過去…おせっかいを焼きたくなる
現在…意欲が空回りしてしまう
未来…わがままな行動で終わる

カードが示すメッセージ

	正位置	逆位置
恋愛と結婚	積極的に相手と向き合う／友情のような関わり方／情熱的な恋／相手の面倒をよく見る	自分勝手な恋／嫉妬やわがままが出る／気の強さが災いする／ライバルと激しく張り合う
仕事	優秀な能力を発揮／仕事のできる人物／意欲的に仕事をする／会社や組織のために懸命に働く	意欲があるけれど空回り／職場でやり合う／仕事でわがままが出る／感情で判断して失敗
家庭	仕事や社会活動と家庭を両立させる／家族のためにかいがいしく世話を焼く／元気な家族	仕切りたがる家族／余計な世話を焼く／家族のわがままに振り回される／ピリピリした家庭
対人	明るく行動的に人と関わる／信頼される／頼られる／社会活動を通して友情が育まれる	おせっかいを焼く／負けず嫌いになり張り合う／気が強い相手／わがままばかり言う人物
お金	必要な収入が得られる／労働に見合った収入／金銭的なおおらかさ／ケチケチしないで使う	衝動的に散財してなくなる／むしゃくしゃして散財する／貯金は最初のうちしか続かない

ワンドのキング

KING of WANDS

野心がある

キングの中で、もっとも誇り高く、情熱的です。リーダーとしての風格も備えた存在でしょう。

カードが示すキーワード

正位置　ビジネス的能力が高い頼れるリーダー

過去…野心を秘め勇敢な行動に出る
現在…ビジネスの場で能力を発揮
未来…責任あるリーダーになる

逆位置　心が狭くワンマンでアテにならない人物

過去…視野が狭く全体が見えない
現在…ワンマンな行動ばかり取る
未来…誰からもアテにされない

カードが示すメッセージ

	正位置	逆位置
恋愛と結婚	情熱的なアプローチ／相手をリードする／勇気あるプロポーズ／仕事ができる相手と結婚	自分勝手で相手を振り回す／熱しやすく冷めやすい／頼りにならないパートナーとの結婚
仕事	高い能力がある／バリバリ仕事をこなす／新事業への野心を抱く／プロジェクトのリーダー	独断的な仕事の進め方／能力がないのにワンマン／職場で目立とうとする／視野が狭くなる
家庭	頼りになるが仕事第一で家庭は後回しに／家族を引っ張っていく／家族への自己主張を通す	ワンマンですぐに怒る家族／家庭内暴力の恐れ／家庭サービスがない／頼りにならない家族
対人	リーダーシップを発揮／周りから頼りにされる／グループの中心人物になる／プライドが高い	心が狭く怒りっぽい人物／何でも勝手に決めてしまう／自己中心的で無視されると不機嫌に
お金	信念に従い思い切りよく使う／野心のための投資／ここぞという場面で大胆にお金を使う	衝動的に使う／無理な出費／投資の対象が次々代わる／頼りにできない収入源／アテが外れる

もっとも誇り高く もっとも力強い王の中の王

赤い服を身にまとい、玉座に座るキング。手には芽吹いたワンドを持ち、玉座の背もたれには獅子と火を噴くトカゲの姿が描かれています。カード全体から熱と生命力が感じられ、ワンドのキングがいかに意欲と可能性に満ちた存在かわかるでしょう。

カップのエース

ACE of CUPS

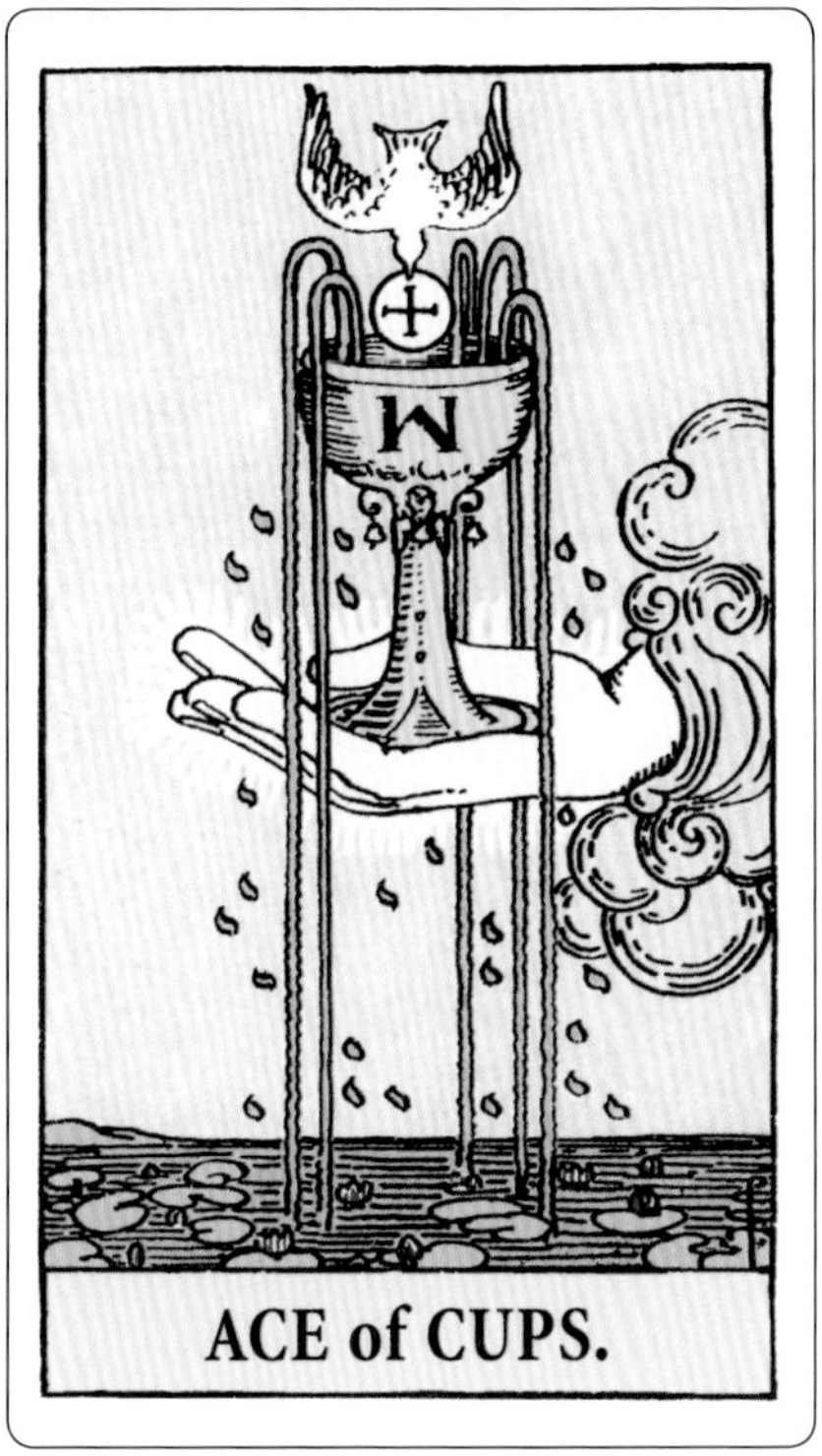

泉のようにあふれ出る枯れない愛情と平和の象徴

手の上のカップから、泉のように水があふれ出ています。カップは世界を構成する四大元素の一つ、水の象徴。手は神の右手を、水は愛情を表すものです。白い鳩は平和の使いであり、このカードが枯れない愛と平和を意味しているとわかるでしょう。

カードが示すキーワード

愛情

愛情が泉のようにあふれ出る様子を表すこのカードは、愛と平和、満足、思いやりを意味します。

正位置　**枯れることのない愛情で満たされる**

過去…愛情と思いやりを注ぐ
現在…心が満たされ平和が訪れる
未来…愛情はその後も尽きない

逆位置　**心を閉ざすことで愛情が枯れてしまう**

過去…素直に感情を出せなくなる
現在…しだいに心を閉ざしていく
未来…愛情が不足し希望を失う

カードが示すメッセージ

	正位置	逆位置
恋愛と結婚	愛情を抱く／豊かな愛情を注がれる／心も身体も満たされる恋愛／穏やかな愛情／幸せな結婚	気が乗らない相手／気の進まない結婚／満たされない結婚生活／現状を無視した妄想を抱く
仕事	好きな仕事をする／満足な結果を得られる／好きな相手と仕事ができる／仕事が順調に進む	気に入らない仕事をする／不満を感じてもやらなければならない／思うようにいかない仕事
家庭	愛にあふれた家庭／居心地のいい家庭環境／過ごしやすい居住空間／家族から愛を注がれる	心の交流がない家族／居心地の悪い家庭環境／家族愛が不足している／親子の情や縁が薄い
対人	思いやりがある人／平和主義で穏やかな相手／スムーズな交流／心が豊かになるつき合い	わがままな振舞い／優しさが感じられない相手／素直に感情を表せない状態／偽りの友情
お金	現状に満足する／豊かな生活／物質運や金運に恵まれる／好きな人からお金や物を贈られる	満足できない状態／金銭的にも物質的にも不足する／一獲千金を夢見る／現実離れした散財

カップの 2

TWO of CUPS

愛情の交換

この男女が相思相愛なのは、向かい合い、カップを手に持っている様子からわかるはずです。

カードが示すキーワード

正位置 **お互い気に入り愛情を交わすようになる**

過去…一目会った時から気に入る
現在…お互い共感を抱くようになる
未来…愛情を交わし合う関係になる

逆位置 **心が通わなくなりしだいに愛情が冷める**

過去…お互い気に入らなくなる
現在…心が通い合わない状況が続く
未来…愛情が冷め関係が途絶える

カードが示すメッセージ

	正位置	逆位置
恋愛と結婚	両想いの2人／2人の関係が発展する／愛情が満ちてくる／お互いに気に入る	相手への愛情が冷める／静かに別れの時がやってくる／心が通わずさびしい思いをする／絶縁
仕事	感覚にぴったりくる仕事／好きな仕事／気持ちが通じる上司／仕事がどんどん発展／事業拡大	仕事内容が気に入らない／心の距離を感じる同僚／無駄な努力／間違ったやり方／行きづまり
家庭	家族同士の仲がいい／共感を抱くことができる家族／家族間で心が通じ合っている／計画進展	家族と心が通じ合わない／絶縁状態になる／家族間で対立が起きる／家族に愛想を尽かす
対人	周囲の人と気が合う／友情が発展する／共感できる友達の出現／共同での計画が進展する	周囲とそりが合わない／軽はずみな態度で誤解される／周囲から孤立してしまう／絶交する
お金	必要なだけお金が入ってくる／満足できる経済状態／貯金は計画通りに増える／資産は十分	お金が足りない／経済状態に不満を抱く／誰からも援助を受けられない／経済的ピンチを招く

精神的なつながりで結びついている相思相愛の男女

向かい合った男女が、カップを手に持っています。頭上にあるのは、知恵の神・ヘルメスの杖と、翼のあるライオン。それぞれ知性と人間の獣性を意味し、この男女が本能に偏らない精神的なつながりで結びついていることを表しているのです。

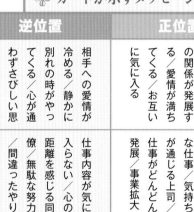

カップの3

THREE of CUPS

複雑な実情を内側に秘めて踊る3人の乙女達

実り多き庭で、3人の乙女がカップを手に持ち、輪になって踊っています。けれどそれぞれの向きも服の色もバラバラ。このカードは、調和が取れているようで、実はそうではない複雑な人間関係を表し、外からは見えない実情があると伝えているのです。

友愛

物事には、一見するとわからない実情があるという、複雑な状況を表しているカードです。

カードが示すキーワード

正位置 **仲のいい友達同士でグループ活動をする**

過去…友達同士が友情で結ばれる
現在…グループ活動に取り組む
未来…連携が取れ友情も深まる

逆位置 **不和状態のままつき合い調和が取れない**

過去…友達同士の仲が悪くなる
現在…不和を隠したまま活動する
未来…人間関係がぎくしゃくする

カードが示すメッセージ

	正位置	逆位置
恋愛と結婚	友達から始まる恋／グループ交際／同じ気持ちを抱く2人／確かな絆で結ばれている2人	異性の友達と遊ぶ／仲が悪い／恋愛にルーズ／飲み会の席で出会う／周囲から反対される
仕事	人間関係の調和が仕事の成果につながる／チームワークが必要な仕事で成功／同僚との絆	人間関係の気まずさから仕事の能率が低下する／お酒が原因で失敗する／思うようにいかない
家庭	和気あいあいとした楽しい家庭／家族が一致団結する／社会活動に熱心な家庭／祝い事がある	心が安らげない家庭／家族を裏切る／アルコール飲料が常にある家庭／家族間の仲が悪くなる
対人	趣味のグループ活動を楽しむ／友情を結ぶ／友達と気持ちが一つになる／社交性を発揮する	飲み会でだらだら過ごす／お酒で友情を壊す／どんどん仲が悪くなる／いい加減な発言をする
お金	交際費がかさむ／祝い事が続いて出費が増える／社会活動を通してお金のやり取りをする	だらしない生活で金運不調／金銭的なルーズさ／人に言えない方法でこっそりお金を稼ぐ

カップの4

FOUR of CUPS

カードが示すキーワード

不満足

現状に退屈し、マンネリを感じていることを示すカードです。変化と刺激がない日々でしょう。

正位置 **マンネリを感じ身近な幸福に気づかない**

過去…退屈な毎日を送り不満だらけ
現在…マンネリから抜け出せない
未来…身近な幸せに気づかなくなる

逆位置 **重い腰を上げてようやく動き出す**

過去…日常に変化の兆しが現れる
現在…希望がだんだん湧いてくる
未来…ようやく重い腰を上げる

カードが示すメッセージ

	正位置	逆位置
恋愛と結婚	マンネリ状態の2人／倦怠期を迎えた夫婦／身近にいる運命の相手に気づいていない状態	新しい恋に前向きになる／身近な素晴らしい相手に気づく／急に状況が変わり恋が有利に進む
仕事	恵まれた職場だがやりがいを感じられない／怠け心に支配される／単調で退屈な仕事をする	転職や異動に向けて意欲を燃やす／無職生活の終わり／やっと働く気になる／刺激的な仕事
家庭	退屈で喜びがない家庭／毎日同じことの繰り返し／怠けグセのついた家族／不満が多い家庭	家族のイベントや模様替えなどで気持ちを切り替える／刺激的でワクワクするような家庭生活
対人	新鮮味がない関係／相手の素晴らしさに気づいていない／不満だらけの相手／だらしない相手	新たな仲間と交際を始める／グループや組織に変化が訪れる／面倒な人間関係が動き出す
お金	絶えず金銭的不満を感じる／何となく全部使ってしまう／労働意欲が湧かず収入が減っていく	収入アップのための情報を探す／投資や株に興味を抱く／将来に向けての希望が湧いてくる

与えられても幸せを感じない無関心さと怠惰

木の下で腕組みをして座り込む1人の男。彼は、差し出されたカップに興味を示しません。このカードは、無関心で活力に欠け、現状に退屈している状況を表しています。彼が再び動き出すためには、環境の変化や、心理的な刺激が必要でしょう。

カップの 5

FIVE of CUPS

残された希望に気づかず立ち尽くしている状態

黒いマントの男が、倒れた3つのカップの前でうなだれながら立っています。けれど、カップはまだ2つ残っているのです。また、遠くには、建物と緑の樹々も。このカードは、本人が気づいていないものの、まだ希望が残っていることを示しています。

カードが示すキーワード

失望

大事なものを失う暗示ですが、正逆の位置により、そこから学ぶことや、活路を見出しましょう。

正位置
成果は少ないが全部失ったわけではない

過去…努力しても成果が少ない
現在…願いが叶わず失望する
未来…可能性が消えたわけではない

逆位置
諦められず胸に希望を抱き続ける

過去…結果に未練が残ってしまう
現在…なかなか諦められない状態
未来…だんだん希望が湧いてくる

カードが示すメッセージ

	正位置	逆位置
恋愛と結婚	失恋／断られても諦められない／食い下がる／納得するまで何度もアプローチを繰り返す	昔の恋に未練がある／いくら思い続けても時間の無駄／ウソをついたことで深みにはまる
仕事	重大なミスをする／事業計画の先行きが心配になる／同僚との関係が悪化／成果が出ない	希望の仕事に就けないが諦めきれない／わからなければ先輩に相談を／仕事に不安定な愛情
家庭	家族とうまくいかない／ネガティブ思考の家族／家族間で仲良くしたいのにできない状態	家族との関係を修復したいという思いがある／重い腰を上げる／家庭内に希望が湧いてくる
対人	親しくしたいのに嫌がられている気配／避けられている予感／相手と心が通わない	ケンカをした相手と仲直りしたいという気持ち／その人とのつき合いは時間の無駄に終わる
お金	損失を出してがっかりする／労働の割に報酬が少ない／対価の低さにモチベーションが下がる	出した損失を取り戻したいという願望／失ったお金に未練たっぷり／新規貯金の希望が湧く

カップの6

SIX of CUPS

カードが示すキーワード

過去のよい時代

過去のよき時代や幸せの中には、親しい人への愛、懐かしい思い出があり、心を温めてくれます。

正位置　思い出を振り返ることで愛情を感じる

過去…昔の思い出がよみがえる
現在…幼なじみへの思いが復活する
未来…温かな愛情で心が満たされる

逆位置　過去に執着して終わった恋を追いかける

過去…憧れで終わった恋を思い出す
現在…思い出にとらわれて動けない
未来…いつまでも古い恋に執着する

カードが示すメッセージ

	正位置	逆位置
恋愛と結婚	慈しみ合う恋／幼なじみとの恋／親愛の情／過去に好きだった相手との恋／初恋の人との再会	忘れられない初恋／恋の甘酸っぱい思い出に浸る／かつてモテた時代を懐かしむ／同情の愛
仕事	昔の仕事や職場への懐かしさ／過去の栄光を思い出す／偉大な過去／古いつき合いの会社	以前の職場や同僚への愛着／イエス・ノーははっきりと／困っている人の仕事を請け負う
家庭	愛情に満ちた家庭／幼い子どものいる家庭／家族同士が慈しみ合う／親愛の情を抱く家庭	親離れ子離れできない家庭／いつまでも子ども扱いする／過去のよき時代を忘れられない
対人	懐かしい旧友との再会／過去の友情を大切に守る／幼なじみとの絆がいっそう深まる出来事	同情心から始まるつき合い／過去の恋に執着して前に進めない／援助者や支援者は現れない
お金	金銭的に助け合う／過去に貸したお金が戻ってくる可能性／借用書を書いておくことが大切	情に絡んだ支出が増える／お金が入ってもすぐに出ていく／金銭的ピンチでも援助者なし

思い出を振り返り懐かしさの中で親愛の情を示す

古い庭園で、赤いフードの子どもが幼い子に、白い花の入ったカップを渡しています。この2人が表しているのは、温かい家族愛や兄弟愛といった慈しみの愛情。手前のカップは、過去、この家にも幸福でよい時代があったことを伝えているのです。

カップの7

SEVEN of CUPS

妄想の産物だと気づかない思い込みの強さ

雲の中、宙に浮かんだカップに、幻想や妄想が浮かんでいます。人の首、蛇、大きな屋敷、宝飾品、月桂冠、そして布で隠された何か。そのどれもが自分の妄想の産物であり、現実には見えていないことを、黒い服の人物はわかっていないのです。

妄想

甘い妄想や夢を暗示。理想のまま終わるか、実現に向けて動き出すかが、正逆の位置でわかります。

カードが示すキーワード

正位置 **現実から目を背けて妄想ばかり見ている**

過去…現実から目をそらしたくなる
現在…妄想の虜になってしまう
未来…迷いから抜け出せなくなる

逆位置 **目が覚めて現実がはっきりと見えるように**

過去…ある時突然目が覚める
現在…やっと現実が見えてくる
未来…本来の目的がはっきりする

カードが示すメッセージ

	正位置	逆位置
恋愛と結婚	あの人もこの人も好きで選べない／叶わない恋に幻想を抱く／恋愛妄想／お酒の席での出会い	本当の気持ちに気づく／相手の本性を知って目が覚める／本命の相手が誰なのかがわかる
仕事	どんな仕事に就けばいいのかわからない／実力を無視した仕事への妄想／お酒に縁の深い仕事	やりたい仕事が決まる／仕事の迷いがなくなる／本来の目的がはっきり見える／現実的判断
家庭	自分にとって家族がどんなものなのかがわからない／家族に対するあり得ないイメージを抱く	家族が置かれている現実に気づく／家族への幻想が消える／本当の家族の姿が見えてくる
対人	誰を信用していいのか迷う／相手に妄想を抱いている／お酒が取り持つ縁で友情が生まれる	相手とどう関わるべきかわかる／相手に対して抱いていたイメージが幻想だったと気づく
お金	一発大儲けしたいという妄想がふくらむ／お酒が原因で金欠に／嫌なことを忘れるために散財	お金の使い方が堅実になる／お金に関して途方もない夢を見なくなる／目的を決めて貯金する

カップの 8

EIGHT of CUPS

カードが示すキーワード

移ろい

一つの区切りを迎えます。別の道や方法を見つけるのか、もう一度挑戦するのかを教えてくれます。

正位置　心が変わって関心も興味もなくなる

過去…考え方がだんだんと変わる
現在…今まであった興味を失う
未来…すべてを放棄したくなる

逆位置　不安が解消されて新たな興味が湧く

過去…不安解消の予兆が現れる
現在…社会的な人との交流を開始
未来…新しいことに興味を抱く

カードが示すメッセージ

	正位置	逆位置
恋愛と結婚	月日が流れ愛が薄れてきた／嫌いではないが愛していない／恋愛や結婚を放棄したくなる	疎遠になっていた相手への愛を再確認する／探していた相手が見つかる／愛の灯がともる
仕事	仕事にやりがいを感じられなくなった／昔ほどの情熱を仕事に向けられない／辞めたくなる	仕事状況が好転する／仕事への意欲が再び湧いてくる／わからなかった仕事の疑問点が解消
家庭	仕事や遊びが中心で家庭のことは人任せ／家族への関心がなくなる／家族としての役割を放棄	家庭の大切さを再認識する／家庭内の不運も好転の兆しが見えてくる／探していた家族を発見
対人	いつもの仲間との集まりに飽きてきた／せっかく会っても盛り上がらない／人づき合いが面倒	久しぶりに友人と再会してまた親しくなる／社会的な人づき合いが活発になる／不安解消
お金	投資や株に飽きた／お金に対する価値観が変わってきた／報酬や対価を得ることを諦める	興味がなかった投資や株に関心が向く／金銭的不安が解消される予兆／新しい儲け方を知る

時の移り変わりと共にすべて変化し移ろっていく

月夜の海辺で、カップを背にして立ち去ろうとしている赤い服の男。彼の心は、まるで月の満ち欠けのように、時間の流れに沿い、移ろっているでしょう。このカードが伝えているのは、愛情や、興味の対象は時と共に変化するということなのです。

カップの 9

NINE of CUPS

努力をせずに得られた幸運を手にして満足する

赤い帽子を被った商人の男が、満足そうに腰かけています。青い布のかかった棚の上には、並んだカップが。全体が黄色いこと、商人の表情から、物質的にも精神的にも満たされている状態が読み取れます。これは、満足を表すカードなのです。

満足

ツキが巡ってきて、努力とは関係ない幸運がやってくることを告げる、ラッキーなカードです。

カードが示すキーワード

正位置 **ツキに恵まれ思いがけない幸運を得る**

過去…努力しないでツキに恵まれる
現在…ラッキーな出来事が次々と
未来…幸福感や満足感を得られる

逆位置 **残念ながらアテが外れてがっかりする**

過去…利益をアテにして浪費する
現在…アテにしていた利益がない
未来…不平不満がどんどんたまる

カードが示すメッセージ

	正位置	逆位置
恋愛と結婚	つき添いで婚活パーティーに参加したら自分に出会いが／レベルの高い相手に一目惚れされる	愛されて当たり前だという気持ち／相手に依存してしまう／いくら愛されても不満を感じる
仕事	大きな仕事が舞い込み成果を挙げる／思いがけない大抜擢を受ける／予想外の大出世をする	ライバルに仕事を取られる／手柄を横取りされる／努力や苦労が認められずにがっかりする
家庭	満足感に満ちた家族関係／金銭的に恵まれて満ち足りた家庭／心の交流が十分行き渡る関係	自分に都合のよいサポートを期待する／家族同士が依存し合う／家庭に対して不平不満を抱く
対人	心から喜びを感じる仲間／一緒にいると何かと得をする関係／満足感を抱く友情が生まれる	一方的にサポートする関係に不満を感じる／尽くされて当たり前だと思う相手／依存心
お金	予期せぬ臨時収入あり／突然の昇給／急な出世に伴う収入増／予想外のタイミングで入金が	余計な出費／浪費する／収入をアテにして散財する／思ったほどの報酬が得られなくて落胆

カップの10

TEN of CUPS

大切な家族や仲間との幸福感で満たされる関係

空に大きな虹がかかり、カップが輝いています。それを見上げる夫婦と、楽しそうにはしゃぐ子どもたちの様子は、愛情と喜びに満ちているようです。このカードは、大切な家族や仲間との、心が満たされる関係を表しているものだといえるでしょう。

カードが示すキーワード

幸福感

幸福と愛に満ちた時間を暗示します。カードの正逆が、受け止め方の違いを教えてくれます。

正位置

幸福な状態で心から満ち足りた気分に

過去…家族や一族の喜び事が起きる
現在…一同で喜びを分かち合う
未来…幸福な状態が続いていく

逆位置

落胆する出来事によって失望する

過去…家族や親族とのトラブル
現在…落胆する出来事が起きる
未来…深い失望感に陥ってしまう

カードが示すメッセージ

	正位置	逆位置
恋愛と結婚	結婚を約束する愛／愛する人との結婚が決まる／愛情に満たされる／幸せな恋や結婚ができる	恋愛に期待しすぎる／結婚に結びつかない恋をする／相手の態度にがっかりする／失恋する
仕事	職場の人間関係が良好で働きやすい／満足できる成果を挙げられる／皆で一丸となって働く	職場の人間関係がぎくしゃくして意欲減退／職場でトラブルが／家庭の問題が仕事に影響する
家庭	心温まる幸せな家庭／家族に幸せな出来事が起きる／喜びの多い家庭／家族の笑顔が見られる	家族に対して不満を抱く／家庭内にトラブルが起きる／家族に失望／家族にがっかりする事が
対人	周囲との関係が円満で和やかに過ごせる／今の人間関係に満足できる／グループ内に幸運が	楽しいけれど退屈しがち／思ったほどよくない人間関係／友達への失望感／相手を見損なう
お金	満足のいく収入を得る／家族や一族からのお金を得る／結婚によって収入が増える／資産増大	収入のアテが外れてがっかり／今の収入に不満を抱く／金銭トラブルが起きて損失を出す

カップのペイジ

PAGE of CUPS

芸術と愛情のいい知らせを告げるメッセンジャー

個性的な服装の、やや女性的で愛らしい外見をした若者が、カップを持っています。時にわがままで甘えの強い一面がありますが、このカードは、芸術や愛情に関して、うれしい知らせがあることを告げるメッセージなのです。

カードが示すキーワード

幸せな知らせ

芸術やファッション、愛情、そして子どもに関するよい知らせが届くことを告げるサインです。

正位置

純粋で愛きょうのある性格が愛される

過去…純粋な心で人を楽しませる
現在…周りの人たちから愛される
未来…いい知らせを受け取り幸せに

逆位置

わがままで依存心の強い面が出て失敗

過去…甘えや自己中心的な面が出る
現在…子どもっぽくわがままに
未来…甘い誘惑に乗ってしまう

カードが示すメッセージ

	正位置	逆位置
恋愛と結婚	恋愛が進展する／好きな相手から愛される／告白される／相手の感情が伝わる／ピュアな愛情	子どもっぽさやわがままな態度で愛が遠のく／ベッタリと甘える／愛されていると思い込む
仕事	アートや芸術、服飾、福祉関係の仕事／直感を大事にすれば成功／感性やセンスが磨かれる	甘い考え／実力不足／何もかも同僚任せにする／思いつきで行動して失敗という結果に終わる
家庭	愛情に満ちた家庭／子どもの誕生／純粋な家族愛で結ばれている／芸術一家／いい知らせ	自分のことばかり考える／家族に甘える／ウソの多い家庭／何もかも家族にやらせてしまう
対人	お互いに気持ちがわかり合える関係／打算なしで相手のために動く／アーティストの友達	相手に依存する／わがままな振る舞い／自分では何もしない／よくない誘いに乗ってしまう
お金	好きなものの購入に使う／アートや芸術にお金を使う／ひらめきで得をすることがありそう	誘惑に負け損失を出す／だまされて散財する／思い込みで予想外にお金を使う／すねかじり

カップのナイト

KNIGHT of CUPS

穏やかで優しい反面、流されやすく優柔不断

白馬にまたがり進む騎士が、カップを手にしています。馬はおとなしく騎士に従い、騎士も優しい表情を浮かべているよう。このカードから伝わってくるのは、穏やかで優しい雰囲気。ただ、その優しさは、もしかすると、その時だけかもしれません。

柔軟性

優しさと柔軟性は、場面や状況によって、優柔不断さや流されやすさへと形を変えるのです。

カードが示すキーワード

正位置　誘われるままに相手を受け入れる

過去…柔軟な考え方をするように
現在…相手の提案を受け入れる
未来…愛情を十分注いでもらえる

逆位置　情にほだされて軽はずみな行動を取る

過去…同情心から言いなりになる
現在…深く考えずに行動を起こす
未来…だまされて大事なものを失う

カードが示すメッセージ

	正位置	逆位置
恋愛と結婚	求愛／愛の告白／プロポーズ／愛する人から誘われる／ロマンティックなムードが漂う恋愛	遊びの恋／だますつもりでアプローチしてくる／調子のいい言葉で誘う／うわべだけの優しさ
仕事	いい話が舞い込む／出世／昇進／大抜擢を受ける／望んでいたポジションに上りつめる	話だけで実がない／おいしい話には裏がある／詐欺話に注意／同情心から結んだ契約で損失
家庭	愛情の深い家庭／思いやりのある家族／雰囲気で気持ちを察してくれる家族／慈しむ家族	調子はいいが頼りにならない家族／口先だけの応援／すぐ感情的になりケンカに発展する
対人	優しく社交性のある人／気持ちが和む関係を築く／穏やかな態度を取ることで関係が円満に	誠意がなく信頼関係が育たない／本当の気持ちを隠したまま調子を合わせるだけ／偽の友情
お金	資金運用のヒントを得る／株や投資は柔軟な考え方で／昇給の可能性あり／査定が上がる	だまされる恐れあり／怪しい儲け話に乗る恐れ／泣きつかれて大金を貸したものの戻らない

カップのクイーン

QUEEN of CUPS

これと見定めた相手に向けて全愛情を注ぎ込む

独創的なデザインのカップを、クイーンが持っています。彼女は、カップを食い入るように見つめ、何かジッと考え込んでいるよう。その様子は、彼女の思い込みの激しさを象徴しているのです。彼女がその愛を全力で注ぐ相手は、誰なのでしょうか。

カードが示すキーワード

愛情深さ

情が深い人物の象徴が、このクイーンです。ただ、その愛が報われないと、感情的になるでしょう。

正位置

深い愛情と慈悲を献身的に注ごうとする

過去…愛情を注ぐ相手を見つける
現在…献身的に愛情を傾ける
未来…豊かな気持ちに満たされる

逆位置

非現実的なことに夢中になり不安定に

過去…愛の対象が非現実的なものに
現在…愛されたくて過干渉になる
未来…愛が報われず情緒不安定に

カードが示すメッセージ

	正位置	逆位置
恋愛と結婚	愛を深める／惜しみなく愛を注ぐ／保護者のように守る愛／夢見がち／ロマンティックな結婚	思い込みが激しい／到底叶わない相手に恋をする／非現実的な恋に憧れる／見返りを求める愛
仕事	思いやりや感受性を仕事に生かす／芸術的センスの必要な仕事で成功する／介護や医療の仕事	独りよがりのアイデア／自分の世界に閉じこもりがちで協調性に欠ける／現実を直視できない
家庭	献身的に尽くす／母性愛を注ぐ／家族の世話をかいがいしく焼く／とことん面倒を見てあげる	過干渉／家庭に対する妄想にとらわれる／過保護／依存し合う家族／自分の殻に閉じこもる
対人	周囲に愛情深く優しい／面倒見がよく献身的／見返りを求めない友／芸術的センスのある友達	妄想的な考えに陥る／感情に波がある対応／相手のやることにあれこれ口出しをしてしまう
お金	感性を磨くためやアートにお金を使う／癒やしを得るための出費／返済を求めずにお金を貸す	非現実的なことにお金を使う／思い込みで散財／特定の相手に惜しみなくお金をつぎ込む

カップのキング

KING of CUPS

寛大な心

カップを持ったキングは、優しく寛大な人物の象徴。豊かな感情と愛情は、時として乱れることも。

カードが示すキーワード

正位置

穏やかで心が広く寛大な心理状態になる

過去…心がゆったりと穏やかになる
現在…寛大な気持ちになっていく
未来…同情心を発揮して人を救う

逆位置

感情の乱れによって態度が急に変わる

過去…心が揺れて行動が一貫しない
現在…優柔不断な態度を取るように
未来…不誠実な人物だと思われる

カードが示すメッセージ

	正位置	逆位置
恋愛と結婚	愛情深い相手／心が広く優しい相手／穏やかな愛情／同情心から始まる恋／深い愛に包まれる	不誠実な相手／不安定な関係／浮気／複雑な恋愛関係／相手の態度に振り回されてしまう
仕事	職場の仲間を大切にする／仲間のミスを許す／同情心から仕事を引き受ける可能性がある	周囲をアテにして努力しない／仕事相手に対し情に訴えようとする／重要な場面で決断しない
家庭	優しい家族／愛にあふれた家庭／家族の過ちを許す／寛大な心で受け入れてくれる家族	自分では決められない家族／どっちつかずの態度を取られる／裏の顔が見え隠れする家庭
対人	他人に対して思いやりがある／たとえ迷惑をかけられても許す心／相手に同情心を発揮する	周囲に流される／自分に甘い／裏表のある言動／陰で相手の悪口を言う／相手に依存しがち
お金	他人のためにお金を使う／快くお金を払う／寄付をする／ボランティアのつもりで出費する	気まぐれでお金を使う／金銭的にルーズ／情に訴えられて欲しくもない物を買ってしまう

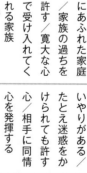

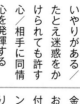

優しさと深い同情心によって寛大な行動を取る

海の上の玉座に、カップを持ったキングが座っています。彼の青い衣は深い精神性を、首にかけた魚のペンダントは、イエス・キリストを象徴。このカード全体から、寛大さとどっしりした雰囲気、穏やかで優しさあふれる心が伝わってくるはずです。

ソードのエース

ACE of SWORDS

精神力と知性によって勝利が達成される

青い剣の先に、王冠が掲げられています。青い剣は、精神力、知性の象徴。王冠からは、オリーブの葉とヤシの葉が垂れ下がっていて、それぞれ平和と勝利を意味します。このカードは、精神力と知性によって勝利が得られることを示しているのです。

カードが示すキーワード

精神力と知性

どんな迷いも、精神力と知性によって克服できます。その先には、勝利が待っているでしょう。

正位置　**知性と精神力により正しい決断を下す**

過去…精神力と知性が鍛えられる
現在…迷いがどんどん晴れていく
未来…正しい決断を下せるように

逆位置　**攻撃性と冷酷さでトラブルを起こす**

過去…攻撃性と冷酷さが増していく
現在…コミュニケーションが不足
未来…配慮が足らずトラブルに

カードが示すメッセージ

	正位置	逆位置
恋愛と結婚	クールな判断を下す／感情に流されない／知的な相手／迷いが晴れていく／ライバルに勝利	相手の気持ちを疑う／冷たくされる／恋によって傷つく／クールで冷めた関係／失恋する
仕事	企画や計画を立てる／頭脳がシャープに働き成果を上げる／重大な決断を任される可能性が	手段を選ばない／パワハラ／思慮不足による判断の誤りからトラブルが起きてしまう
家庭	家庭や家族に依存しない／家庭に関する悩みが消えていく／さっぱりした家族関係が成立	冷たい関係／コミュニケーションが不足している／家庭内トラブル／誤解を招く発言をする
対人	お互い立ち入りすぎない／知性あふれる友人／理性的な判断／精神的な絆を感じる関係性	イライラする／相手を傷つける発言／冷酷な相手／攻撃される／対人トラブルが起きてしまう
お金	やりくりに励む／ピンチでも強い精神力で乗り切る／自分の知性を磨くためにお金を使う	八方ふさがりの状態／購入時の判断が鈍る／無計画な出費のせいでピンチに／大散財する

ソードの2

TWO of SWORDS

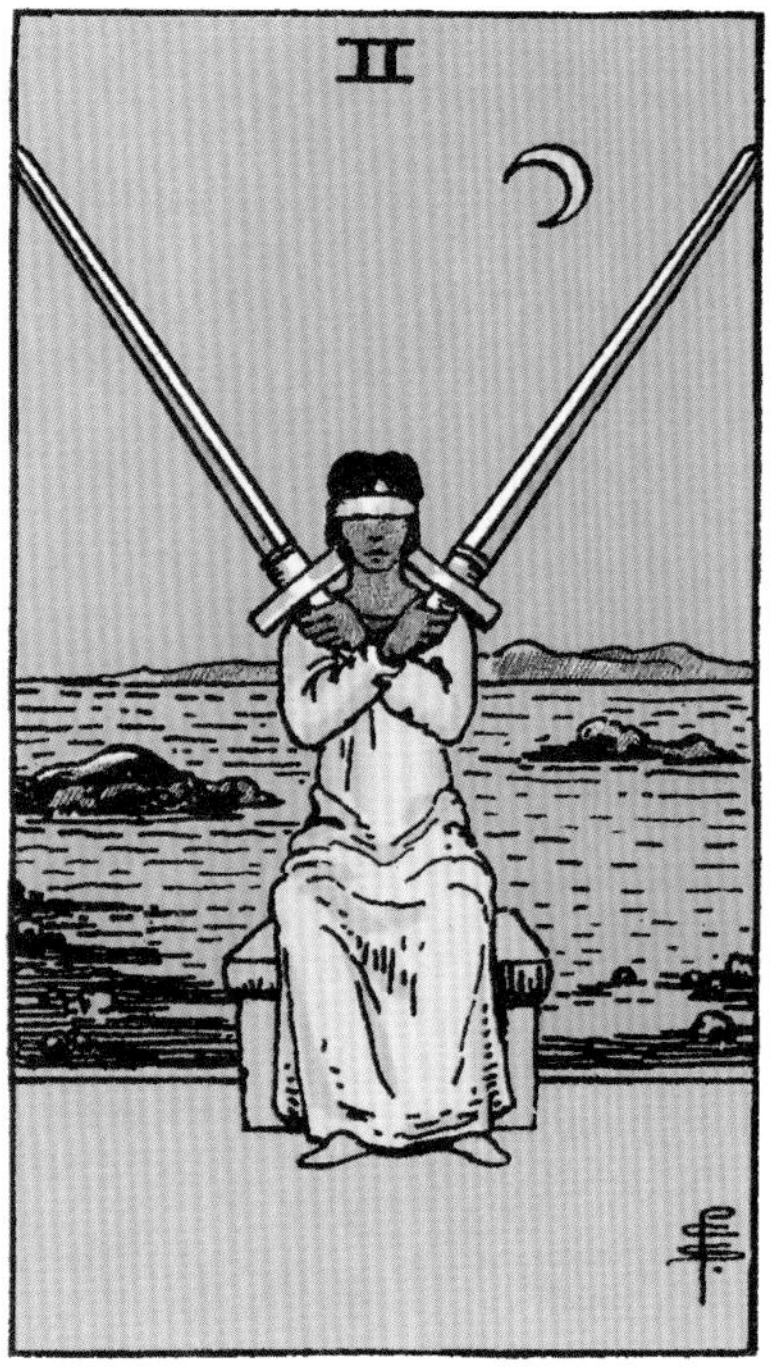

他者との調和

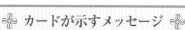

はっきりしない状況の中で、自分と相手とのバランスを取ることの難しさを伝えるカードです。

カードが示すキーワード

正位置
表面的にはバランスが取れた状態を保つ

過去…他者とのバランスを図る
現在…表面的には合わせようとする
未来…割り切った関係を築き上げる

逆位置
一方的で不公平な状況についていけない

過去…利己主義な考え方が出てくる
現在…不公平でバランスの悪い関係
未来…相手についていけなくなる

カードが示すメッセージ

	正位置	逆位置
恋愛と結婚	適度な距離を取って相手の反応を見る／様子を探りつつ恋を進める／まずは相手に合わせる	相手に合わせられない／心の中では信じていない／一方的に尽くすだけの報われない愛
仕事	仕事に感情を挟まない／ライバルと穏やかに協力する／表向きは相手とうまくつき合う	自分本位な仕事の進め方についていけない／不公平な契約や交渉／割に合わない安い仕事
家庭	家族それぞれの希望やスケジュールを考慮する／家族一人一人が心穏やかに過ごす	家族の考え方が理解できない／お互い疑心暗鬼になる／家族や家庭の犠牲になってしまう
対人	立ち入りすぎない／ほどほどに仲良くする／バランスが取れた人間関係を築く／聞く耳を持つ	相手を信用できず様子を見る／本心を隠してつき合う／わがままな相手／人間関係でトラブル
お金	収支バランスを考えてうまくやりくりする／まんべんなくお金を使う／必要経費と割り切る	だまされて金品を失う／詐欺事件／いつもおごってばかり／金銭的な見返りを期待しても無駄

はっきりしない状況の中で調和を保とうとする

夜の海辺で、目隠しをされた女性が、2本の長い剣をクロスさせて持ち、バランスを取っています。石の椅子、灰色の地面が表すのは、見通しのつかない状況。このカードは、はっきりしない中で、バランスを取ろうとすることを示しているのです。

ソードの 3

THREE of SWORDS

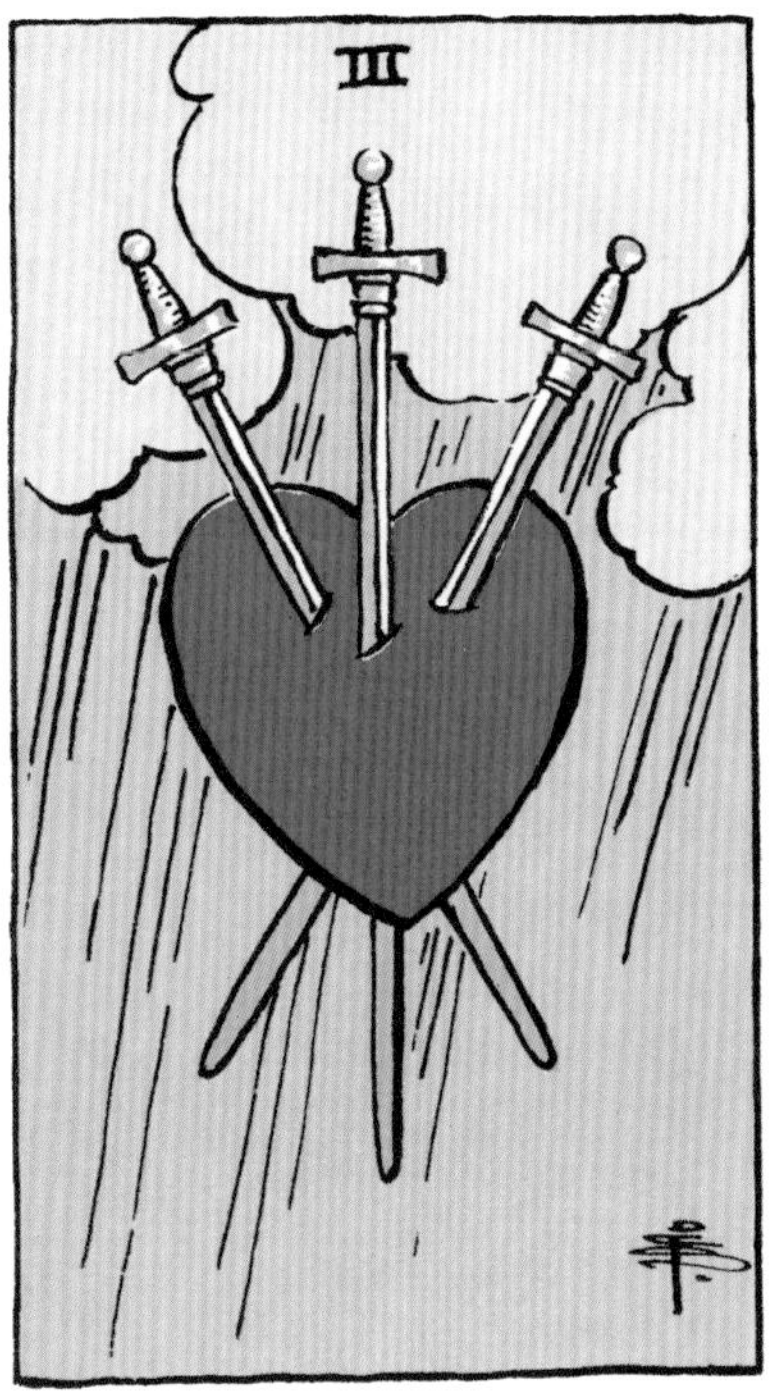

別れや不和などの悲しい出来事により心が傷つく

灰色の雲から、雨が降っています。赤いハートに剣が3本突き刺さり、人物の影は見えません。このカードは、人物の力が及ばないところからの働きかけで、心が傷つくことを表しています。本人に主導権はなく、運命を受け入れるしかないのです。

傷心

人物のいないこのカードは、人知の及ばないところで悲しい出来事が起きることを示しています

カードが示すキーワード

正位置

不和から別れに至り悲しみをもたらす

- 過去…不協和音が生まれ大きくなる
- 現在…修復不可能になり別れる
- 未来…ダメージを受け悲しみが来る

逆位置

争いが起き失うことで心が傷つけられる

- 過去…争い事が起き激しくなる
- 現在…大切なものを失う羽目に
- 未来…喪失感により心が傷つく

カードが示すメッセージ

	正位置	逆位置
恋愛と結婚	恋の痛み／三角関係／悲しい結末を迎える／気持ちが一致しない／別れる／離れ離れになる	妄想に苦しむ／恋に対して悲観的になってしまう／傷つくばかりで報われない恋／別れる
仕事	リストラ／職場で意見が分かれる／プロジェクトチームの解散／職場を去る／内部分裂がある	失敗を責められて傷つく／心が乱れて集中できない／職場で争い事が／会社に損失を与える
家庭	家庭内不和／家族同士がまとまらない／家族がバラバラになる／家庭内の雰囲気が悪化する	家庭の現実を受け入れられない／家族同士のケンカ／仲の悪い家族／家族の心が不安定になる
対人	ケンカが起きる／グループが分裂する／グループ内に不協和音が漂う／友達づき合いが消滅	相手とまじめに向き合う／傷つけ合う関係／つき合っても損をするばかり／争いが起きる
お金	お金の入った財布を落とす／定期預金を解約するはめになる／お金を巡って仲が悪くなる	損失を出し非難される／金銭を巡る争い事が／心が弱っていることにつけ込まれて損をする

ソードの4

FOUR of SWORDS

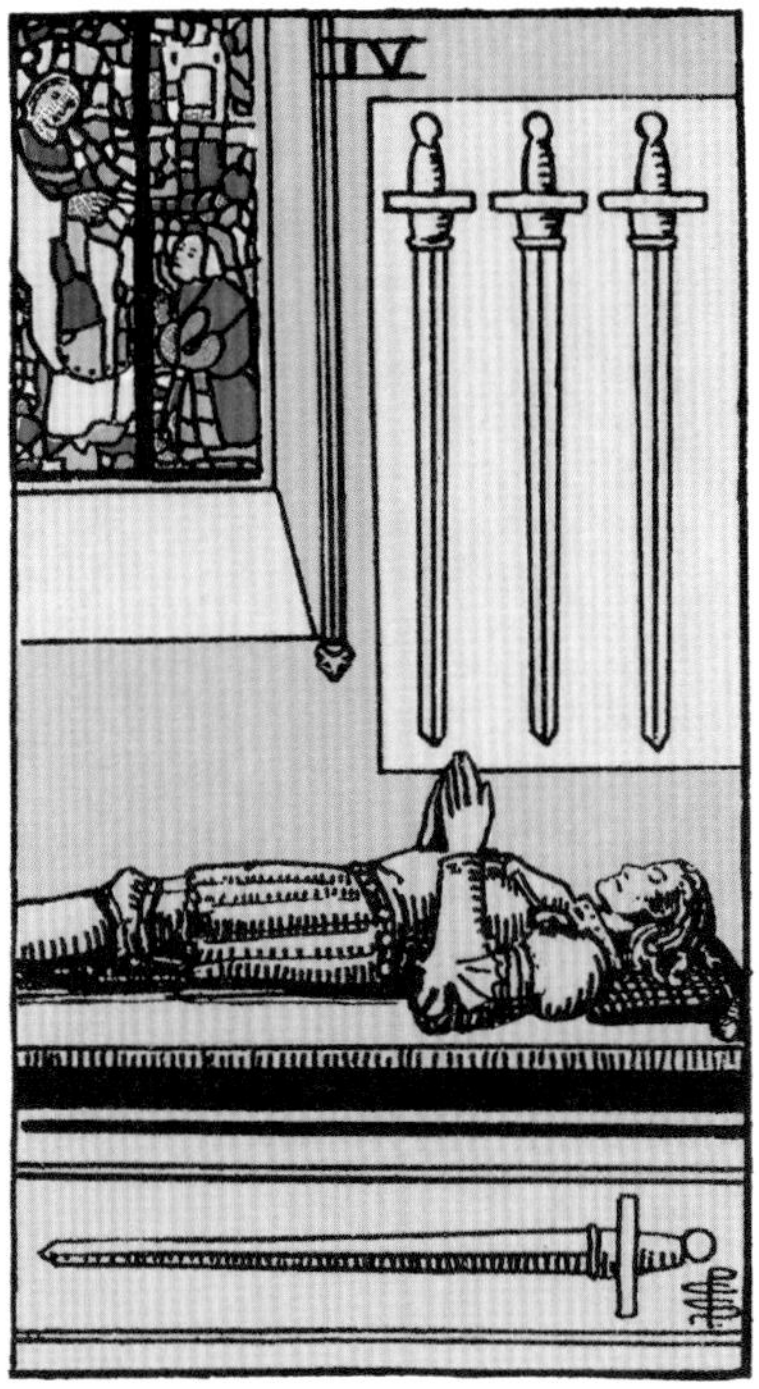

小休止

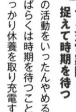

動かない騎士の彫像は、小休止の象徴です。今はまだ、行動を起こすタイミングではありません。

カードが示すキーワード

正位置

今を充電期間と捉えて時期を待つ

過去…今の活動をいったんやめる
現在…しばらくは時期を待つことに
未来…しっかり休養を取り充電する

逆位置

しがらみから解き放たれ行動を開始する

過去…とらわれていた考えを手放す
現在…いよいよ行動を開始する
未来…しだいに状況がよくなる

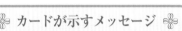

カードが示すメッセージ

	正位置	逆位置
恋愛と結婚	出会いのタイミングを待つ／アプローチのチャンスをうかがう／好みにとらわれてしまう	進展に向けて動き始める／出会いを果たすために外出する／理想の相手へのこだわりを捨てる
仕事	交渉事はいったん保留／休職する／仕事がなかなか進まない／一つのやり方に固執する傾向	仕事に復帰する／体調がよくなり仕事がはかどる／出口はまだ見えないが光が差してくる
家庭	家庭や家族の事情に縛られる／家の中でゆっくり休養する／なかなか家から出ようとしない	家族の世話から解放される／家庭の事情から自由になる／家庭の問題はまだ出口が見えない
対人	人間関係のしがらみを感じる／思ったことをそのまま口にできない事情／人間関係が停滞する	自由な意見を述べ合える関係／自分から行動を起こして人間関係を広げる／人脈が拡大する
お金	お金があっても自由に使えない／厳しい節約生活をひと休みする／入金のタイミングを待つ	将来に向けて貯金の計画を立てる／医療にかかる出費が減る／手放しで喜べる状態ではない

物事が動きを止めて一度小休止している状態

1人の騎士が、棺の上で手を合わせ、横たわっています。彼は彫像であり、眠りに就いているよう。このカードは、小休止を意味し、物事がいったん止まる様子を表しています。今は動き出すのをやめ、タイミングを待ったほうがよいでしょう。

ソードの 5

FIVE of SWORDS

徹底的に戦い傷つけ合って荒れた心が入り乱れる

戦いに勝った男が、負けて去る2人の剣を奪っています。男は、容赦なく攻撃したのです。波立つ海は、気持ちが入り乱れること、強風は荒れた心を表しています。この戦いによって、勝者と敗者はお互い徹底的に傷つけ合ったことがわかるでしょう。

傷つけ合い

カード全体から伝わってくるのは、容赦なく戦い、相手を傷つける、すさんだイメージです。

カードが示すキーワード

正位置　**欲望のために戦いを挑んで人を傷つける**

過去…自分勝手な強い欲望を抱く
現在…欲望を満たすため戦いを挑む
未来…勝利するが相手を傷つける

逆位置　**戦いに負けてすべてを失い自分も傷つく**

過去…無理やり欲望を叶えたくなる
現在…相手から激しく攻められる
未来…敗戦し大きなダメージを負う

カードが示すメッセージ

	正位置	逆位置
恋愛と結婚	略奪愛を成功させる／ライバルとの激しい争いに勝って愛を手にする／気持ちがすれ違う	愛する人に裏切られる／恋人を奪われる／告白やアプローチは失敗する／愛を利用される
仕事	仕事の根回しをする／裏工作をする／競争相手との激しい戦い／徹底的にライバルを叩く	騙されたり陰口を言われたりする／陰で足を引っ張られる／仕事上大きな損害を出してしまう
家庭	自分勝手な欲望のために家族を利用する／家庭に大きな損失を被る／家族がダメージを受ける	感情的になり傷つけ合う家族／家族からしいたげられる／家族の希望は叶えられず失望する
対人	相手の悪い噂を流す／欲望のために相手を利用する／交際によって大きなダメージを負う恐れ	悪質な嫌がらせをされる／心を深く傷つけられる／激しいケンカに発展しダメージを負う
お金	仲間を出し抜いて儲ける／商売敵の足を引っ張る／とどまるところを知らない欲望により散財	裏切られて借金を負う／事業に失敗して大きな損失を出す／破産する恐れ／欲望のままに散財

ソードの 6

SIX of SWORDS

カードが示すキーワード

新たな出発

行く手に何が待ち受けているかわからなくても、考え方を切り替えて出発することを意味します。

正位置 **考え方を切り替えて方向転換する**

過去…今までのこだわりを捨て去る
現在…やり方の方向転換をする
未来…今いる環境から移動する

逆位置 **自分の考えにこだわって変化を拒否する**

過去…身の周りで変化が起きる
現在…変化を拒絶し動こうとしない
未来…心が引き裂かれそうになる

カードが示すメッセージ

	正位置	逆位置
恋愛と結婚	過去の恋を捨てる／新しい出会いを果たす／旅行先で恋が生まれる／方向転換が必要な時	古い愛にとらわれ気持ちが切り替えられない／愛する人と引き裂かれる／頑固な恋愛観を抱く
仕事	新しい発想を得る／転職／出張／出向／今までのやり方にこだわらず新しい方法を試すべき	こだわりが強く順応性に欠ける／意見が分かれてまとまらない／真っ向から反対されてしまう
家庭	理解し合える家族／転居／家族旅行／古い習慣の廃止／新しい生活スタイルを取り入れる	頑固な考え方で家族を縛る／新しい習慣を拒否する／家族のつながりが切れバラバラになる
対人	友人と旅行する／新たな人間関係を築き上げる／古いしがらみを断ち切る／自由の身になる	過去に執着して人間関係がぎくしゃくする／新しい人を受け入れようとしない／対立する
お金	電子マネーなど新しいシステムの導入／利益を上げるには発想の転換が必要／旅行代金を払う	他人の助言を受け入れられないで損失／金運不調／新しいマネーシステムについていけない

先の見えない未来に向けて新たに舟を漕ぎ出す

黒い櫂（かい）を持ち、小舟を漕ぎ出している男がいます。小舟の中には親子が座り、新しい場所を目指しているようです。灰色の空と手前の波立ちは、3人の行く手に不安定で困難な状況が待っていることを表しますが、もう後戻りはできないのです。

ソードの7

SEVEN of SWORDS

悪知恵を働かせて私利私欲を満たそうとする

赤い帽子と靴を身につけた1人の男が、2本を残して剣を5本持ち去ろうとしています。この男は、私利私欲にとらわれ、悪知恵を働かせているのです。男の不自然な体のねじれは、内面にウソや裏切りを隠している表れ。策略を意味するカードです。

カードが示すキーワード

策略

内面にウソや裏切りを隠し、まんまと策略を成功させて、自分の欲望を満たすことを意味します。

正位置 **私利私欲を満たすために策略を行う**

過去…欲望を満たしたいと願う
現在…ずるい策略を練り立ち回る
未来…まんまと私利私欲を満たす

逆位置 **他人の策略に気をつけ慎重に対処する**

過去…他人の策略に気がつく
現在…策略にはまらぬよう対処する
未来…慎重な行動により難を逃れる

カードが示すメッセージ

	正位置	逆位置
恋愛と結婚	相手に好かれたくてウソをつく／ライバルを陥れる／あらゆる手段を使って愛を手に入れる	ライバルの悪評を流す／ライバルの策略を察知する／ずるいやり方で好きな人に接近する
仕事	裏のコネを利用して自分を売り込む／陰でライバルの足を引っ張る／実力以上に自分を見せる	出世のために裏工作をする／思う存分手腕を振るう／競争相手を出し抜くために策略を練る
家庭	帰宅が遅いことへの言い訳を考える／家族とうまくやっていけるよう水面下で策略を練る	家族にウソをついて出かける／私利私欲を満たすため家庭を犠牲にする／ウソだらけの関係
対人	仲良くやっていくためにうまく立ち回る／いい人のふりをして近づく／相手の厚意を利用する	私欲のために仲間を裏切る／信じていた友人から陥れられる／欲望のために友人を利用する
お金	割り勘で自分の支払い額を減らす／いい人と思われたくて募金をする／心にもないほめ言葉	釣り銭をごまかす／策略にハマって大損失する／不正な方法でお金を儲ける／詐欺に遭う恐れ

ソードの 8

EIGHT of SWORDS

カードが示すキーワード

拘束

彼女は、動こうとしないだけで本当は動けます。自分の考え方を変えればいいだけなのです。

正位置 **自分の考えに縛られて動けない状態**

過去…自分の考えに縛られてしまう
現在…動けない状態が続いていく
未来…考えるばかりで行動に出ない

逆位置 **現在の状況を克服することで動き出せる**

過去…無抵抗な状態をやめる
現在…今の状況を何とか克服する
未来…ようやく動き出せる状態に

カードが示すメッセージ

	正位置	逆位置
恋愛と結婚	好きな人とどう向き合ったらいいのかわからない／切なく想うだけで何の行動も起こさない	誤解に気づく／周囲の流れに身を任せる／相手の愛をなすすべもなくただ受け入れるだけ
仕事	行きづまりを感じるが迷いがあって行動できない／自分のアイデアにこだわりすぎて進まない	折り合いの悪かった上司とコミュニケーションが取れる／ようやく次の仕事に取りかかれる
家庭	家族との関わり方に迷いがある／家族を心配するあまり自分の意志で行動できなくなる	迷いが吹っ切れ家族との関係が修復に向かう／家族から解放され自由に行動できるようになる
対人	誤解されていることがわかっているのに言い返せない／仲良くしたいのに近づこうとしない	つき合い方がわかってくる／ちょうどいい距離感がつかめるようになる／意見をはっきり言う
お金	金銭的ピンチでも改善策が見出せない／あれこれ欲しいものが見つかるが買えない状態	資金繰りの見通しが立つ／金欠の原因を探り克服する／金銭的危機を乗り越えて安定する

自らの意志で捕らわれの身となり動こうとしない

目隠しをされて、縛られた1人の女が立っています。しかし、足元までは拘束されていません。身動きできない状態に見えますが、彼女は逃げられるのに逃げようとしないのです。自らの意志で、捕らわれの身となっていることを告げるカードです。

ソードの9

NINE of SWORDS

自らの思い込みで絶望を作り出し嘆き悲しんでいる

ベッドで上半身を起こし、手で顔を覆っている1人の女。彼女は絶望し、嘆き悲しんでいるのです。布団には幸運を表す赤いバラや、実りを表す黄色、安定を表す青が描かれていますが、彼女には見えていません。すぐに気づく必要があるでしょう。

思い込みによる絶望

不安も絶望も、自らの思い込みが作り出していることに、ベッドの女は気づいていません。

カードが示すキーワード

正位置 **思い込みによる絶望や不安や孤独感**

過去…情緒が不安定になってくる
現在…不安や孤独感に悩み苦しむ
未来…絶望的な思い込みを抱く

逆位置 **不安から解放され現状が見えてくる**

過去…現状が見えるようになる
現在…不安からようやく解放される
未来…苦痛や悩みが消失していく

カードが示すメッセージ

	正位置	逆位置
恋愛と結婚	好きな人とケンカして将来に絶望する／些細なことを重大に受け止めて嘆き悲しんでいる	恋の現状が見えて単なる思い込みだと気づく／恋の悩みが消える／苦しい恋から解放される
仕事	実力不足だと思い込んで嘆く／誰からも認められていないと思い込む／孤独感にさいなまれる	実力が認められていることに気づき安心する／仕事の悩みや苦しみがしだいに消えていく
家庭	家族に理解されないと孤独を感じる／家庭内で自分だけ孤立しているように思ってしまう	家族の心のつながりに気づきホッとする／家庭内の悩みがなくなる／明るいムードが戻る
対人	周囲との関係に悩みを抱える／意味もなく周囲への不安を感じて気持ちが落ち着かなくなる	悩んでいたことに明るい見通しが立つ／相手への不安がなくなる／人間関係が良好になる
お金	今後の見通しが立たず絶望的になる／孤独や不安を紛らわせるために派手な散財を繰り返す	まだ資金繰りの手立てがあると気づく／お金に関する悩みがなくなる／目的意識のある買い物

ソードの10

TEN of SWORDS

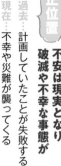

カードが示すキーワード

破滅

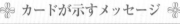

緊迫感と深刻な状況が漂うカードですが、遠くには明るい兆しが。希望を失わないことです。

正位置　不安は現実となり破滅や不幸な事態が

過去…計画していたことが失敗する
現在…不幸や災難が襲ってくる
未来…事態は深刻な状況に陥る

逆位置　しだいに好転し将来の展望が見え始める

過去…徐々に状況が好転し始める
現在…将来的な展望が見えるように
未来…苦労の末に幸運をつかみ取る

カードが示すメッセージ

	正位置	逆位置
恋愛と結婚	考え方の違いから重大なトラブルが起きる／失恋／離婚／相手への不安が的中／緊迫する恋	恋や結婚の試練に希望が見えてくる／苦労の末に愛をつかみ取る／少しずつ状況が好転する
仕事	主義主張が通らず計画がつぶされる／事業がどんどん悪化する／経営は深刻な状況になる	失敗した後に前向きな考え方になる／未来志向が吉／苦難を乗り越えた先に成功が待っている
家庭	家庭内不和／家庭内に不幸な出来事が／家庭崩壊／現在の家庭を維持することができなくなる	家族とのよい向き合い方がわかる／家庭内に明るい兆しが見えてくる／試練を乗り越える
対人	そりが合わない相手との関係に悩む／人間関係に緊迫したムードが漂う／周囲に不幸な出来事	人間関係好転の糸口が見つかる／絶交された相手との縁が復活／絶縁した相手からの連絡
お金	金銭的に立ち行かなくなる／破産／資金繰りの計画は失敗に終わる／緊迫した状態が続く	明るい見通しが立つ／どん底を脱する／金銭的苦労を重ねた先に幸せな日々が待っている

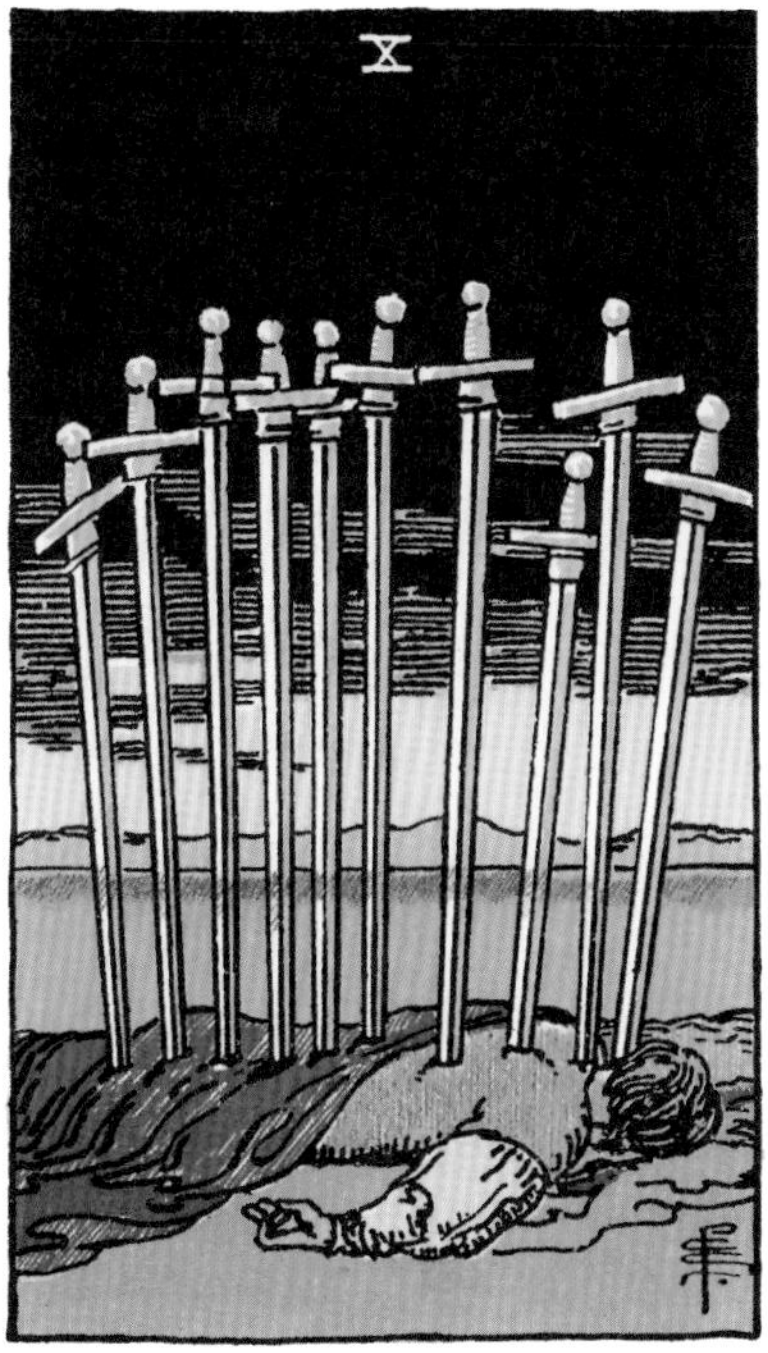

不幸や破滅など緊迫した事態と深刻な状況が

倒れている人の背に剣が刺さり、血が流れています。このカードは、重大な場面と、一つの終わりを意味しているのです。けれど、黒い空の向こうには、夜明けが見えています。先々にいい変化が起きる可能性もあることを、同時に示したカードです。

ソードのペイジ

PAGE of SWORDS

予想できない展開を前に用心深く情報を集める

剣を手にした小姓が、周囲を警戒しています。背後に描かれた雲は、予想できない展開が起きることの象徴。彼は予断を許さない状況に、必死で情報を集めています。彼は知識欲があり、抜け目がありません。このカードは、警戒心、用心深さを意味するカードです。

カードが示すキーワード

警戒心

しっかりと情報を集めれば、安心して未来に立ち向かうことができると伝えているカードです。

正位置

用心深く情報を集めていろいろ試す

過去…周囲に対して警戒心を表す
現在…様々な情報を集める
未来…いろいろな方向性を試す

逆位置

本音と建て前を使い分け裏工作する

過去…本音と建て前を使い分ける
現在…裏で抜け目なく立ち回る
未来…裏切り者とののしられる

カードが示すメッセージ

	正位置	逆位置
恋愛と結婚	警戒心が強くすぐには打ち解けられない／好きな相手のことを調べ尽くす／本心を表せない	疑い深くなり相手を警戒する／辛らつな言動／考え違いによって恋がうまくいかなくなる
仕事	損をしないように立ち回る／割り切った働き方／副業／仕事に役立ちそうな情報を集める	思い違いによるミス／裏で立ち回って失敗／情報不足のせいで仕事が思うように進まない
家庭	秘密の行動が多い／家族にも本心を言わない／知らなかった家庭や家族の事実が明るみに出る	家族に内緒でこそこそする／家族に対して素直になれない／表面的な家族関係／偽りの家族愛
対人	用心深く接する／表面的な関係になりやすい／なかなか心が通じ合えない／本音と建て前	情に薄く冷たい言動／お互いに傷つけ合う関係／相手の秘密を探る／仲のいいふりをする
お金	シビアな金銭感覚／出費する前にしっかり情報収集する／抜け目なく立ち回って利益を出す	裏工作の失敗で損をする／見通しの甘さによる損失／金運低下／知識が足りずに投資で失敗

ソードのナイト

KNIGHT of SWORDS

素早い行動がスピーディーな展開につながる

騎士が馬の状態などお構いなしに、全力で走らせています。急き立てられて走る馬と流れる雲は、早いスピードで物事が動くことを暗示するもの。情に流されない素早い行動が、今後のスピーディーな展開につながっていくことを表すカードです。

カードが示すキーワード

スピード

情に流されていては、物事は進みません。時には、攻撃的なほどの素早い行動が必要なのです。

正位置 **クールな判断と機敏な行動で成功する**

過去…情に流されずクールに判断
現在…勇敢かつスピーディーな行動
未来…状況が早く展開し成功する

逆位置 **非情で攻撃的な振る舞いが敵を作る**

過去…非常で冷酷な判断を下す
現在…攻撃的なほどの行動を取る
未来…敵を作り批判を浴びることに

カードが示すメッセージ

	正位置	逆位置
恋愛と結婚	突然の出会い／突然の告白／突然のプロポーズ／愛情以外の判断基準で動く／恋が急進展する	相手を傷つける言動／二股恋愛／ライバルに対して激しい攻撃をかける／敵意を向けられる
仕事	能力がある／合理的に素早く仕事を進めることができる／勇気ある発言や行動で成功を収める	批判的な言動でトラブルを起こす／ギスギスした雰囲気の職場／非情な決断をせざるを得ない
家庭	必要と思われる時に徹底して関わる／思いやりのない言葉／家庭内の問題は合理的な判断を	情に薄い家庭／家族の批判をする／家族の言うことを鵜呑みにする／家族に敵意を向けられる
対人	対人関係で思考力や判断力が働く／必要な相手だけに関わる／あっというまに仲良くなれる	自説を曲げずに関係がぎくしゃくする／辛らつな言葉で相手を傷つける／激しく攻撃される
お金	冷静に金銭計画を立てる／素早い判断で利益を上げる／みるみるうちに貯金が増えていく	自分の判断を過信して運用する／非情な行動で金銭を奪う／トラブルを承知で営利活動する

ソードの クイーン

QUEEN of SWORDS

生まじめで融通が利かず頑なに押し通す

左手に、ロザリオをつけたクイーン。これは彼女の信心深さと生まじめさを象徴し、信仰を厳格に守ろうとする頑固さを物語っているのです。一方、ロザリオは心の傷を意味するともいわれ、彼女が「悲しみを知るクイーン」であるとされています。

生まじめ

生まじめさは、時として融通の利かなさにつながります。鋭い言葉で批判し、考えを曲げません。

カードが示すキーワード

正位置

生まじめに考え異なる意見を批判する

過去…何事も生まじめに捉える
現在…鋭い観察力で相手を見る
未来…自分と異なる意見を批判する

逆位置

融通が利かず他人を傷つけ孤立する

過去…他者の意見を受けつけない
現在…強情に自分の意見を押し通す
未来…他人の心を傷つけ孤立する

カードが示すメッセージ

	正位置	逆位置
恋愛と結婚	相手の細かい部分が気になる／隙のない女性／好きな相手にもはっきりとものを言う姿勢	相手を厳しく分析する／相手を疑う／周囲から孤立する／融通が利かないため距離を置かれる
仕事	冷静で的確な仕事ぶり／情に流されない／生まじめに働く／他人の仕事に対する姿勢を批判	強情で融通の利かない仕事ぶり／他人の仕事を批判する／単独でやる作業のほうが向いている
家庭	教育熱心で厳しい家庭／家族の小さな変化にもすぐに気がつく／家族にずけずけものを言う	チェックが厳しい家庭／細かいことに口をはさむ家族／ヒステリックな家族／家庭内で孤立
対人	好き嫌いの別なく公平に接する／まじめなつき合いをする／言うべき時にはっきりと発言する	他者に対し自分の判断基準を貫く／情に薄く冷たい／あれこれ批判して煙たがられる
お金	計画性がある使い方／自分の考え方にのっとった方法でお金を貯める／異変にすぐ気がつく	こだわりのある使い方／金銭を厳しく管理する／度を越した節約生活／ケチで孤独になる

ソードのキング

KING of SWORDS

カードが示すキーワード

理性的

人が理性的、論理的な判断をする時、情が入り込むことはありません。厳しい目が必要なのです。

正位置

クールに判断し白黒はっきりつける

過去…感情を捨てて冷静に観察する
現在…理性的で論理的な判断を下す
未来…白黒はっきりつけて納得する

逆位置

周囲の声に耳を貸さず独りよがりに

過去…周りが見えていない状態に
現在…他人の意見にも耳を貸さない
未来…独りよがりな結論を導き出す

カードが示すメッセージ

	正位置	逆位置
恋愛と結婚	感情に流されず相手と冷静に向き合う／相手を見極めようとする／曖昧な関係に白黒つける	相手に対する要求が厳しい／気に入らない相手に冷たい態度を取られて傷つく／打算的な愛情
仕事	目標に向けて無駄のない仕事をする／クールで現実的な判断／難しい仕事に正面からぶつかる	自分のやり方や方針を絶対に譲らない／無慈悲な行動で追いつめる／裏で策略を巡らせる
家庭	教育熱心な家庭／身内びいきをしない／感情に任せて叱らない／クールな雰囲気が漂う家庭	自分勝手な行動／厳格すぎる家庭／冷え切ったムードが漂う家庭／冷酷な親／家族が孤立する
対人	好き嫌いで相手を区別せず平等につき合う／一対一で向き合う／クールで理性的な現実主義者	周囲を批判してばかりいる人物／周りの人をバカにする／相手に対して非情な行動を取る
お金	財テク情報やプロの知識を活用して資産運用／計画的に資金作りをする／簡単にだまされない	シビアに節約する／欲しい物があっても我慢する／非情な方法で利益を得て恨みを買う

情が通用しない厳格さで物事を理性的に決める

剣を片手に玉座に座るキングは、理性的、論理的に物事をジャッジしようとしています。彼の判断には、情が入り込む隙などありません。極めて冷静に分析し、厳格に決めるつもりなのです。その姿勢が、場合によっては冷酷さと見られるでしょう。

ペンタクルのエース

ACE of PENTACLES

富と繁栄が今まさに築かれ始めようとしている

神の右手が、金貨（ペンタクル）を手中にしています。金貨は世界を構成する四大元素の一つである地を表しており、地は物質や安定の象徴。このカードは、物質的な安定や、繁栄、富の基盤が、今まさに築かれ始めたことを意味しているのです。

安定

これから先、富と繁栄がやってこようとしています。今は、その基盤を築き始める時なのです。

カードが示すキーワード

正位置

富と繁栄の基盤を築きスタートを切る

過去…金銭や物質面での土台を築く
現在…富と繁栄への準備が整う
未来…繁栄に向けてスタートを切る

逆位置

基盤が築かれず物質面で不安定な状態に

過去…富と繁栄への基盤が欠ける
現在…金銭や物質面が不安定になる
未来…金銭や物質面で損失を出す

カードが示すメッセージ

	正位置	逆位置
恋愛と結婚	恋が安定する／最初の一歩を踏み出す／結婚により富を築く／恋が成就する／結婚が成立する	先の見えない関係／恋愛や結婚によってお金を失う／尻すぼみの恋／精神的ダメージを負う
仕事	待遇面で安定している仕事／能力に見合った仕事／努力が実る／将来大きな利益を生む仕事	実績がない／失敗する／会社に損失を出す／働き過ぎによって健康を害する／経営が不安定
家庭	金銭的にも物質的にも何不自由のない家庭／落ち着いた家庭／子孫繁栄／健康に恵まれた家族	家族としてのまとまりがない／金銭的に恵まれない家庭／家族に病人が出る／不安定な暮らし
対人	信頼できる人間関係／安心してつき合える相手／交際により財を成す／人脈が仕事を生む	信頼関係が育っていない／交際によって金銭的損失を出す／お金がかかる相手とつき合う
お金	収入の安定／将来的に富が見込まれる／金運財運が上昇する／未来の自分への投資をする	お金を失う／大事なものをなくす／健康面が不安定になり医療費がかさむ／定期預金を崩す

ペンタクルの2

TWO of PENTACLES

カードが示すキーワード

柔軟性

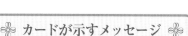

臨機応変に行動できる柔軟性があれば、持てるエネルギーを注ぎ続けることも可能なのです。

正位置　**臨機応変な言動によって継続する**

過去…相手に合わせて対応する
現在…場面ごとに合わせて柔軟に
未来…望み通りに物事を継続できる

逆位置　**うまく対応できず不安定な状況に**

過去…コミュニケーションが苦手
現在…対応の仕方がわからない
未来…状況がどんどん不安定に

周囲の変化に合わせながらエネルギーを注ぐ

オレンジ色の服と帽子を身につけ、金貨でお手玉をしながら踊っているような若者。緑のひもは無限大マークを作り、彼のエネルギーが終わらないことを示しています。また、大波は変化を表し、この若者が上手にそれに合わせていけることを表します。

カードが示すメッセージ

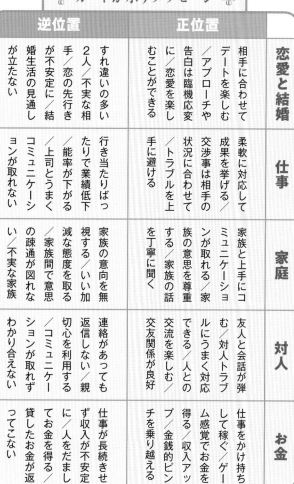

	正位置	逆位置
恋愛と結婚	相手に合わせてデートを楽しむ／アプローチや告白は臨機応変に／恋愛を楽しむことができる	すれ違いの多い2人／不実な相手／恋の先行きが不安定に／結婚生活の見通しが立たない
仕事	柔軟に対応して成果を挙げる／交渉事は相手の状況に合わせて／トラブルを上手に避ける	行き当たりばったりで業績低下／能率が下がる／上司とうまくコミュニケーションが取れない
家庭	家族と上手にコミュニケーションが取れる／家族の意思を尊重する／家族の話を丁寧に聞く	家族の意向を無視する／いい加減な態度を取る／家族間で意思の疎通が図れない／不実な家族
対人	友人と会話が弾む／対人トラブルにうまく対応できる／人との交流を楽しむ／交友関係が良好	連絡があっても返信しない／親切心を利用する／コミュニケーションが取れずわかり合えない
お金	仕事をかけ持ちして稼ぐ／ゲーム感覚でお金を得る／収入アップ／金銭的ピンチを乗り越える	仕事が長続きせず収入が不安定に／人をだましてお金を得る／貸したお金が返ってこない

ペンタクルの3

THREE of PENTACLES

志を高く持ち地道な努力を積み重ねて結果を出す

職人が赤い踏み台に乗って、仕事をしています。彼は、職人としての志を高く持ち、働いているのです。金貨の模様がついた灰色の壁は、コツコツと努力を積み上げ、結果を出すことの象徴。地道な努力なしに、成果は上げられないと伝えているのです。

地道な努力

まじめに仕事をしている職人の姿は、志の高さと努力を重ねることの尊さを象徴しています。

カードが示すキーワード

正位置

技術を学び努力を積み重ねて結果を出す

過去…高い志を抱き技術を学ぶ
現在…コツコツ地道に努力を重ねる
未来…努力の成果を上げられる

逆位置

実力と努力が不足し未完成に終わる

過去…実力不足を感じてしまう
現在…圧倒的に努力が足りない
未来…最終的に未完成に終わる

カードが示すメッセージ

	正位置	逆位置
恋愛と結婚	友達からゆっくり育む恋／少しずつ2人の距離が縮まっていく／恋の相手から学ぶことが多い	片思いで終わる関係／思うばかりで行動しない／アピール力が足りない／曖昧な関係のまま
仕事	技術を習得して結果を出す／仕事に対する意識が高い／地味な仕事の繰り返しでも腐らない	努力不足で業績が上がらない／仕事運が停滞する／計画は未完に終わる／努力が報われない
家庭	教育熱心な家庭／家族同士がまじめに向き合っている／家族全員の努力が実り願いが叶う	放任主義／家庭内に重苦しいムードが漂う／家族の夢は叶わない／理解してくれない家族
対人	相手に対してまじめに向き合う／コミュニケーションを重ねる／少しずつ親しくなっていく	打ち解けられない相手／なかなか距離が縮まらない／対人運がダウン／説明不足による誤解
お金	コツコツ貯蓄する／徐々にお金が貯まる／金運は少しずつ上昇／努力によって収入を得る	節約しないため貯金できない／努力しないで収入を得ようとする／目標金額に到達できない

ペンタクルの4

FOUR of PENTACLES

カードが示すキーワード

所有

いったん手に入れたら、その後もずっと所有していたいと願うことを示しているカードです。

正位置

欲しいものを手に入れ所有し続ける

過去…手に入れたいと願う
現在…堅実な方法で入手する
未来…絶対に手放さないようにする

逆位置

しっかり守り切れず手放すことになる

過去…あれもこれも欲しがる
現在…手に入れても維持できない
未来…結局は手放すことになる

カードが示すメッセージ

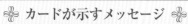

	正位置	逆位置
恋愛と結婚	恋愛状況が安定する／気持ちがしっかりと通じ合う／2人の関係がゆるぎないものになる	相手のすべてを自分のものにしたいと願う／恋を始める準備が整っていない／愛を手放す
仕事	自分の仕事を人に渡さない／自力でやり遂げる／業務が採算ベースに乗る／仕事が安定する	1人で仕事を抱え込んで失敗／他人に仕事を横取りされる／実力不足で成果が上がらない
家庭	家族のスケジュールを管理する／決まり事やルールが多い家庭／堅実で落ち着いた家庭環境	まとまりに欠けたバラバラの家族／家族間の信頼関係ができていない／家族を守る力がない
対人	実りある関係／お互いに信頼し合う／相手との間に結ばれた絆が今後も長く続いていく	十分な関係が築けていない／相手の持ち物を欲しがる／人間関係がもろくも崩れ去ってしまう
お金	自分で稼いだお金を自分だけで使う／堅実な方法でお金を増やす／築いた財産を維持できる	損失を出す／欲望のままにお金を使う／財産がみるみる減っていく／貯金がなかなか増えない

手に入れたものを維持することに情熱をかける

椅子に腰かけた1人の男が、両手両足で金貨を抱え込み、押さえつけています。金貨は頭上にもあり、彼はすべての金貨を所有しているのです。金貨は物質的な持ち物を象徴し、このカードには所有することに情熱をかけている状態が表されています。

ペンタクルの 5

FIVE of PENTACLES

あらゆる面で行きづまるもかすかな希望が

ケガをした貧しい男女が、雪の中をはだしで歩いています。彼らは金銭、仕事、健康などあらゆる面で行きづまっているのです。暗闇や吹雪からは、不安や貧しさ、病気などを連想しますが、ステンドグラスの明かりだけが、唯一、希望を表しています。

カードが示すキーワード

損害

金銭面や健康面で行きづまった絶望的な状況の中、援助を求めてさまようことを意味しています。

正位置

損害をこうむって絶望感に襲われる

過去…金銭や健康などを損なう
現在…行きづまりを感じ不安に
未来…不安が絶望感に変わる

逆位置

貧しく不健康な状況の中で助けを待つ

過去…病気や貧しさから不安に
現在…援助が必要な状態になる
未来…不安を抱える中で助けを待つ

カードが示すメッセージ

	正位置	逆位置
恋愛と結婚	失恋／恋人にふられる／絶望的な状況に陥る／結婚生活が破たんする／離婚して慰謝料を払う	不安定な関係／金銭面や健康面の不安が影を落とす／金銭トラブルによる失恋や離婚の恐れ
仕事	倒産／解雇／経営が破たんする／会社に大きな被害や損失を出す／業務上のトラブルが起きる	経営不振／左遷される／健康問題が原因で業務に支障が出る／不安定な仕事状況になっていく
家庭	収入が不安定で生活苦に陥る／家族の中に病人が出る／家族が金銭トラブルに巻き込まれる	家族の病気などで援助が必要に／家庭環境がコロコロ変わる／家族の心が不安な状態になる
対人	頼りになる相手がいなくなる／相手から甚大な損害をこうむる／他人とのつき合いに絶望する	わかり合える仲間がいない／助けてくれる人をひたすら待つ／不安定な人間関係しか築けない
お金	大金を失う／株や投資などで瞬時に損失を出す／自力では生活できなくなる／貧しさを実感	家賃や住宅ローンの不払いで家を追われる／路頭に迷う／援助してもらわないと立ち行かない

ペンタクルの6

SIX of PENTACLES

カードが示すキーワード

報われる

無償で恵みを施されるのではなく、何かの対価として報酬を得ることを表しているカードです。

正位置 **過去に払った努力が報われて対価を得る**

過去…相当な努力を重ねる
現在…努力が報われ希望が通る
未来…努力に見合った対価を得る

逆位置 **当然得られるべきものが得られない**

過去…払った努力への不当な評価
現在…当然の報酬が得られない
未来…報われないと憤りを感じる

カードが示すメッセージ

	正位置	逆位置
恋愛と結婚	愛を交わし合う2人／自分と同じくらいの愛情を注がれる／愛の契約を交わす／結婚する	一方的に尽くす愛／不公平な関係の2人／愛に計算が働く／貢ぐだけ貢いで捨てられる恐れ
仕事	真剣な取り組みが評価されて昇進／実績が認められる／努力が報われる／希望のポストに就く	サービス残業／失敗するとわかっていて新規事業に手を出す／不採算部門を切るに切れない
家庭	お互いにギブアンドテイクの家族関係／立場が対等な家族／家族への要望を聞いてもらえる	家族に向き合ってもらえない／こちらの言い分に耳を貸さない家族／すべてを家族に奪われる
対人	相手が必要とする場面で協力し合う／対等な立場でのつき合い／分け隔てのない態度を取る	こき使われるだけの関係／友達に利用される／相手の言いなりになる／親切をあだで返す
お金	相応の報酬を受け取れる／希望した通りの金額を手にすることができる／値段に見合った商品	投資に失敗／値段に見合わない買い物／収支バランスが崩れる／浪費する／無償奉仕になる

努力が報われて何らかの対価が支払われる

天秤を手にした商人らしき男が、金貨を分け与えています。天秤は公平さの象徴であり、商人が誰に対しても公平であることを表しているのです。しかし、この商人は決して無償で金貨を与えているわけではありません。ギブアンドテイクなのです。

ペンタクルの7

SEVEN of PENTACLES

現状に満足できず不満を抱いている状態

金貨を前にして、1人の男が浮かない顔で立っています。金貨は物質や金銭の象徴であり、財産を表すもの。表情が不満げなのは、彼が、「これでは足りない」と思っているからでしょう。このカードは、現状に満足していないことを意味しているのです。

現状に不満

せっかく報酬を得たのに、それが自分の想像と違い、不満を覚えることを表しているカードです。

カードが示すキーワード

正位置

パッとしない結果になって不満を抱く

過去…予想を裏切る報酬に
現在…その結果に満足できない
未来…不満を抱くが限界も感じる

逆位置

努力が実を結ばなくてもしぶしぶ諦める

過去…実力や努力不足があらわに
現在…実を結ばなくて不満を抱く
未来…結局は諦めるしかなくなる

カードが示すメッセージ

	正位置	逆位置
恋愛と結婚	デートしても楽しくない／一定以上仲良くなれない／告白後もはっきりした返事がもらえない	恋愛や結婚を諦める／アプローチして失敗／予想を裏切る恋の結末／正式な恋人になれない
仕事	いい結果は出たものの納得がいかない／大成功を収めたとは言えない／まあまあの成果	努力不足のせいで降格される／気に入らないポジションを与えられる／努力が実を結ばない
家庭	家庭に不足はないのに不満を感じる／パッとしない家庭／それほど仲がよくない家族	会話不足で家族との関係が悪化／家族との絆を深めようとしても無駄に／家族を信じられない
対人	不当な扱いを受けてしまう／適当にあしらわれる／コミュニケーション力に限界を感じる	疎遠になって信頼関係が築けない／いくら接近しても距離を感じる／追えば逃げていく相手
お金	報酬は多いが満足できない／もっともらえるはずだった物がもらえない／昇給の余地あり	節約しないため金欠状態に／貧しくても諦める／コツコツ貯めたお金が突然の出費でなくなる

ペンタクルの8

EIGHT of PENTACLES

カードが示すキーワード

時間をかけて実る

忍耐と努力を表します。一歩ずつ成功に近づいているか、楽なほうに流されているかを判断します。

正位置　**成功は地道な努力を積み上げた結果**

過去…コツコツ地道な努力を重ねる
現在…結果が出ずとも努力する
未来…やがて実りの時期を迎える

逆位置　**時間をかけても実らず努力を放棄する**

過去…成果が現れない状況に焦る
現在…ついに努力を放棄してしまう
未来…成果は実らず適当にごまかす

カードが示すメッセージ

	正位置	逆位置
恋愛と結婚	友情からゆっくり愛を育む／時間をかけて距離を縮める／愛の努力がやがて実る／両思い	長い片思いを諦める／見込みのない恋を断ち切る／復活愛を望むが無駄に終わる／投げやり
仕事	目指す仕事のために技術を習得する／成功のための修行／水面下の努力がやがて報われる	いつまで経っても目標に届かない／終わらない仕事に嫌気が差す／適当にごまかして済ませる
家庭	マイホーム取得のため節約生活／日頃から家族と信頼関係を育む／ごまかしのない真の家族愛	家族といい加減な関わり方をする／生返事をする／本当は心から理解し合っていない家族
対人	理解してもらうために時間をかけて向き合う／正直に向き合う人間関係／誠実な態度	信頼や誠意のない人間関係／時間をかけてもわかり合えない／仲のよい相手との距離が開く
お金	欲しい物を買う目的で貯金する／長期の預金が最高額になる／技術や知識でお金を得る	借金の返済が滞る／嫌気が差して貯金が挫折する／とうとう最後まで欲しい物が買えない

結果がすぐに出なくても努力を続けることの尊さ

青い服をまとい、赤い靴下と靴を履いた職人が、作業をしています。青は精神性、赤は情熱を表し、彼が高い志を胸に情熱を傾けていることを象徴。結果がすぐに出る保証はないのに、コツコツ取り組む彼の姿は、努力の尊さを物語っているでしょう。

ペンタクルの 9

NINE of PENTACLES

実力や才能を発揮するチャンスが到来

赤と黄色の服を着た1人の女性が、手に乗った鳥を愛おしそうに見ています。足元の金貨は、彼女が身につけた実力、魅力を象徴するもの。鳥は猛禽類で、権力や支配を表します。ブドウの樹は、豊かな実りの時がやってきたことを告げているのです。

カードが示すキーワード

実力発揮のチャンス

ついに、実力発揮のチャンスが到来しました。引き立てられる運もあり、思う存分活躍できます。

正位置 **努力や実力が認められて活躍できる**

過去…これまでの実績が認められる
現在…思いがけない引き立てがある
未来…活躍の場が与えられて成功

逆位置 **実力があっても活躍の場が与えられない**

過去…誰からも支援が得られない
現在…活躍の場が与えられない
未来…実力があるのに成功できない

カードが示すメッセージ

	正位置	逆位置
恋愛と結婚	好きな相手の家族に気に入られる／愛が報われる／告白やプロポーズを受ける／恋人同士に	正式な恋人や配偶者になれない／不倫／愛人／2人が接近する機会が与えられない／失恋
仕事	実力が認められてチャンスをつかむ／強力なバックアップを得る／大活躍の場が与えられる	アピール不足で評価されない／実力不足／活躍場所が見つからない／独立や転職が失敗する
家庭	家族から信頼される／家族にかわいがられる／才能あふれる家族／家族が活躍して有名に	家族と仲良くできず孤立／家族なのに遠慮する／頼れる家族がいない／孤独を感じる家庭
対人	周囲の人が認めて応援してくれる／引き立ててくれる実力者が出現／才能豊かな友達	素直な態度が取れず誤解される／自己アピールが足りず友達になれない／地味な存在となる
お金	支援者からの資金が期待できる／金欠状態はアピールによって解消する／儲けのチャンス到来	経済的な後ろ盾がない／自力でお金を稼げない／生活が困窮する／ビジネスチャンスが足りない

ペンタクルの10

TEN of PENTACLES

豊かさと繁栄

何一つ不自由のない、満たされた世界が伝えようとしているのは、家族愛と豊かさの継承です。

カードが示すキーワード

正位置 **完成された世界で豊かさを受け取る**

過去…成功を収め豊かな世界が完成
現在…物質的に恵まれた生活を送る
未来…家が繁栄を遂げ財産を譲る

逆位置 **経済的危機を迎えて不安定な生活に**

過去…失敗による損失が起きる
現在…経済的危機を迎えてしまう
未来…経済的に不安定な生活に

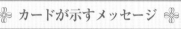

カードが示すメッセージ

	正位置	逆位置
恋愛と結婚	何不自由のない結婚生活／申し分のない条件の恋／結婚に結びつく恋愛／片思いが成就する	結婚が見えてこない恋愛／報われない愛／恋愛でお金を失う／失恋／不安定な恋愛状況になる
仕事	成功や昇進／仕事を完成させる／会社が繁栄する／上司や先輩から仕事を引き継ぐ／任務遂行	会社が経営不振に陥る／事業に失敗する／仕事環境が不安定／資金不足で計画が中断する
家庭	豊かな家庭生活／強い家族愛で結びつく／家族に関する幸運な出来事がある／うれしい知らせ	金銭トラブルが起きる／家族に関する不幸／家計がピンチに／家族に不安を抱えたまま暮らす
対人	仲間との強い結束／友達から宝物を譲り受ける／実りある人間関係／人脈を通じて金運が	仲間意識が薄い関係／友人知人から金銭的被害をこうむる／友人関係に家族が口を挟みがち
お金	株や投資の成功／遺産を受け継ぐ／資産運用がうまくいく／最強の金運／豊かな生活ができる	株や投資で失敗して大きな損失を出す／貧しい暮らし／経済的に不安定な状態／金運の下降

豊かな繁栄の時が訪れ世界が幸福で満たされる

大きな屋敷に、夫婦と子ども、その父らしき老人がいます。老人はブドウ柄の椅子に腰かけ、その前には、従順な2匹の犬が。ブドウは実りと繁栄の象徴で、犬は友人を表しています。このカードは何も不足のない、満たされた場面が描かれているのです。

ペンタクルのペイジ

PAGE of PENTACLES

PAGE of PENTACLES.

勤勉に働き努力を続ければ実りある将来が待つ

掲げた金貨を見つめている1人の若者。背後にある緑の大地と黄色い背景は、まじめで勤勉な彼の将来に大きな可能性が広がることを意味します。実りある未来を手に入れるためには、勤勉さと努力が欠かせないことも、このカードは伝えています。

勤勉さ

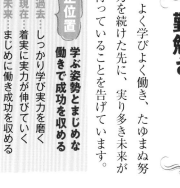

よく学びよく働き、たゆまぬ努力を続けた先に、実り多き未来が待っていることを告げています。

カードが示すキーワード

正位置

学ぶ姿勢とまじめな働きで成功を収める

過去…しっかり学び実力を磨く
現在…着実に実力が伸びていく
未来…まじめに働き成功を収める

逆位置

努力せずにぶらぶらして未来がなくなる

過去…努力しないで遊びほうける
現在…好き勝手に浪費を繰り返す
未来…可能性が潰れ未来が消える

カードが示すメッセージ

	正位置	逆位置
恋愛と結婚	誠意をもって育む恋／まじめな恋／学生結婚／お互いに学び合える恋愛／長い片思いが実る	恋愛に奥手／子どもっぽいせいで恋がうまくいかない／何もしないで恋を実らせようとする
仕事	コツコツ努力して成長する／これからの活躍を期待される／勤勉さが認められて出世する	努力できない／経験不足／実力不足／その仕事に向いていない／不まじめな態度が怒りを買う
家庭	家庭に協力的／生活に役立つメッセージを受け取る／家族が健康的で仲良し／勤勉な家族	家族の自立に時間がかかる／家庭や家族のために耐える／好き勝手な振る舞いをする家族
対人	相手と誠実に向き合う／ゆっくり信頼関係を築く／時間をかけて友情が育つ／親友ができる	要領の悪さが目立つ／頭の回転が鈍い／ノリの悪い相手／誰もアテにできない／信用ならない
お金	金銭管理がうまい／やりくりが上手／働いた分だけしっかり稼ぐ／労働に見合った報酬を得る	周囲をアテにする／後先考えないでお金を使う／浪費して後悔する／よからぬことへの出費

ペンタクルのナイト

KNIGHT of PENTACLES

カードが示すキーワード

地道に進展

たとえ時間がかかろうと、掲げた目標に向かって忍耐強く進めば、必ずや達成できるでしょう。

正位置 **地に足を着けて忍耐強く前進する**

過去…現実をよく見て状況を判断
現在…責任を持って前進を決意
未来…忍耐強く進み目標を達成する

逆位置 **惰性に流されるうちに物事が停滞**

過去…目先の状況にとらわれる
現在…惰性に流されて目標を見失う
未来…しだいに物事が停滞する

カードが示すメッセージ

	正位置	逆位置
恋愛と結婚	恋はゆっくり進展／責任を感じるからこそ関係を進められない／耐え抜いた結果、恋が実る	なかなか進展しない／同じことの繰り返し／惰性でつき合う／愛が冷めているのに別れない
仕事	計画を立てて着実に進める／長期計画の仕事に根気よく取り組む／技術や実力が身につく	安定しない／転職を繰り返す／生活力がない／定職に就かない／一人前になれない／舌先三寸
家庭	責任感と奉仕精神を持って家族に向き合う／安心感のある家庭／家族に対して責任を果たす	無責任で半人前の家族／頼りにならない家族／いい加減な家庭／異常なほどお金に執着する
対人	誠実さとまじめさで信頼関係を築く／しっかり者／頼れる相手／責任ある態度で対応する	自分本位で周りに合わせることをしない／信頼できない／出所の怪しい噂を流す／ウソが多い
お金	少額でもコツコツ貯める／お金を大切にする／がっちりと貯め込む／手堅い方法で利益を出す	細かいお金にこだわる／利益を第一に考えて行動する／拝金主義／目標額に届かないかない／ケチ

時間はかかるものの地道に物事が進展する

目標を掲げて前を見据えた騎士が、馬にまたがって進んでいます。しかし馬はまるで、止まっているかのよう。この状況は、騎士が目標を達成するのに時間がかかることを表しています。それでも彼は、目標に向かって辛抱強く進んでいくでしょう。

ペンタクルのクイーン

QUEEN of PENTACLES

堅実で現実的な方法によって豊かさを守り抜く

山羊（やぎ）の装飾が施された玉座に、女王が座っています。彼女は、金貨に強い関心を示しているようです。また、右下のウサギは多産と実りの象徴であり、花が咲き誇る大地は豊かさの表れ。女王は、これらの世界を何としても守り抜こうとしているのです。

堅実さ

守りたいものがある時、人は堅実になります。場合によっては、保守的な行動を取るでしょう。

カードが示すキーワード

正位置 **堅実な考えのもと保守的な行動を取る**

過去…守るべきものを見つける
現在…失わぬよう必死になる
未来…保守的な考え方で動く

逆位置 **少しの損失をも恐れ心の狭い行動を取る**

過去…少しの損も嫌うようになる
現在…失うことを異常に恐れる
未来…心が狭くなり排他的な考えに

カードが示すメッセージ

	正位置	逆位置
恋愛と結婚	正式なパートナーになる／勤勉でまじめな恋人／結婚を前提にした交際／結婚で得をする	恋が進展しない／正式なパートナーになれない／不倫／結婚に結びつかない恋／報われない愛
仕事	能力を発揮する／いい環境で実績を残す／経営能力あり／後輩や新人を教え育てる才能がある	スキル不足／要領が悪い／発展性がない／努力しても成果が上がらない／評価を得られない
家庭	堅実でよき親／物質的にも精神的にも安定した何一つ不自由のない家庭／まじめで働き者の親	親としての能力不足／家族を甘やかす／家族のための出費を惜しむ／物質的に貧しい家庭
対人	他人の力になり応援する／誠実につき合う／ウソや秘密のない関係／固い友情の絆が結ばれる	損をする物事には関わらない／グチが多い／発展性のない会話／何も得るものがない人間関係
お金	合理的で堅実な使い方／コツコツ貯金を増やす／手堅い方法で利益を得る／リスクを避ける	ケチ／少しの損も許せない／出費を惜しんで義理を欠く／必要経費すら惜しんで出さない

ペンタクルのキング

KING of PENTACLES

カードが示すキーワード

社会的成功

物質世界で大きな成功を収め、財産や社会的地位、権力を手に入れることを表すカードです。

正位置

適切な現実感覚と行動力を活かして成功

過去…現実に即した考え方を持つ
現在…最適な行動を取り成功する
未来…富と地位と権力を手にする

逆位置

能力がないのに欲深くなり何も得ない

過去…能力がないのに高望みをする
現在…欲深く何でも得ようとする
未来…失敗し何も入手できない

カードが示すメッセージ

	正位置	逆位置
恋愛と結婚	あらゆる条件を兼ね備えた相手／正式なパートナー／頼もしい恋人／繁栄と幸せを約束する恋	正式なパートナーになれない／頼りにならない相手／財産目当ての結婚／独占欲で支配される
仕事	成功／高い技術力を持つ／経営能力が高い／一代で名を成す／立身出世／業界の頂点に立つ	仕事の能力がない／無職／他人の手柄を自分のものにしようとする／地位や肩書きに執着する
家庭	頼りになる家族／信頼できる家族／家族が大出世する／物質的に恵まれた豊かな家庭を築く	責任を取れない家族／家族の力になれない／金銭的なことしか頭にない家庭／拝金主義
対人	皆をまとめる立場や地位に就く／パトロン的存在／頼りになる人物／社会的地位の高い友達	頼りにできない人物／堅苦しくて面白みのない相手／貸したお金を返さない相手／強欲な人物
お金	資産を得る／財産を築く／富の運用／富裕層の一員になる／地位の向上に伴って財産も増える	お金に汚い／人のお金を横取りしようとする／お金に執着する／常軌を逸するほどのケチ

社会的成功を収め地位も経済力も手にした権力者

牡牛の装飾がなされた玉座に座るのは、物質世界でもっとも成功した王。彼の地位は高く、強大な権力も持っています。牡牛はこの世を構成する四大元素の一つ、地を表し、物質世界の象徴。この王こそ、まさに物質的成功の申し子だといえるでしょう。

小アルカナと「生命の樹」の関係

ウエイト＝スミス版タロットの小アルカナには、ある思想の秘密が隠されています。

「生命の樹」は宇宙と人がつながるための設計図

「生命の樹」とは、旧約聖書に登場するエデンの園に植えられた知恵の樹のこと。この生命の樹を「人と宇宙とがつながる設計図」とみなし、人間の意識の成長の過程を表すと考える人々がいました。この思想は、現在もっとも普及しているウエイト＝スミス版タロットの誕生と密接な関わりがあります。

18世紀後半の産業革命。この時代は物質主義・合理主義が徹底して進み、宗教や霊的な思想が軽視されていきました。そんな中、台頭したのが「神秘主義思想（絶対的な存在や神と一体化する体験を重んじる思想）」。20世紀初頭になると、この神秘主義の中でも「カバラ（ユダヤ教神秘主義）」という秘伝思想が登場しました。そしてカバラを重んじる「黄金の夜明け団」という組織のメンバーがタロットに着目し、小アルカナと生命の樹を結びつけることを提案したといわれています。そのメンバーの1人がアーサー・エドワード・ウエイト。この人物が中心となり、ウエイト＝スミス版タロットは考案されました。

次の表は、各数札に対応する10個のセフィラー（生命の樹を構成する要素の一つ。容器、光などの意味を表すヘブライ語）の象意を紹介しています。セフィラーの象意と数字を照らし合わせると、小アルカナの理解に役立つかもしれません。

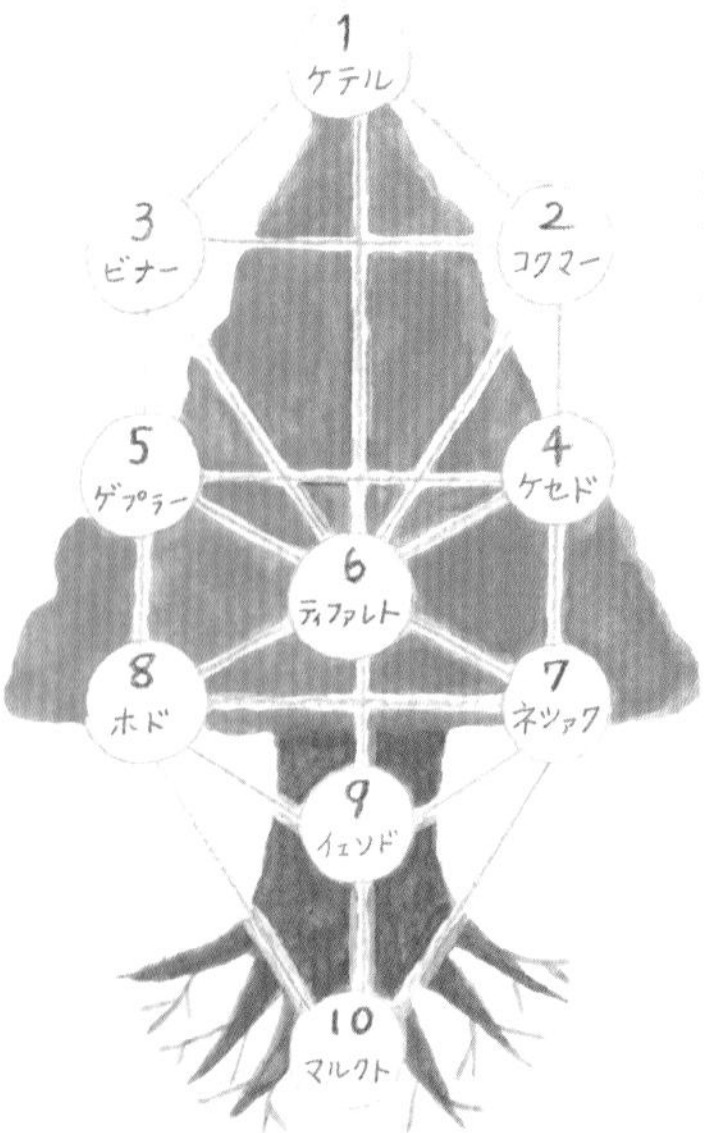

番号	セフィラー	象意
1	ケテル（王冠）	各エレメント（元素）エネルギーの純粋で根源的な無限のパワーを表します。
2	コクマー（知恵）	2は相反する2つの緊張・均衡を暗示し、各エレメントの均衡の取れた状態を表します。
3	ビナー（理解）	3は三位一体を暗示し、各エレメントのバランスの取れた状態を表します。
4	ケセド（慈愛）	4は現実世界を暗示し、各エレメントの安定した状態を表します。
5	ゲプラー（峻厳）	5は五芒星を暗示し、人間を意味します。安定が崩されて不安定な状態を表します。
6	ティファレト（美）	6はヘキサグラムを暗示し、完全なる調和の意味。調和の取れた状態を表します。
7	ネツァク（勝利）	7は宇宙の周期を暗示し、調和が崩れることや我欲が引き起こす状態を表します。
8	ホド（栄光）	8は知的な影響や変化を表しています。
9	イェソド（基盤）	9は完成まであと少しの状態で、メンタル的な影響を表しています。
10	マルクト（地球）	各エレメントの、現実社会での完成形態を表しています。

第4章

スプレッドを学ぶ

タロット占いの準備をしましょう

カードは新品を使うのがベストです

初めてタロット占いをする際は、なるべく新しいカードを使いましょう。初めて使う時や、人から古いカードを譲り受けた時、しまっていたカードを久々に使う時、占っている途中でカードの出方がおかしいなと感じた時などは、一度浄化してから使うといいでしょう。

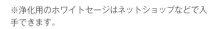

タロットカードを浄化する方法

香りや煙に邪気を払うパワーがあるホワイトセージを使うのがおすすめ。乾燥したホワイトセージを燃やして、その煙を１枚ずつカードに当てていきます。

※浄化用のホワイトセージはネットショップなどで入手できます。

タロット占いのための「場」を作りましょう

カードを展開する場所は、日常で食事をしたり仕事をしたりするテーブルとは違う場所がいいでしょう。同じテーブルの場合、拭いて清潔な状態にしてから使用すること。その際、タロット占い専用の布か、市販のタロットクロスを用意すると◎。テーブルの上で滑りにくい素材がいいでしょう。占いの「場」を作れるうえ、カードを汚れから保護できます。

占いに集中するための儀式もおすすめです

本によっていろいろな儀式が紹介されていますが、自分の好きな方法でＯＫ。例えば手を洗い、タロットクロスを敷いたテーブルの前に座り、深呼吸をして頭上天高くより真っ白な光を浴びる様子をイメージしましょう。これであなたと「場」の準備は整いました。日常を離れて「変性意識（瞑想、トランス）」状態を目指すことが儀式のポイントです。

タロット占いで守るべきルールについて

Rule 1 真夜中に占うのは避けましょう

基本的にはいつどんな場所でも行えるところがタロット占いの魅力ですが、初心者の方は、占いをする時間帯に気をつけましょう。特に、午前1時～3時の間は、古くから「魔」が入り込みやすい時刻とされ、恐れられています。霊的な影響をダイレクトに受けやすいため、おすすめできません。

Rule 2 質問は具体的に思い浮かべましょう

質問の仕方は大きなポイントです。「恋ができますか？」「幸せになれますか？」といった漠然とした内容より、具体的な質問のほうが、答えがはっきり出るでしょう。また、タロット占いは気持ちや感情を問うのに適していません。質問をアレンジして、知りたい答えを導きやすくする工夫をしましょう。

Rule 3 占えないこともあります

実はタロット占いでは、占えないものがあります。病気、生死に関わること、試験の合否、犯人探し、ギャンブルに関わること、反社会的なことについては、一般的に占いません。

また、長い先のことまで占うこともできません。タロット占いで示される未来とは、占った時点からおよそ3～4ヵ月先のこと。スプレッドによっては1年くらい先が目安となります。なぜなら、占った後に考え方や行動を変えることで未来は変わるものだからです。

そういう意味で、タロット占いの最終カードは「絶対」の未来結果ではありません。あくまで現状での結果予測なので、よくない結果が出た時は、考え方や行動を変えて、いい未来に向かっていくようにしましょう。そのために占いを利用していただけると、うれしいですね。

基本のシャッフル&カットを行いましょう

1 右回りに3回以上シャッフルをします

並べる前にカードを混ぜることを「シャッフル」といいます。占う場に、すべてのカードを裏返しにして出します。両手を使って右回りに3回以上、シャッフルしましょう。「もう十分」と思うまで続けてください。

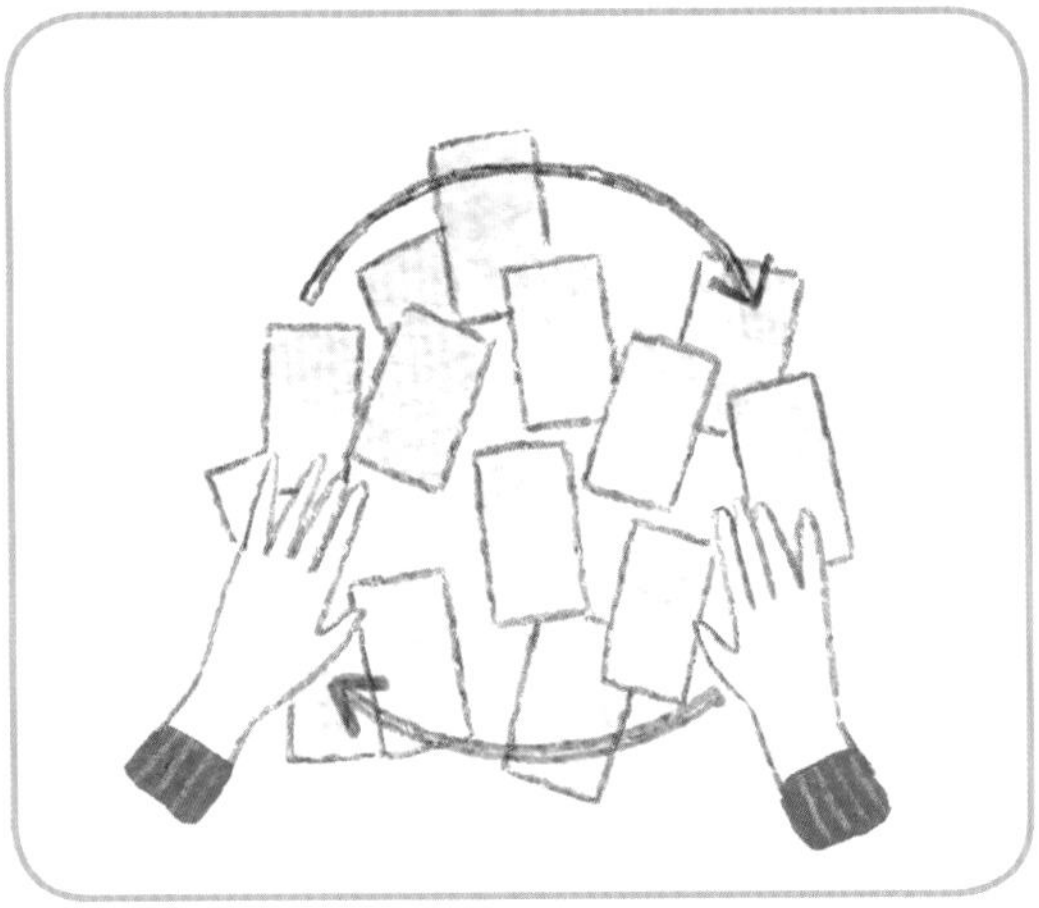

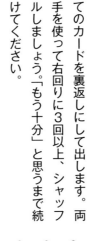

2 左手でカットして一つの山にします

十分にシャッフルしたカードをひとまとめの山にします。場に置いた一つの山を、潜在意識にアクセスしやすい左手で、3つの山にカットします。その後、好きな順番で重ねて、もう一度一つの山にまとめてください。

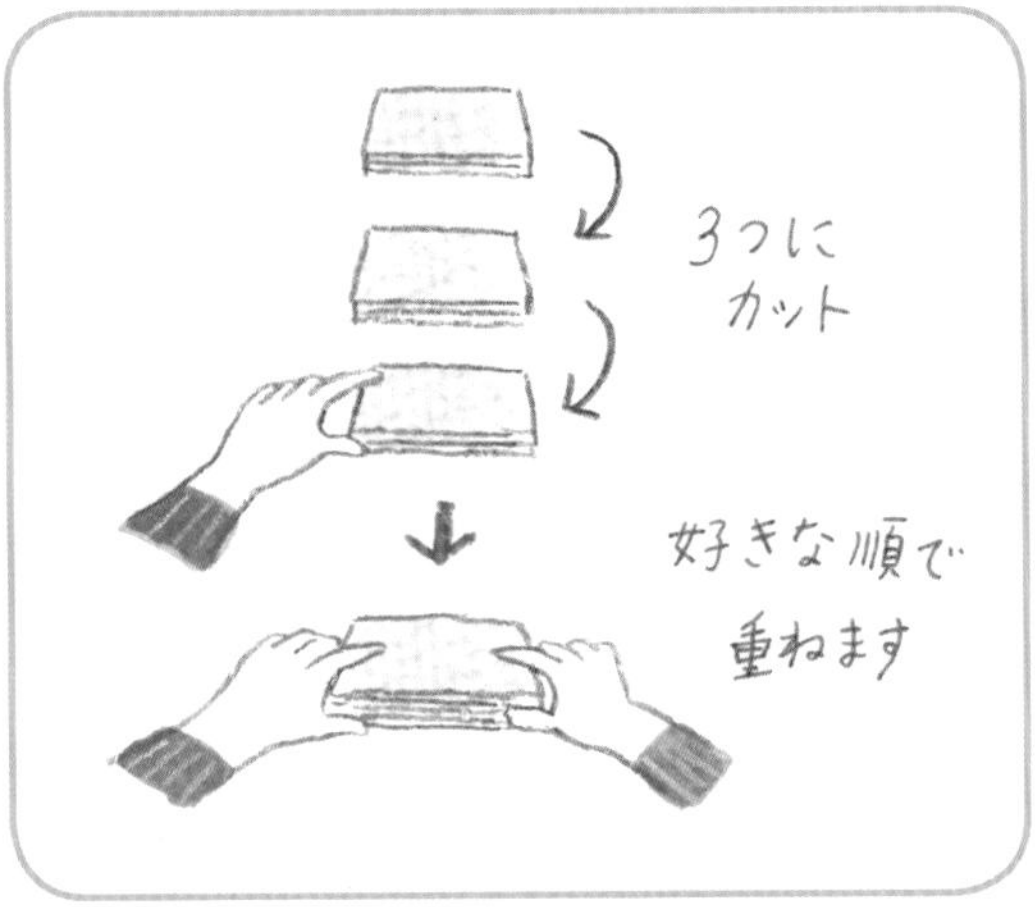

3 スプレッドを選びカードを並べます

カードの上をどちらにするかは、自分で占う時は左側を上に向けます。誰かを占う時は質問者に決めてもらいます。スプレッドを決め、山の上から順番にめくり並べます。正しい正逆の位置になるよう、左から右方向にめくってください。

あれ？ 困った…

こんな時はどうしたらいい？

シャッフル中にカードが飛び出しちゃった！

必要があるから飛び出してきたと考え、何のカードか確認しましょう。相談について何らかのメッセージやアドバイス、あるいは質問者の気持ちを表していることも。カードの意味を確認後、山に戻してシャッフルを続けてください。

順番を間違えちゃった！

戻ってやり直せる時は、間違えたところからやり直しましょう。戻れないほど先へ進んでしまったら、最初からやり直します。

汚れたカードを使い続けていい？

浄化や水拭きをしてもベタつくなら、新しいカードを購入しましょう。浄化は定期的に行うと◎。処分時は、カードに霊力があるわけではないので、そのまま捨てても構いませんが、感謝の気持ちと共に白い紙に粗塩と一緒にくるんで捨てるのもいいですね。

カードを1枚なくしちゃった！

1枚なくした状態では、代理のカードを作ったとしても正しい占いができません。新たなタロットカードを買い直しましょう。

悪い結果ばかり！もう一度占っていい？

同じ内容を短期間に何度も占うことはおすすめできません。特に、同じ日に繰り返し占うことは控えましょう。正しい答えを得られないからです。気持ちに変化が出たり、状況が変わったりしたら占うタイミングと覚えて。ただし、質問内容が違えば大丈夫です。

SPREAD 1

ツー・オラクル

単純明快に答えを知りたい時

▼▼▼使用カード▼▼▼ **大アルカナ22枚 or フルデッキ78枚**

※使用カードに「大アルカナ22枚」と「フルデッキ78枚」の両方がある場合、初心者の方はまず大アルカナで占い、慣れてきたらさらに深く占えるフルデッキを使ってみてくださいね。

あらゆる問いかけに答えてくれる、シンプルなスプレッドです。未来を予測したり、幸運のヒントを教えてくれたりと、様々なシーンで端的に答えを知りたい時におすすめです。

枚数が少ない分、2枚のカードとじっくり向き合いましょう。カードの組み合わせ、絵のイメージから、想像の羽を広げてみてください。

占い方

1 シャッフル&カット後、カードの上下を決めて山を作ります。

2 カードの山の上から6枚を捨て、7枚目を❶に置きます。

3 再度カードの山の上から6枚を捨て、7枚目を❷に置きます。

❶ 結果　❷ アドバイス／対策

各カードの意味

❶ 結果

占った事柄がこの先どうなるかという結果と、どうしてそうなるのか理由を表しています。

❷ アドバイス／対策

❶で出た結果を受け、では「どうすればいいか?」というアドバイスや対策法を教えてくれます。

質問例

◇新しい仕事のオファーを引き受けたほうがいいでしょうか?

◇元カレが忘れられません。連絡を取ってみてもいいですか?

◇何事もやる気が起きません。モチベーションを上げる方法を知りたいです。

SPREAD 2

スリー・カード

過去・現在・未来の運の流れを知りたい時

使用カード 大アルカナ22枚 or フルデッキ78枚

自分や誰かの気持ちを占うよりも、時間の流れと共にその悩みや問題が、どのように変化していくかを占うのに適しています。

3枚の流れで運気を見るため、開いたカードが同じスート（棒（ワンド）・金貨（ペンタクル）・剣（ソード）・聖杯（カップ））やモチーフ、数の場合は、その共通点に注目してみると、さらなるヒントを得られるでしょう。

各カードの意味

❶過去
今の状況を作り出した原因や、過去の様子、その時に感じた質問者の気持ちなどを表します。

❷現在
現在の状況、質問者の気持ちや運気などを表します。質問者自身が気づいていない問題点を示していることもあります。

❸未来
過去と現在の状況を受けて、近い未来に起こり得る可能性を表します。現在から見て、だいたい3ヵ月後くらいの未来を示しています。

占い方

1. シャッフル&カット後、カードの上下を決めて山を作ります。
2. カードの山の上から6枚を捨て、7枚目を❶に置きます。
3. 再度カードの山の上から6枚を捨て、7枚目を❷に置きます。
4. 再度カードの山の上から6枚を捨て、7枚目を❸に置きます。

質問例

◇職場の人間関係で悩んでいますが、この先改善するのでしょうか？

◇恋人と大ゲンカしてしまいました。きちんと仲直りできるでしょうか？

◇貯金が苦手です。この先、どうすればお金に困らない生活を送れるでしょうか？

SPREAD 3

ファイブ・カード

未来への成り行きとアドバイスを知りたい

使用カード　**大アルカナ22枚 or フルデッキ78枚**

スプレッド２『スリー・カード』に、結果とアドバイス・対策のカードが加わったスプレッドです。仕事や恋愛関係など、どんなテーマでも答えてくれます。過去・現在・未来の運の流れを受けて、質問に対する具体的な結果と、アドバイスを得たい時におすすめです。

占い方

1 シャッフル&カット後、カードの上下を決めて山を作ります。

2 カードの山の上から６枚を捨て、７枚目（大アルカナのみ使う場合、３枚を捨て、４枚目）から図の順番通りに５枚並べます。

各カードの意味

❶ 過去

今の状況を作り出した原因や、過去の様子、その時に感じた質問者の気持ちなどを表します。

❷ 現在

今、現在の状況を表します。質問者の気持ちや運気なども表します。質問者自身が気づいていない問題点を示していることもあります。

❸ 未来

過去と現在の状況を受けて、近い未来に起こり得る可能性を表します。現在から見て、だいたい３ヵ月後くらいの未来を示しています。

❹ 結果

占った事柄がこの先どうなるかという結果と、どうしてそうなるのか理由を表しています。

❺ アドバイス／対策

❹で出た結果を受け、では「どうすればいいか？」というアドバイスや対策法を教えてくれます。

質問例

◎同僚に片思いをしていますが、思い切って気持ちを伝えるべきでしょうか？

◎新社会人として、職場の人間関係が不安です。仲良くやっていけるでしょうか？

SPREAD 4

ヘキサグラム

2人の関係性を深く占いたい時

使用カード　大アルカナ22枚 or フルデッキ78枚

上向きの三角形と下向きの三角形を合わせた「六芒星（ろくぼうせい）」の形をしたスプレッドです。人間関係や恋愛の行方など、特定の相手との関係性や気持ち、成り行き、トラブルの解決策を知りたい時におすすめです。

占い方

1 シャッフル&カット後、カードの上下を決めて山を作ります。

2 ❶・❹に並べる時のみ、カードの山の上から6枚を捨て、7枚目（大アルカナのみ使う場合、3枚を捨て、4枚目）から取って並べます。

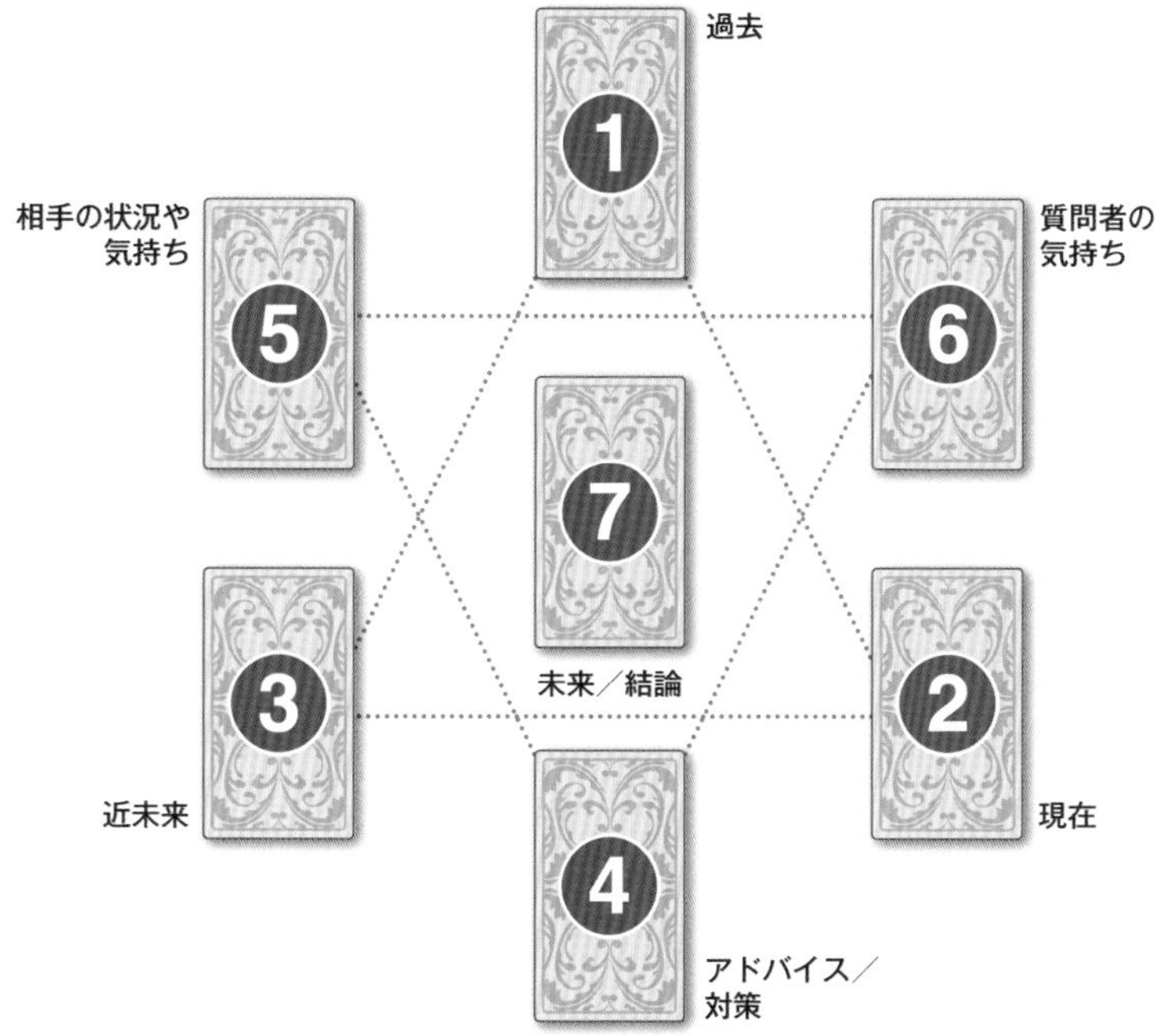

各カードの意味

❶ 過去

2人が過去にどういった状況や関係性だったかを表します。現状の問題点が潜んでいる可能性が高いでしょう。

❷ 現在

2人の現在の状況や関係性を表します。2人を取り巻く環境や、お互いにどんな思惑を抱いているのかを示します。

❸ 近未来

2人が近い将来、どんな状況になるのかを表します。発展的なカードが出れば、いい形で進むことを暗示します。

❹ アドバイス／対策

2人の関係がいい方向へ進むための心構えです。❺・❻をふまえて読み解くと、具体的な策が見えてくるでしょう。

❺ 相手の状況や気持ち

❻とセットで読み解きます。カードの強弱が、2人の力関係を表すことも。

❻ 質問者の気持ち

❺とセットで読み解きます。2枚のバランスで、問題の根幹が浮き彫りに。

❼ 未来／結論

❸が近々起こることを表すのに対し、❼はその後の結末を表します。

質問例

◇片思い中のあの人は、私のことをどう思っているのでしょうか？

◇最近すれ違ってばかりのパートナーとの関係を改善する方法を教えて！

SPREAD 5

ラブ・クロス

使用カード　**大アルカナ22枚orフルデッキ78枚**

2人の恋愛や友情などの行方を知りたい時

恋愛模様を始め、人間関係に特化したスプレッドです。5枚のカードで2人の気持ちをじっくりと読み解き、現状から未来へと、恋愛の成り行きを見ていきます。最後に1枚の対策カードで、方針を探っていきます。

占い方

1 シャッフル&カット後、カードの上下を決めて山を作ります。

2 ❶・❹に並べる時のみ、カードの山の上から6枚を捨て、7枚目（大アルカナのみ使う場合、3枚を捨て、4枚目）から取って並べます。

各カードの意味

❶ 過去

2人が過去にどういった状況や関係性だったかを表します。現状の問題点が潜んでいる可能性が高いでしょう。

❷ 現在

2人の現在の状況や関係性を表します。2人を取り巻く環境や、お互いにどんな思惑を抱いているのかを示します。

❸ 未来

2人が近い将来、どんな状況になるのかを表します。発展的なカードが出れば、いい形で進むことを暗示します。

❹ 相手の気持ち

問題に対して相手が抱えている気持ちを表します。行動や言葉の裏に隠された本音を知るヒントとなります。

❺ 質問者の気持ち

問題に対して質問者自身が抱えている気持ちを表します。❹と対になるカードなのでセットで読むといいでしょう。

❻ アドバイス／対策

2人の関係がいい方向へ進むための心構えです。❹・❺をふまえて読み解くと具体的な策が見えてくるでしょう。

質問例

◇彼に結婚の話が切り出せずにいます。この先彼と結婚できるでしょうか？

◇親友から絶交を言い渡されて戸惑っています。元通り仲良くなれますか？

SPREAD 6

二者択一
どちらを選ぶべきか悩んだ時

使用カード 大アルカナ22枚 or フルデッキ78枚

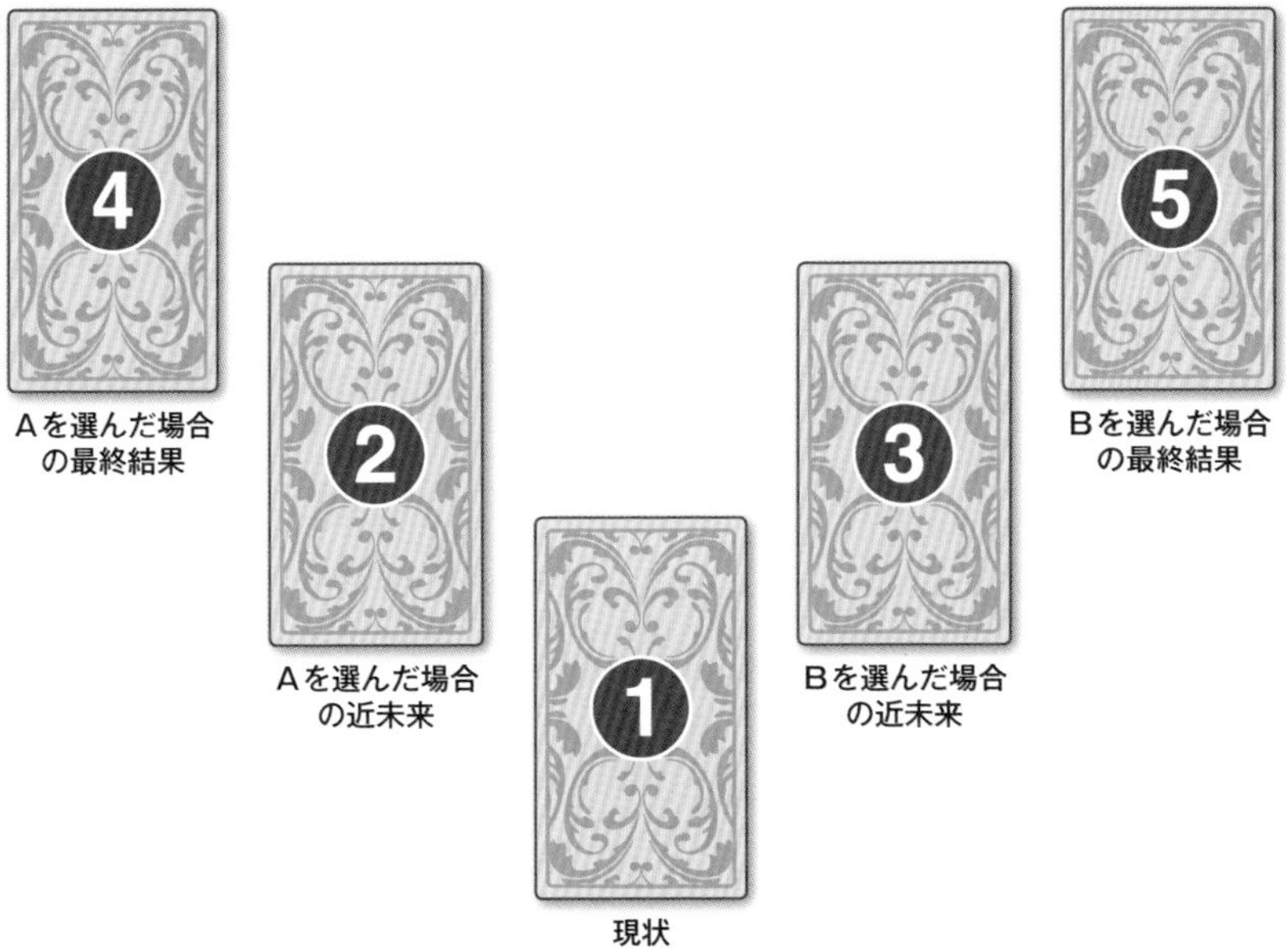

2つの選択肢AとBがある時、それぞれどのような未来が待っているかを教えてくれるスプレッドです。選択した結果をはっきり知りたい時におすすめです。

もし両方とも好ましい結果でなければ、予想外の変化や現時点ではわからない問題点が潜んでいる可能性があります。選択肢そのものを見直す必要もあるかもしれません。

占い方

1 カードをシャッフル&カット後、カードの上下を決めて山を作ります。

2 ❶・❷・❹に並べる時のみ、カードの山の上から6枚を捨て、7枚目（大アルカナのみ使う場合、4枚目）から取って並べます。❸・❺は、それぞれ❷・❹のカードに続けて並べます。

各カードの意味

❶ 現状
今、現在の状況を表します。選択肢の状態や、選択肢に対する質問者の気持ちや、問題に対する姿勢もわかります。

❷ Aを選んだ場合の近未来
選択肢Aを選ぶことで、近々起こり得る未来を表します。

❸ Bを選んだ場合の近未来
選択肢Bを選ぶことで、近々起こり得る未来を表します。

❹ Aを選んだ場合の最終結果
選択肢Aを選ぶとどうなるか、その後の結末を占います。

❺ Bを選んだ場合の最終結果
選択肢Bを選ぶとどうなるか、その後の結末を占います。

質問例

◇AとB、どちらのプランも魅力的ですが、仕事で採用するならどちらにするべきか悩んでいます。

◇AさんとBさん、どちらも大好きなのですが、どちらとつき合ったらいいでしょうか？

SPREAD 7

チョイス・スプレッド

3つ以上の選択肢で悩んでいる時

使用カード　**大アルカナ22枚 or フルデッキ78枚**

スプレッド6『二者択一』は2つの中から選ぶのに対して、A・B・Cの3つの選択肢から選ぶ場合におすすめです。それぞれの選択肢がどんな状態であるかを、並べて見比べることができます。

占う前に選択肢をA～Cの3つに絞り、必ず当てはめてからカードを開きましょう。

また、見比べたい選択肢が3つ以上ある場合、D・Eと選択肢のカードを増やしても構いませんが、増えすぎると混乱する場合も。選択肢は5つくらいまでにしましょう。

占い方

1 シャッフル&カット後、カードの上下を決めて山を作ります。

2 ❶・❹・❼に並べる時のみ、カードの山の上から6枚を捨て、7枚目（大アルカナのみ使う場合、3枚を捨て、4枚目）から取って並べます。

質問例

◇AとBとCのうち、今後に役立つ買い物はどれでしょうか？

◇AさんとBさんとCさんの中で1人だけ旅に誘うなら誰がおすすめですか？

◇多くなりすぎたコレクションアイテムを捨てたいのですが、AとBのCのうち、どれを捨てるべきでしょうか？

各カードの意味

❶ 現状（Aについてどう考えているか）

Aの選択肢の状態や、選択肢の相手の気持ちを表します。質問者がAについてどう思っているかもわかります。

❷ 近未来（Aを選んだ場合にどうなるか）

選択肢Aを選ぶことで、近々起こり得る未来を表します。

❸ Aを選んだ最終結果

選択肢Aを選ぶとどうなるか、その後の結末を占います。

❹ 現状（Bについてどう考えているか）

Bの選択肢の状態や、選択肢の相手の気持ちを表します。質問者がBについてどう思っているかもわかります。

❺ 近未来（Bを選んだ場合にどうなるか）

選択肢Bを選ぶことで、近々起こり得る未来を表します。

❻ Bを選んだ最終結果

選択肢Bを選ぶとどうなるか、その後の結末を占います。

❼ 現状（Cについてどう考えているか）

Cの選択肢の状態や、選択肢の相手の気持ちを表します。質問者がCについてどう思っているかもわかります。

❽ 近未来（Cを選んだ場合にどうなるか）

選択肢Cを選ぶことで、近々起こり得る未来を表します。

❾ Cを選んだ最終結果

選択肢Cを選ぶとどうなるか、その後の結末を占います。

SPREAD 8

ケルト十字スプレッド

質問者の現状や未来を占いたい時

使用カード 大アルカナ22枚 or フルデッキ78枚

現状から今後の展開まで詳しく占えるスプレッドです。質問者にどのような可能性が秘められているか、また、抱えている問題や現状についての隠された要素や、潜在的な能力を読み取っていきます。

周囲の気持ちや相手の感情よりも、質問者自身の状況について焦点を当てた占いです。質問者がまだ気づいていないこと、よく把握できていない状況、あるいは表に現れていない隠された問題点や障害などを、カードによって明らかにしていけるでしょう。

占い方

1 シャッフル&カット後、カードの上下を決めて山を作ります。

2 ❶・❼に並べる時のみ、カードの山の上から6枚を捨て、7枚目（大アルカナのみ使う場合、3枚を捨て、4枚目）から取って並べます。

質問例

◇自分の可能性をもっと広げるには、どうしたらいいでしょうか?

◇トラブルやプチ不運が続いています。現状を変える方法を教えてください。

◇結婚する相手の家族と思うようになじめません。うまくつき合っていくにはどうしたらいいですか?

各カードの意味

❶ 現在の状況

質問者の状況や具体的に悩んでいることなどを表します。意外な一面や、質問者自身が気づいていないことを暗示する場合も。

❷ 障害／対策

質問者に降りかかる試練や障害を表します。克服しなければならない問題についても見えてくるでしょう。

❸ 顕現／質問内容がどうなる可能性があるか

このまま進むと、どうなっていくかを表します。質問者自身の目標や進むべき方向性を、改めて考える糸口を示すカードでしょう。

❹ 潜在的事柄／この問題について表に出ていない過去の要因や根拠

直面している問題の真の原因を表します。見えていない問題点や、質問者が無意識のうちに陥りがちな考え方や、凝り固まった価値観などを表すこともあります。

❺ 過去

少し前に起きた出来事を表します。質問者の身に何が起きていたのか、客観的に知ることができます。

❻ 近い未来

少し先の未来に起きるであろうことを表します。現状を変えないままでいると起こり得る、さらなる問題点が見えてきます。

❼ 質問者

質問者の本心を表します。問題とは関係がなさそうなカードが出ても、念頭に置いておくべきポイントが見えてきます。

❽ 周囲や相手の状況

質問者を取り巻く周囲の人々が、どう思っているのかを表します。協力者が現れるかどうかも見えてくるでしょう。

❾ 質問者の能力／可能性や恐れ

質問者に隠された能力や、将来に対する漠然とした望みや不安を表します。今後変化していく気持ちも暗示しています。

❿ 最終カード

質問への最終結果を表します。このカードにとらわれず、❶～❾で紡いできたカードのストーリーを大切に、読み解いてください。

column

質問者の気持ちを深く読みたい時におすすめ

『ケルト十字スプレッド』には、別バージョンとして「質問者の気持ちに特化した」占い方もあります。その場合、次のように❸・❹・❾に来るカードの意味が異なります。質問者の気持ちをより深く読みたい場合には、こちらを選択したほうがいいでしょう。

なお、どちらのバージョンを採用するかは、「どちらで占うか？」を強く意識しながらカードを並べていけばOKです。

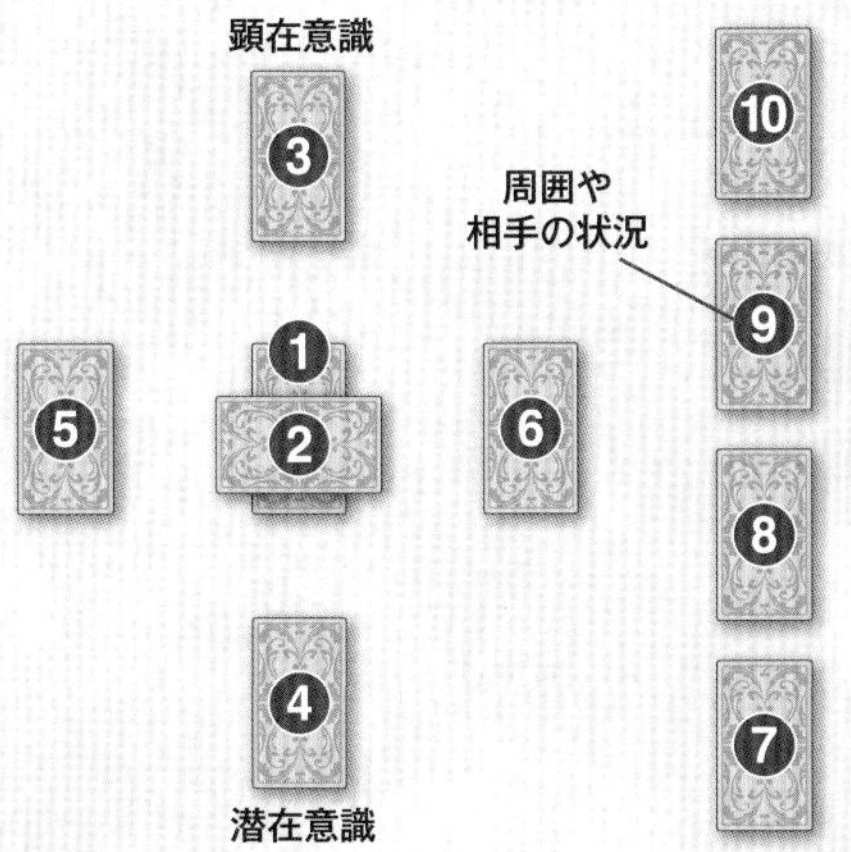

SPREAD 9

ホロスコープ・スプレッド

さまざまな運勢を占いたい時

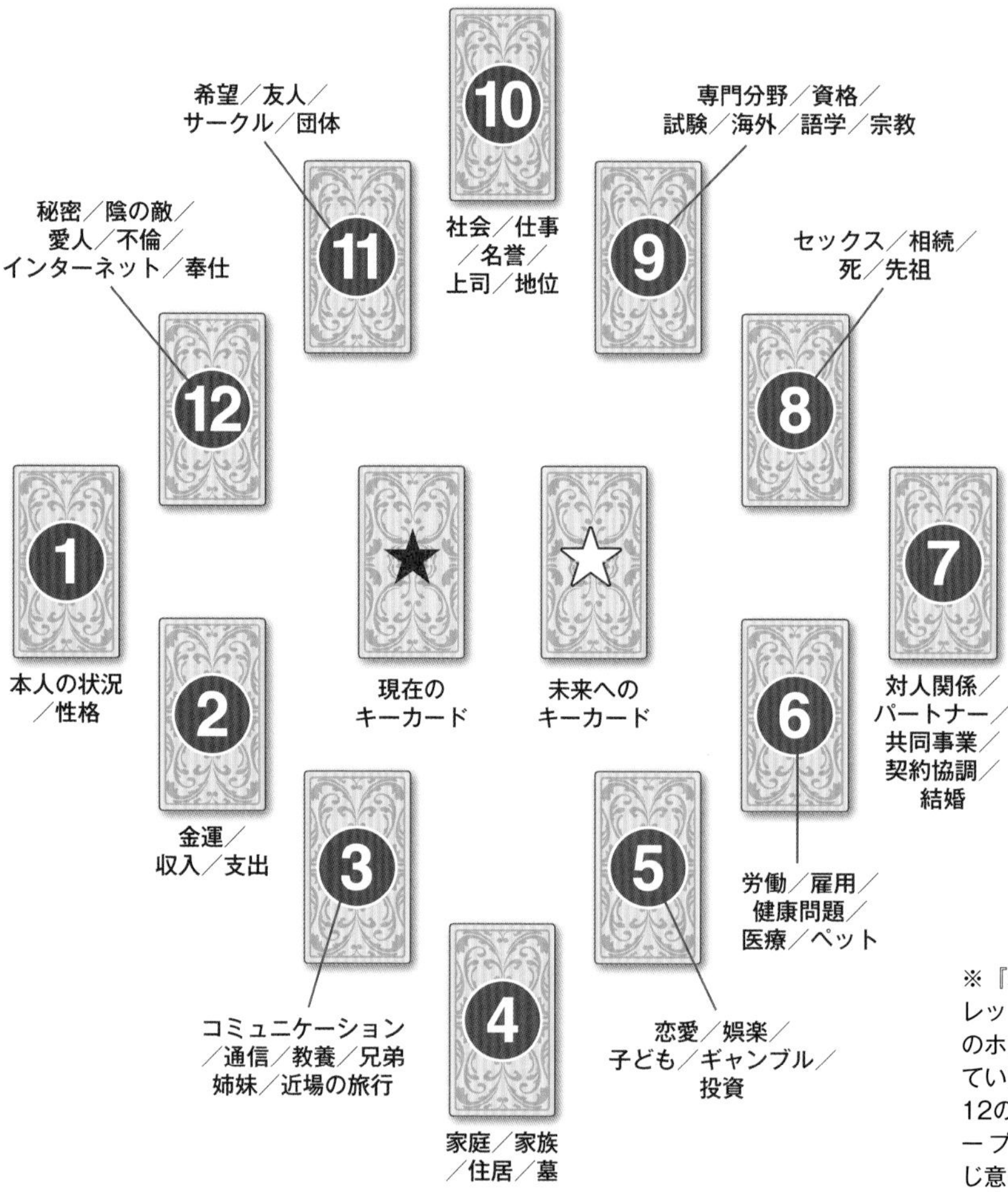

※『ホロスコープ・スプレッド』は、西洋占星術のホロスコープを元にしています。カードの1～12の数字は、ホロスコープの1室～12室と同じ意味合いになります。

使用カード **大アルカナ22枚 or フルデッキ78枚**

恋愛、仕事、勉強、人間関係、金運など、どんなことでも占える万能スプレッドです。特に運勢については「来月の運勢」「来年の運勢」「この仕事を続けていてどうなるか？」など、様々な角度から答えを探ることができます。

★・☆に出たカードは、全体に影響を与えるキーカードとなります。なお、並べた順に読んでいくのではなく、質問者がもっとも知りたいポジションのカードから読み解きましょう。

まず全体のカードや流れをチェックして特徴をつかみます。大アルカナが出ている場合、小アルカナのスートや数字に偏りがある時は、強い意味を持ちます。もし全部のカードが逆位置であれば、質問自体が適切ではないという暗示ですから、質問内容を絞ってやり直してください。

占い方

1 シャッフル&カット後、カードの上下を決めて山を作ります。

2 カードの山の上から6枚を捨て、7枚目（大アルカナのみ使う場合、3枚を捨て、4枚目）から★→❶～⓬→☆の順に14枚を並べましょう。

質問例

◇これから1年の運勢を知りたいです！

◇20歳になりました。今年1年何をすればいいかを教えてください。

各カードの意味

★現在のキーカード
質問者の現状を表します。質問者が気づいていない問題の本質、意外な現実も暗示します。

❶本人の状況／性格
質問者のパーソナリティーを表します。現状や性格、心理状態や健康状態のヒントなど。

❷金運／収入／支出
質問者に関わるお金の動きを表します。収入や支出、貯金、財産など総合的な金運について。

❸コミュニケーション／通信／教養／兄弟姉妹／近場の旅行
コミュニケーション力を表します。小旅行の運勢や、質問者の勉強運、教養、興味のあるテーマ、兄弟姉妹との関係性なども暗示します。

❹家庭／家族／住居／墓
家庭運を表しています。質問者の居場所、家族や近所との関係性も暗示しています。お墓や住まいの環境を表すことも。

❺恋愛／娯楽／子ども／ギャンブル／投資
恋愛運を表しています。レジャーなどの娯楽や、ギャンブルや投資に関することも暗示しています。また、子どもとの縁も示しています。

❻労働／雇用／健康問題／医療／ペット
質問者の労働や雇用に関すること、生活のための仕事などを表します。質問者の健康状態や医療との関わり、ペットに関することも。

❼対人関係／パートナー／共同事業／契約協調／結婚
対人関係運を表します。友人や恋人、人生のパートナー、仕事上のライバルや同僚、共同経営者といった人間関係が見えてきます。

❽セックス／相続／死／先祖
セックスや、質問者と心の深い部分でつながる相手との関係を表します。先祖の遺産や相続問題といった金銭問題が浮上する暗示も。

❾専門分野／資格／試験／海外／語学／宗教
質問者の教育レベルや学習したこと、資格や試験などを表します。語学、宗教、海外にまつわることを示すこともあります。

❿社会／仕事／名誉／上司／地位
質問者が本来やりたい仕事や天職、社会とのつながりを表します。上司との関係性、地位や名誉を暗示することもあります。

⓫希望／友人／サークル／団体
将来の希望を表します。趣味のサークルや所属している団体などの人間関係や、そこで知り合った友人も暗示しています。

⓬秘密／陰の敵／愛人／不倫／インターネット／奉仕
質問者の内に眠るコンプレックスやライバルを表します。不倫や愛人といった秘密、インターネットに関することも暗示しています。

☆未来へのキーカード
質問に対する最終的な結論や、取るべき行動のアドバイスなどを表します。

column 『ホロスコープ・スプレッド』の読み解き方の例

❷金運は仕事での収入に関わりますので、❻、❿と関連づけて考えます。

❸恋愛のコミュニケーションは相手に愛情表現が通じているかも大切。❺も見ます。

❺恋愛は特に、他のカードと関連づけて深く読み解く必要があります。❶と共に精神的な問題、❽と共に肉体的な問題、⓬と共に不倫関係を読むことができます。また、❺の位置に『月』『悪魔』のカードが出た場合、夜遊びなどの危険性を表します。

❻仕事で収入が増えるかに関わるため、❷も考慮しましょう。また、職場の人間関係も仕事運に関わるので❿も見ます。

❽結婚後の夫婦関係も関わるので、❹のカードも見ます。

❾大学進学については、❸と共に見ます。

❿仕事は❷、❻とも関連づけて読み解きましょう。❿の位置にいい意味のカードが出たら、目上からの評価を得たり、今の職業に満足できたりすることを表します。

⓫占うテーマが恋愛問題だった場合、❺も共に見て判断しましょう。またこの位置に『星』のカードが出たら願いが叶う暗示です。

⓬質問者が男性で、この位置に『女帝』『月』のカードが出たら、妻以外の女性関係が、質問者が女性で、この位置に『皇帝』『太陽』のカードが出たら、夫以外の男性関係が隠されている暗示です。

SPREAD 10

ラブ・ホロスコープ

運命の人と出会える場を知りたい時

使用カード　**大アルカナ22枚 or フルデッキ78枚**

※『ラブ・ホロスコープ』は、西洋占星術のホロスコープを元にしています。カードの1～12の数字は、ホロスコープの1室～12室と同じ意味合いになります。

恋愛、とりわけ出会い運に特化したスプレッドです。運命の相手との出会いの場やヒントを探ることができます。ただ漠然と出会いを求めるのではなく、「3ヵ月以内に」「半年以内に」「来年までに」というように、時期を設定して占ったほうが明確な答えを得られるでしょう。

『ラブ・ホロスコープ』の場合は、すべてのカードを読む必要はなく、必要のある箇所や、明らかにいい結果を暗示している箇所だけ読み解けばOKです。なお、『ホロスコープ・スプレッド』と同じ並び方、並び順になります。

占い方

1 シャッフル&カット後、カードの上下を決めて山を作ります。

2 カードの山の上から6枚を捨て、7枚目（大アルカナのみ使う場合、3枚を捨て、4枚目）から★→❶～⓬→☆の順に14枚を並べましょう。

質問例

◇素敵な恋がしたいです。どうしたら運命の相手と出会えるでしょうか?

◇出会いの場がまったくありません。どこへ行けば運命の人と出会えるのか、教えてください!

◇恋人ができてもいつも2～3ヵ月で別れてしまいます。長続きするための恋愛のヒントを知りたいです。

各カードの意味

★現在のキーカード

質問者の現状を表します。質問者が気づいていない問題の本質、意外な現実を暗示することもあります。

❶本人の状況／性格／動因となる問題

質問者の性格、パーソナリティーを表します。質問者を取り巻く状況や環境、現状を作り出している問題点や心理状態などに迫ります。

❷お金の出入りする場所

お金が出入りする場所を表します。職場での取り引き相手や営業関係、納入業者なども暗示しています。質問者が理想とする相手の経済力を表すこともあります。

❸友人関係／兄弟姉妹の関係者／近場の旅行

友人関係を表します。古い友達や兄弟姉妹の関係者が、恋愛成就のカギとなるかもしれません。また近場の旅行で出会いが期待できる可能性も暗示しています。

❹家族／住居／ホームパーティ

家族や家庭生活、住居を表します。親しい人を自宅に呼んだり、ホームパーティーを開いたりするときっかけをつかめるかもしれません。

❺趣味／娯楽／合コン

趣味や娯楽を表します。出会いの場のヒントは、趣味の集まりにあるかもしれません。またレジャーや合コンなどの集まりにも縁がありそうです。

❻仕事関係／スポーツ関係／医療関係／ペット関連

仕事関係を表します。スポーツ関係者、医療関係者、ペットと縁がある人との関係も暗示されています。また、そういう場にヒントが隠されている場合もあります。

❼対人関係一般／紹介

対人関係やコミュニケーションを表します。職場やサークルなどで関わりのある人からの紹介に、縁があるかもしれません。

❽見合い／結婚相談所／お酒の席

見合いや結婚相談所、フォーマルなお酒の席での出会いなどを表します。いいカードが出れば、それらの場には縁があるということになります。

❾学校／セミナー／カルチャー／海外

学校やカルチャースクール、社会人セミナーといった「学びの場」にヒントが隠されています。海外に縁がある可能性も示されています。

❿上司／先輩

上司や先輩との関係を表します。目上の人からの紹介があったり、年上の人から恋愛に関するいいアドバイスをもらえる可能性もあります。

⓫同好会的人脈／サークル／友人

趣味のサークル活動や同好会など、親しい友人関係を表します。出会いの場が用意されているかもしれませんし、すでに運命の人に出会っている可能性もあります。

⓬ネット関係／ボランティア／不倫／愛人／秘密

インターネットやボランティアを通じて知り合う人との縁を表します。一方で、不倫や愛人、秘密の情事といったことの可能性も暗示しています。

☆未来へのキーカード

質問に対する最終的な結論や、取るべき行動のアドバイスなどを表します。❶の現在を示すカードから未来という変化に注目し、問題の核心を読み解きましょう。

SPREAD 11

トゥエルブ・メッセージ

1年以内に訪れるチャンスの時期を知りたい時

使用カード　大アルカナ22枚 or フルデッキ78枚

これから12ヵ月以内に訪れる「チャンスの時期」を占うスプレッドです。恋愛、仕事、人間関係など占うテーマは何でもOKです。例えば「恋の出会いがありそうな月」「好きな人との距離が急接近する月」「仕事で大躍進できる月」などのように、チャンスのタイミングを知ることができます。物事の始まりのタイミング、元日や立春、入社や引っ越しなどで心機一転する時、誕生日や記念日など、特別な節目の日に占うのがおすすめです。出た結果は、手帳やカレンダーに記入しておくといいでしょう。

『トゥエルブ・メッセージ』の場合は、すべてのカードを読む必要はなく、必要のある箇所や、明らかにいい結果を暗示している箇所だけ読み解けばOKです。なお、『ホロスコープ・スプレッド』と同じ並び方、並び順になります。

占い方

1 シャッフル&カット後、カードの上下を決めて山を作ります。

2 カードの山の上から6枚を捨て、7枚目（大アルカナのみ使う場合、3枚を捨て、4枚目）から★→❶〜⓬→☆の順に14枚を並べましょう。

質問例

◎この先、素敵な相手と出会える月を具体的に知りたいです！
◎この先、仕事の成績がアップする月を教えてほしいです！
◎今日は誕生日なので、これから1年のラッキーチャンスを教えてください。

各カードの意味

仮に占い始めの月が4月だとすると、❶4月❷5月❸6月❹7月…のように当てはめて、数えていきます。

★現在のキーカード

質問者の現状を表します。質問者が気づいていない問題の本質、意外な現実も暗示します。
❶ 1カ月目（占い始めの月）
❷ 2カ月目
❸ 3カ月目
❹ 4カ月目
❺ 5カ月目
❻ 6カ月目
❼ 7カ月目
❽ 8カ月目
❾ 9カ月目
❿ 10カ月目
⓫ 11カ月目
⓬ 12カ月目

☆未来へのキーカード

質問に対する最終的な結論や、取るべき行動のアドバイスなどを表します。

SPREAD 12

ナイン・カード

今後の運気を総合的に占いたい時

使用カード　**大アルカナ22枚 or フルデッキ78枚**

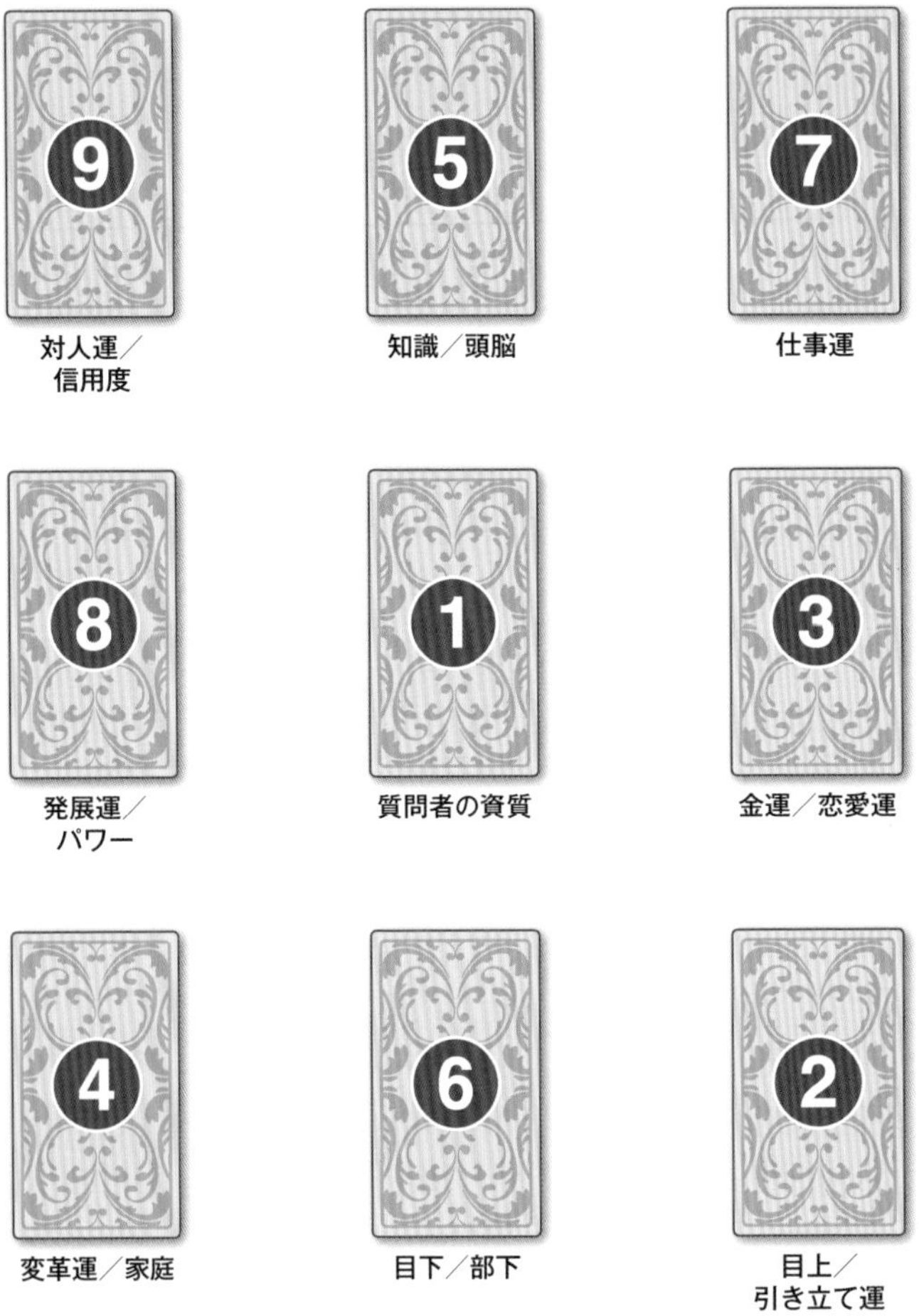

仕事運や家庭運、金運、対人運など、今後の運気を幅広く読み解くスプレッドです。現在、来月、あるいは転職などで状況が劇的に変わった時など、様々な時期の運気を占うことができます。だいたい3ヵ月くらい先の未来が占えると考えてください。

なお、スプレッド7『チョイス・スプレッド』と並び方や枚数は同じですが、カードを並べる順番が異なりますので注意しましょう。

占い方

1 シャッフル&カット後、カードの上下を決めて山を作ります。

2 カードの山の上から6枚を捨て、7枚目（大アルカナのみ使う場合、3枚を捨て、4枚目）から図の順番通りに9枚を並べます。

質問例

◇これから1ヵ月の総合的な運勢を知りたいです！

◇転職することになりました。新しい職場でうまくやっていくためのアドバイスをください。

◇どことなく不安を抱えたまま日々を過ごしています。これからどのように生きていけばいいでしょうか？

各カードの意味

❶ 質問者の資質
質問者のパーソナリティーを表すカードです。今のあなたの状況や心理状態、あるいは抱えている問題を浮き彫りにしてくれます。

❷ 目上／引き立て運
目上の人との人間関係を表します。質問者よりも立場が上の人や、社会的地位の高い人から目をかけられて、引き立てられる可能性も暗示します。

❸ 金運／恋愛運
お金の出入りや経済活動などを表します。また、新たな恋の可能性やレジャーなど楽しいこと全般を表します。経済的な価値観を暗示することも。

❹ 変革運／家庭
質問者の住まいや家族、親しい人との関係性を表します。質問者が気づいていない、現状を変えて変革を望む気持ちを暗示することもあります。

❺ 知識／頭脳
質問者の勉強運や、学習能力などを表します。今後、知識を得るといいテーマや、質問者が本来興味を持っているジャンルなども暗示しています。

❻ 目下／部下
質問者の部下、目下の人との関わりを表します。質問者の身辺で、身内のように大切に思っている人との関わりや、プライベートを暗示することも。

❼ 仕事運
仕事全般の運気を表します。昇進や昇格、ビジネスでの立ち位置、あるいは何かを受賞するなど、社会的な名誉を暗示することもあります。

❽ 発展運／パワー
質問者の心の奥底に眠る、様々な思いを表します。「こうしたい」といった理想に向けて行動を起こすことや、精神的な成長も暗示しています。

❾ 対人運／信用度
質問者の対人関係を表します。同じ夢や志を持つ仲間との出会いや、社会人サークルなどを通して新たなコミュニティーが生まれることも暗示しています。

SPREAD 13

キャラクター・スプレッド

相手の人物像を知りたい時

使用カード　大アルカナ22枚 or フルデッキ78枚

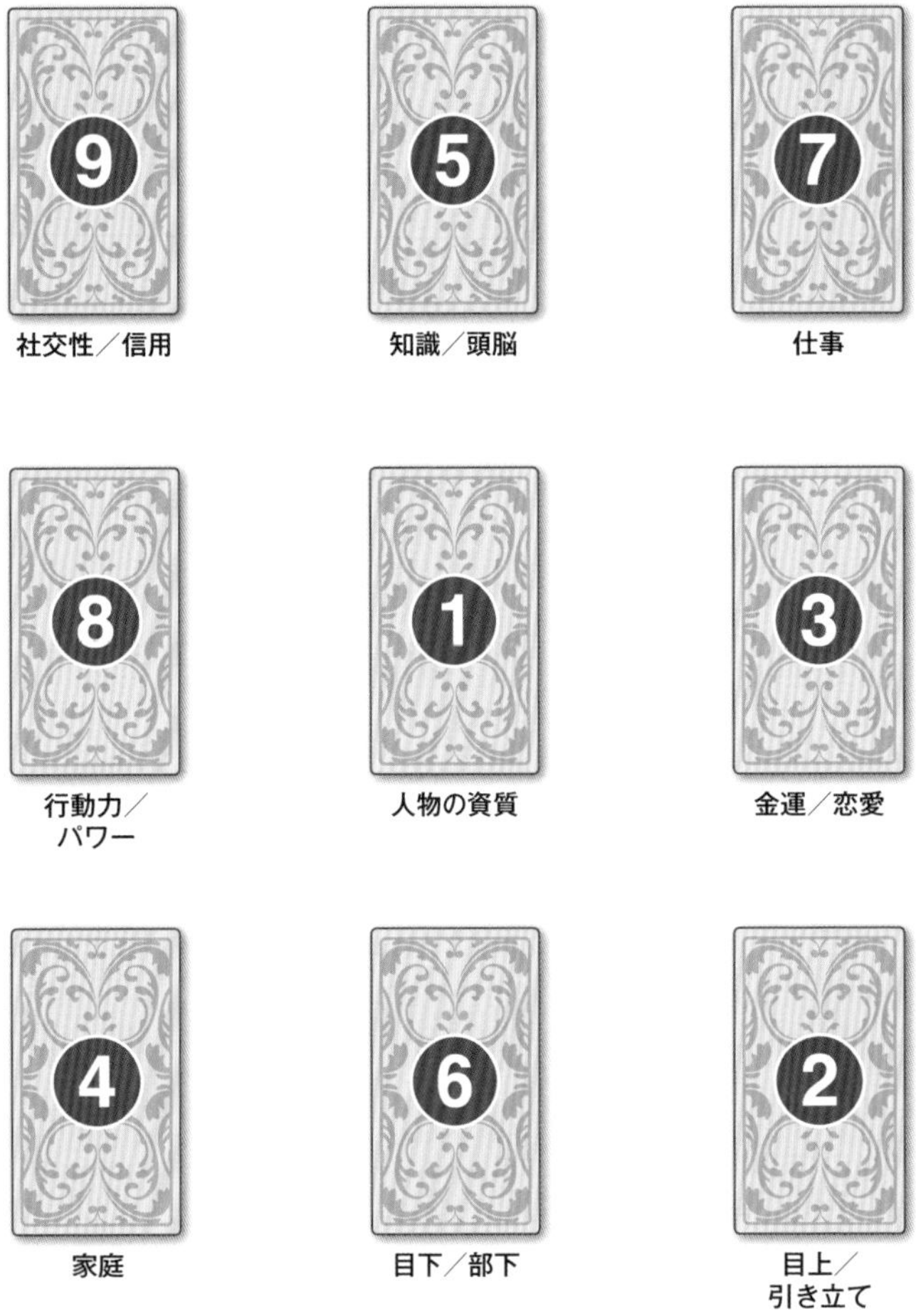

片思いの相手や恋人、会社の上司や部下など、誰かの人物像について総合的に理解したいと思う時に便利なスプレッドです。

知りたいと思う相手の性格から仕事運、恋愛運、家庭運、対人運など幅広く見ることができます。本人が気づいていない気持ちや、ポテンシャルなども知ることができるでしょう。

なお、カードの並べ方や、並べる順番はスプレッド12『ナイン・カード』と同じです。

占い方

1 シャッフル&カット後、カードの上下を決めて山を作ります。

2 カードの山の上から6枚を捨て、7枚目（大アルカナのみ使う場合、3枚を捨て、4枚目）から図の順番通りに9枚を並べます。

質問例

◇好きな人ができました。もっと親しくなるために、その人のことを詳しく教えてください！

◇苦手な上司がいます。うまくつき合っていくためには、どうすればいいでしょうか？

◇最近インターネットを通じて知り合った友達がいます。その人のことをもう少し詳しく知りたいです！

各カードの意味

❶人物の資質
その人物のパーソナリティーを表すカードです。今の状況や環境、心理状態、あるいは抱えている問題を浮き彫りにします。物事に対する価値観や、考え方の癖を知ることもできます。

❷目上／引き立て
その人物の、目上の人との関わり方を表します。その人物が質問者よりも目上だったり、社会的地位が高かったりした場合、質問者を引き立ててくれるかどうかも暗示します。

❸金運／恋愛
その人物を取り巻くお金の流れや、経済状況を表します。また、その人物の恋愛に関する価値観や、好きになりやすい傾向、好みや嗜好なども表しています。

❹家庭
その人物の住まいや家庭環境、身内のように感じている親しい人との関係性を表します。その人物が理想としている、家族のあり方を表すこともあります。

❺知識／頭脳
その人物の知識レベルや、学習能力などを表します。どんなことに知的好奇心が湧くのか、どんなジャンルに興味を持っているのかなども見えてきます。

❻目下／部下
その人物の、目下の人や部下、後輩との関わり方を表します。その人物が質問者よりも年下の場合のつき合い方についても、ヒントを教えてくれます。

❼仕事
その人物を取り巻く仕事の運気や状況などを表します。その人物の仕事における価値観、社会的な名誉や地位を暗示することもあります。現状の仕事に満足しているかどうかも見ることができます。

❽行動力／パワー
その人物の積極性やチャンスをつかむ力、実行力などを表します。その人物の中に隠されているポテンシャルや、リーダーシップも暗示しています。

❾社交性／信用
その人物の社交性や、コミュニケーション能力を見ることができます。仲間思いかどうか、信頼できる人物かどうかも暗示しています。

SPREAD 14

パーセンテージ

成功か失敗か、シンプルに確率を知りたい時

使用カード　**大アルカナ22枚 or フルデッキ78枚**

占ったことの結果が、どのくらいの確率になるかを表すスプレッドです。3枚バージョンでは、上記のカードが出たら、正位置・逆位置を気にせずカウントします。3枚のカードで、「3分の1」「3分の2」「3分の3」の確率かを調べることができます。

占い方

1 シャッフル&カット後、カードの上下を決めて山を作ります。
2 カードの山の上から6枚を捨て、7枚目を❶に置きます。
3 再度カードの山の上から6枚を捨て、7枚目を❷に置きます。
4 再度カードの山の上から6枚を捨て、7枚目を❸に置きます。

質問例

◇友達に合コンに誘われました。素敵な人と巡り会う可能性はどのくらいでしょうか？
◇将来舞台に立ちたいのですが、今のレッスンで成功する可能性を教えてください。

3等分の確率を知りたい時

カウントするカードについて

- 大アルカナは『愚者』『吊るされた男』『死神』『悪魔』『塔』『月』以外のカードのみカウント
- ワンドはエース、2、3、4、6のみカウント
- カップはエース、2、3、6、9、10のみカウント
- ソードはなし
- ペンタクルはエース、2、3、4、6、8、9、10のみカウント

※カウントするカード・しないカードは、いい意味のカード・悪い意味のカードというわけではありません。

具体的に何%の確率かを知りたい時

カウントするカードについて

- 大アルカナの正位置…**20**
- 小アルカナの正位置…**10**
- 逆位置、『愚者』『吊るされた男』『死神』『悪魔』『塔』『月』のカード…**0**

占ったことの結果が、どのくらいの確率になるのかを表すスプレッドです。5枚バージョンでは、小アルカナが出たら「10」、大アルカナが出たら「20」とカウントし、5枚の合計の数値がパーセンテージになります。大アルカナ・小アルカナ共に、逆位置が出たら「0」とカウントします。また、大アルカナの『愚者』『吊るされた男』『死神』『悪魔』『塔』『月』が出た場合、正位置でも「0」とカウントします。

占い方

1 シャッフル&カット後、カードの上下を決めて山を作ります。

2 カードの山の上から6枚を捨て、7枚目（大アルカナのみ使う場合、3枚を捨て、4枚目）を❶に置きます。

3 再度カードの山の上から6枚を捨て、7枚目（大アルカナのみ使う場合、3枚を捨て、4枚目）を❷に置きます。

4 再度カードの山の上から6枚を捨て、7枚目（大アルカナのみ使う場合、3枚を捨て、4枚目）を❸に置きます。

5 再度カードの山の上から6枚を捨て、7枚目（大アルカナのみ使う場合、3枚を捨て、4枚目）を❹に置きます。

6 再度カードの山の上から6枚を捨て、7枚目（大アルカナのみ使う場合、3枚を捨て、4枚目）を❺に置きます。

質問例

◇彼氏いない歴が、年齢分です。1年以内に素敵な彼氏と出会ってつき合えるでしょうか？

◇新しいプロジェクトを進めていますが、成功する確率はどれくらいでしょうか？

SPREAD 15

願望実現スプレッド

実現させるための方法を知りたい時

使用カード　**大アルカナ22枚 or フルデッキ78枚**

どうしても叶えたい夢や目標、何としても実現させたい願い……。そういったはっきりとした強い願望がある場合、その実現に向けての道を探るスプレッドです。ただし、どうしても実現不可能な願いについては、カードの導きに従って、判断することも必要です。

占い方

1 実現させたいことを心に思い浮かべます。その願望を象徴するようなカード（ここでは「願望カード」と言います）を大アルカナの中から1枚選び、❶の位置に表向きにして置きます。

2 願望カード以外のカードをシャッフル&カット後、カードの上下を決めて山を作ります。

3 カードの山の上から6枚を捨て、7枚目（大アルカナのみ使う場合、3枚を捨て、4枚目）から図の順番通りに❷～❻の位置に5枚並べます。

質問例

◇事業を成功させたいです。売り上げを伸ばすためには、どうしたらよいでしょうか?

◇つき合っている人とスムーズに別れるには、どうすればいいでしょうか?

◇引っ越しを考えていますが、いい新居が見つかるでしょうか?

各カードの意味

❶ 願望カード

あなたの願望を象徴するカードになります。大アルカナの中からマッチするものを、自分で1枚選びます。

❷ 現状

問題の現状や、質問者を取り巻く状況を表します。恋愛や人間関係など誰かの気持ちに関わる質問の場合、相手の気持ちと捉えてもいいでしょう。

❸ 質問者の資質

質問者のポテンシャルを表します。質問者が、この先どうしていきたいと思っているかも暗示しています。

❹ 方法

願望実現に向けて、具体的にどう取り組めばいいかを表します。質問者の周囲にいる協力者を暗示することもあります。

❺ 隠された要因／原因

質問者の願望を妨げる原因や障害を表します。質問者が気づいていない、矛盾や葛藤を暗示している場合もあります。

❻ アドバイス

質問者が心がけるべきことや、今後の指針を表します。❹・❺と関連づけて読むといいでしょう。

column

自分の願望を象徴する「願望カード」とは？

願望カードの大きな特徴は、願望やなりたい未来の姿をイメージして、大アルカナ22枚のカードの意味の中から質問者自身で1枚選ぶということです。

選び方に決まりはありませんので、自分のイメージに一番近いカードを自由に選んでOKです。2章（19ページ～）の大アルカナの基本的な意味を参照しながら、自分のイメージや理想に近いテーマのカードを選んでみましょう。例えば、仕事全般の願望なら、『太陽』や『世界』がおすすめです。同じ仕事の願望でも、特に新たなスタートを切りたい時や、質問者が手腕を振るいたい時などは、『魔術師』を選ぶのもいいでしょう。

左の表では、恋愛、結婚、仕事といったいくつかの願望にマッチするカードを紹介しています。どのカードを『願望カード』にすればいいか迷った時には、参考にしてみてください。

大アルカナが象徴する願望一覧

0	愚者	―
Ⅰ	魔術師	仕事／スタートダッシュ
Ⅱ	女教皇	勉強／試験
Ⅲ	女帝	恋愛／結婚
Ⅳ	皇帝	仕事
Ⅴ	法王	―
Ⅵ	恋人	出会い／恋愛
Ⅶ	戦車	仕事
Ⅷ	力	―
Ⅸ	隠者	―
Ⅹ	運命の輪	幸運／試験
Ⅺ	正義	―
Ⅻ	吊るされた男	―
XIII	死神	―
XIV	節制	―
XV	悪魔	―
XVI	塔	―
XVII	星	芸術的才能
XVIII	月	―
XIX	太陽	仕事／幸運
XX	審判	復活
XXI	世界	オールマイティー／結婚／仕事

SPREAD 応用編 1

3枚引きコンビネーション

気持ちを深く読み込むためのヒント

使用カード　フルデッキ78枚

このスプレッドの特徴は、3枚のカードをまとめて読むということ。連想ゲームのようにイメージを広げ、直感的にメッセージを受け取ります。カードの意味や象徴をある程度理解した頃にチャレンジしましょう。なお、このスプレッドでは逆位置は取りません。

　どんなテーマでも占えますが、相手の気持ちを深く知りたい時におすすめです。また、他のスプレッドをさらに深く読み込みたい時、補佐的に使うことができます（詳しくは186ページ参照）。その際はもう1セット、別デッキを用意しましょう。

占い方

1 シャッフル&カット後、カードの山を作ります（逆位置は取りません）。

2 図の順番通りに3枚並べます。

質問例

◎あの人が隠している感情を知りたいです。

◎『ヘキサグラム・スプレッド』や『ラブ・クロス』の結果を、もっと深く読み込みたいです。

SPREAD 応用編 2

ワン・オラクル

一問一答で導き出す タロットからのメッセージ

使うカードはたった1枚なので、タロット占いの中でももっとも手軽です。直感で1枚選ぶことで、幸運を導くアドバイスを得ることができます。次ページには、各カードが示すラッキーカラー、場所、グッズ、食べ物、香りをまとめていますので、毎日の外出や大事な場面で取り入れてみるといいでしょう。

使用カード　大アルカナ22枚

占い方

1. カードをシャッフルしてカットしたあと、カードの上下を決めて山を作ります。
2. 聞きたいことを頭の中に浮かべながら、カードの山を左から右に広げます。
3. ピンと来たカードを1枚、左手で選んでめくりましょう。

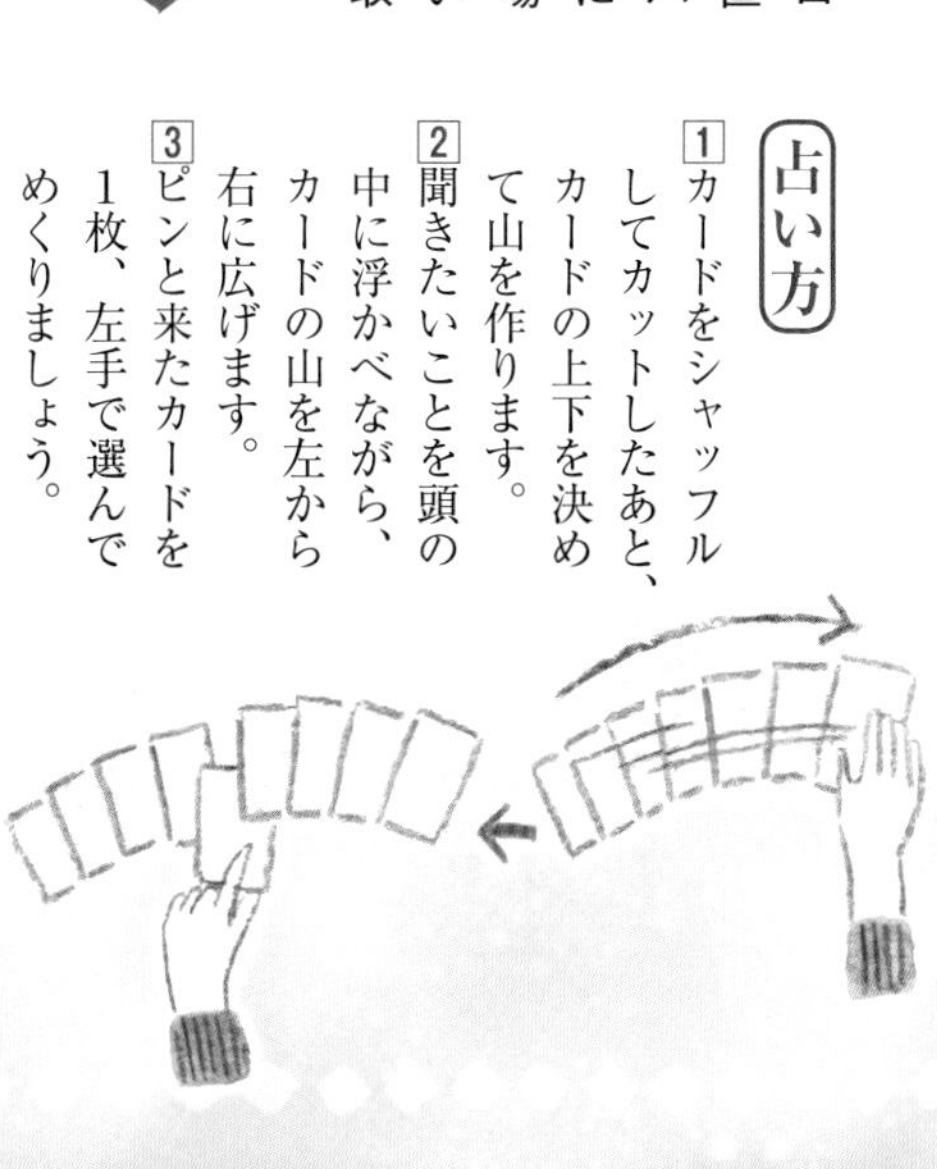

アドバイス／メッセージなど

各カードの意味

❶アドバイス／メッセージなど

1枚のカードが答えを教えてくれます。タロット占いに慣れてきたら、すぐ答えを知りたい時などに1枚引きをすることで、神託（オラクル）を得られるでしょう。毎日のラッキー占いとしてもおすすめです。

時間がない時や単刀直入にアドバイスが欲しい時に便利な占法ですが、結果のカードだけなので、それぞれの意味に十分慣れ親しみ、理解を深めておく必要があります。

質問例

◇今日1日、失敗を回避するには？

◇明日のデートがうまくいくためのアドバイスをください！

◇あの人は今、どんな気持ちでしょうか？

タロットからのラッキーワードは次ページをチェック！

デイリータロット占い ワン・オラクル

毎日のラッキーキーワード

ワン・オラクルで選んだカードには、運気アップのヒントがいっぱい！ おすすめの色、場所、グッズ、食べ物、香りを取り入れることでラッキーに過ごせそうです。

カード	色	場所	グッズ	食べ物	香り
0 愚者 	レインボーカラー／メタリック	アートギャラリー／遊園地	キラキラした小物／電子機器	ゼリー飲料／ミックスナッツ	ユーカリ
Ⅰ 魔術師 	イエロー	オフィス／郵便局	ユニセックスなグッズ／スマートフォン	アーモンドキャンディ／ビタミンドリンク	ペパーミント
Ⅱ 女教皇 	ホワイト	水辺／書店	石けん／入浴剤／白い小物	ミルクティー／ヨーグルト	カモミール
Ⅲ 女帝 	ピンク	デパート／美容院／庭園	化粧品／コロン／装身具	ケーキ／ストロベリー／ブルーベリー	ローズ
Ⅳ 皇帝 	レッド	高層ビル／競技場／ジム	帽子／メガネ	ジンギスカン／マスタード／胡椒	ブラックペッパー
Ⅴ 法王 	エメラルドグリーン	コンサートホール／教会／公共施設	ペンダント／ネクタイ	ワイン／フランス料理／りんご	パルマローザ
Ⅵ 恋人 	レモンイエロー	カフェ／学校／流行のスポット	ゲーム用品／ネットゲーム／雑誌	野菜サラダ／ピーナッツ	スイートマジョラム
Ⅶ 戦車 	シルバー	飲食店／インドアのレジャー施設／スーパー	家庭雑貨／銀製品	煮物／チーズ／エビフライ	クラリセージ
Ⅷ 力 	オレンジ	レジャー施設／劇場／映画館	ブランド品／金色の小物	肉料理／パン	オレンジ
Ⅸ 隠者 	イエロー	森林／ペットショップ／専門店	文房具／単行本	ベジタリアンフード／オーガニックフード	ラベンダー

Ⅹ 運命の輪		インディゴブルー	大学／図書館／空港	ジーンズ／季節用品	ハチミツ／果物	リンデン
Ⅺ 正義		エメラルドグリーン	ロビー／居間	かわいい小物／香水／楽器	フルーツジュース／シリアル	ゼラニウム
Ⅻ 吊るされた男		パープル	水辺／海	酒／ソックス／サボテン	ミネラルウォーター／魚介類	ミルラ
XIII 死神		ダークレッド	沼地／寝室／バー	下着／モノトーンの服	オニオン／キムチ	パチュリ
XIV 節制		ブルー	博物館／会議室／広い公園	動物のグッズ／専門書	中華料理／グレープフルーツ	ジュニパー
XV 悪魔		ブラウン	古い建物／林／歴史のある町	アンティークグッズ／石製品	ポテトチップス／保存食品	サイプレス
XVI 塔		赤褐色	フィットネスジム／荒れ地	マスク／スポーツウェア／スポーツ用品	唐辛子／カレー／コーヒー	ジンジャー
XVII 星		メタリックカラー	美術館／プラネタリウム	テレビ／パソコン／光る物	レーズン／ピクルス	シダーウッド
XVIII 月		ラベンダー／スミレ色	ドラッグストア／海の見える場所	スニーカー／ガラス製品	レタスサラダ／魚料理	プチグレン
XIX 太陽		ゴールド	アウトドア／公共施設／レジャーランド	金製品／綿シャツ	ハチミツ／オリーブ	フランキンセンス
XX 審判		ワインレッド	地下の店／寝室	絆創膏／薬品	エスニック料理／ガーリック	パイン
XXI 世界		ブラック	テーマパーク／銀行／寺院	革製品／スキンケア用品／ハンドクリーム	フルーツケーキ／パスタ／漬け物	ベチバー

SPREAD 応用編 3

ドリーム
理想の自分に近づくためのヒント

使用カード **大アルカナ22枚 or フルデッキ78枚**

自分にとっての理想の姿に近づくヒントを得るためのスプレッドです。質問者の資質に加えて、他人からどう思われているかといった「他者目線」からの自分に気づいて、自己成長の参考にします。

占い方

1 願望カードを質問者自身が1枚選び、❶の位置に表向きにして置きます。

2 願望カード以外のカードをシャッフル&カット後、カードの上下を決めて山を作ります。

3 カードの山の上から6枚を捨て、7枚目を❷に、8枚目を❸に置きます。

4 再度カードの山の上から6枚を捨て、7枚目を❹に置きます。

質問例

◇どうしたら理想の姿に近づけますか？

◇人見知りを克服したいです。方法を教えてください！

各カードの意味

❶ 願望カード

質問者の願望を象徴するカードになります。ここではあなたの中の「理想像」を表します。フルデッキの中からマッチするものを、自分で1枚選びます。

❷ 質問者の行動性

質問者のポテンシャルや、現状で、質問者がどのような行動を取っているかを表しています。

❸ 周囲からどう見られているか

現時点で、質問者が周囲からどう見られているかを表しています。

❹ アドバイス

質問者が心がけるべきことや、今後取るべき方針を表しています。

column

「願望カード」で自分の「理想の姿」を選ぶコツは？

「願望カード」とは、自分にとっての理想の姿をカードの中から1枚選び出すものです（155ページ参照）。『ドリーム』ではは78枚のフルデッキから選ぶので、カードの象徴や意味が、ある程度、頭に入ってからのほうが選びやすいかもしれません。参考例として、以下に「なりたい姿」のイメージと、おすすめのカードを紹介します。

理想の姿	願望カード
「個性的でありたい」	愚者
「仕事の能力や、コミュニケーション能力を発揮したい」	魔術師
「知性があり、頭脳明晰でありたい」	女教皇
「恋愛運や、異性からのモテ運が欲しい」	女帝、カップの2
「金運をアップさせたい」	女帝、ペンタクルのエース
「イキイキと魅力的に活躍したい」	恋人
「仕事でポジションを得て、大活躍したい」	皇帝
「幸運に恵まれたい」	運命の輪
「アートの才能を発揮したい」	星
「幸福と成功を手に入れたい」	太陽
「理想と現実において、パーフェクトな自分でありたい」	世界
「能力を認められて、引き立てられたい」	ペンタクルの9
「優しく、愛情豊かでありたい」	カップのエース

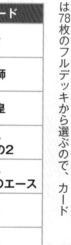

タロット学へようこそ vol.4

誰かを占う際に心がけること

固定観念を捨て、インスピレーションを大切に。ただし、意味などの基礎は身につけましょう。

出たカードの解釈を正確にするために心がけておくべきこと

タロットで誰かを占う時、シャッフル&カットは自分で行ってもいいですが、私の場合、質問者にしてもらうことが多いです。まず、右回りに3回以上、「もう十分」と思うまでシャッフルしてもらいます。それを受け取ってカードをひとまとめにしたら質問者の前に置き、できれば左手で3つにカットしてもらい、好きな順番で一つの山にまとめてもらいます。最後に、質問者にカードの上をどちらにするか決めてもらいましょう。カードの裏を上にしてスプレッドを並べていき、展開する際には、左から右にカードを開きます。

鑑定の際は「こうであるはず」といった固定観念は、まず捨ててください。タロットを展開した時、「なぜこんなカードが出るんだろう?」「占いがはずれちゃったかな?」と最初のうちは思うことがあるかもしれません。そんな時は「○○を意味するカードが△△に出ていますが、心あたりはありますか?」と、質問者に聞いてみてください。質問の奥に隠された秘密や、関係するカードが出ている場合があります。

また、気持ちにぴったり応じた言葉でないと質問者から「違う」と言われてしまうことがあります。そういう場合、例えば「辛い」という感情でも、「苦しい」や「大変」などのように質問者に合わせて言葉を言い換えて伝えてみましょう。

もちろんインスピレーション・直感は大切にするべきですが、カードの象意などの基礎は身につけてください。特に最初の頃はインスピレーションだけに頼ってしまうと、個人の精神的・身体的コンディションや周囲の状況などの影響により、答えの振り幅が大きくなりがちです。十分注意が必要でしょう。

第5章

実践編
鑑定で学ぶ

リーディングのコツを伝授！
タロット占い鑑定例

どう読んだらいい？迷った時は実例から学びましょう！

次ページからは、実際にタロット占いを行う場面で、プロはどういった点に着目してカードを解釈しているのか、どこから読み始めているのか、全体のカードからどのようにイメージを広げていくのか、実例を使いながら鑑定結果をご紹介していきます。

キーワードや正位置・逆位置といった意味は、タロット占いにおいて解釈のヒントや助けにはなるものの、読み方そのものには、決まり事やルールは特にありません。意味ばかりに縛られず、絵柄や展開されたカード全体から受ける印象などを大切にしながら、じっくりとイメージを広げていきましょう。

全体における解釈のヒントとして、大アルカナは小アルカナよりも強い意味を持つカードです。フルデッキを使用する場合、大アルカナが出た箇所には何らかのメッセージが込められているかもしれません。

また、小アルカナのコートカードは、一般的には質問者のキャラクターや関係する人物として捉えます。例えば、170ページの相談のように、女性の質問者であるにもかかわらず『キング』が出た場合、コートカードが表すような人物に心当たりはないか、周囲を思い返してみましょう。必ず何らかの意味があって、カードは出ています。その他、展開されたカードに偏りがある場合、199ページを参考にしながら、複数出ているシンボルや数字に注目してみると、ヒントが見つかるかもしれません。

ぜひ第6章からの「上達レッスン」も合わせて読みながら、自分なりに解釈のコツを深めていきましょう。

相談1

美貌を保つにはどうしたらいい？

「最近、自分の容姿に衰えを感じています。化粧のノリが悪く、おしゃれをしてもパッとしません。どんな努力をするべきでしょうか？」（34歳・女性）

SPREAD 1

ツー・オラクル
（132ページ）

使用カード
フルデッキ 78枚

ペンタクルの2

❶結果

カップの8（逆）

❷アドバイス／対策

Answer

楽しみながらお手入れしましょう

結果に出た『ペンタクルの2』は、上手に続けていくことができるカード。アドバイスに出た『カップの8（逆）』は、新たに関心を向けるカードです。

これまでは「面倒だな」という気持ちから、少々手抜きをしたり、疎かにしてきた面があるようです。基本的なお手入れ方法を手を抜かずに続けましょう。時間のかかる方法よりも、手軽で、楽しんでやれる方法を取り入れたほうがいいでしょう。遊び心やウキウキする気持ちを取り戻して、チャレンジしてみてください。いろいろな製品を試して試行錯誤するよりも、「これ！」というものを見つけて、まず継続してみるのがおすすめです。

また、『ペンタクル』のカードは身体を意味しますから、表面的なケアばかりではなく、身体の内側からの健康も大切です。睡眠や食事などの栄養にも注目し、内側から輝く女性を目指しましょう。

相談
2

旧友との関係を取り戻すには？

「ずっと親しかった友人と、最近あまり連絡を取らなくなってしまいました。心の距離ができてしまった気がします。この先また仲良くなれるでしょうか？」（22歳・女性）

SPREAD
2

スリー・カード
（133ページ）

使用カード

**大アルカナ
22枚**

魔術師（逆）

❶過去

力（逆）

❷現在

戦車

❸未来

Answer

ポジティブな気持ちで接して

過去は『魔術師（逆）』。あまり連絡を取り合わず、コミュニケーションが滞りがちだったことがわかります。本音を言えない面もあったのかもしれません。現在は『力（逆）』。自分の都合やエゴから、相手への配慮に欠ける状態が続いている状態を表し、関係改善へ向けてのアクションも特に起こしていない状態です。しかし、未来は『戦車』。積極的に関わりを持つことが示されています。この先、仲良くできる可能性が高いのでポジティブに進んでみましょう。

相談3

仕事を辞めて新規事業を手伝うべき？

「知人が新しい仕事を立ち上げるそうです。誘われましたが、現在の仕事を辞めてその仕事に関わるかどうか迷っています。その新しい仕事は今後、成功しますか？」（35歳・男性）

SPREAD 3

ファイブ・カード（134ページ）

使用カード

大アルカナ22枚

悪魔（逆）

❶過去

運命の輪

❷現在

太陽

❸未来

死神（逆）

❹結果

法王（逆）

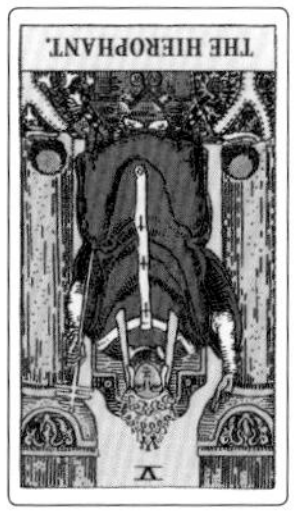

❺アドバイス／対策

Answer

慎重に進めていきましょう

タロットカードは、基本的に長い未来の先を占うには不向きです（１２９ページ）から、この場合は「可能性として」の出方になります。また「成功」の定義は人によって異なりますから、質問者が何をもって「仕事の成功」とするかを、念頭に置きながら占いましょう。

では、新規事業の今後について占います。過去は『悪魔（逆）』。知人が立ち上げた新規事業は、儲けよりも精神的に志の高い目標を掲げてスタートした話のようです。現在は『運命の輪』。今のところ、いい流れで話が進んでいます。未来は『太陽』ですから、立ち上げはうまくいくでしょう。しかしながら、結果は『死神（逆）』。会社の経営不振など、先々行きづまりそうな要注意カードが出ています。アドバイスに『法王（逆）』が出ているので、対策としては詐欺やうまい話には乗らないように、細心の注意が必要でしょう。

相談 4

夫とこの先やっていけるか不安です

「夫と折り合いが悪く、最近では会話もありません。この先どうなりますか？」（42歳・女性）

恋人（逆）

❶過去

正義

❺相手の状況や気持ち

カップのペイジ

❻質問者の気持ち

ペンタクルの4

❼未来／結論

死神

❸近未来

カップの10（逆）

❷現在

ペンタクルの7

❹アドバイス／対策

SPREAD 4

ヘキサグラム

（135ページ）

使用カード

フルデッキ 78枚

Answer

この先関係が激変するかも

まず❶と❹から、2人の関係はどうにもスッキリしない不満の多い関係が表れています。現状は心の絆がない形だけの家族・家庭（❷）となっているのかも。夫は夫として正しく向き合っている（❺）のに対し、妻である質問者のほうに実際の年齢とかけ離れた幼いカード（❻）が出ていることから、純粋で愛らしい反面、妻としての態度や認識に欠けた、幼い面があるのではないかと思われます。夫がどのように対応しようと、妻側に不満が残り、満たされないのは、どうやら質問者のあり方が原因となっている模様。

近い将来、ご夫婦にとって関係が激変する暗示（❸）。『死神』は、不平不満がありながらもダラダラ続けてきた関係が刷新されることを意味していますので、場合によっては夫婦という関係を見直すことになるかもしれません。その結果、堅実な家庭を暗示する❼から2人の落ち着きどころが見えてくると予想されます。

相談
5

このまま彼とつき合って大丈夫？

「知り合って6ヵ月になる彼。一度身体の関係はありましたが、つき合っているかどうかはっきりしない微妙な関係性です。最近、他にも親しい女性がいることがわかりました。この先、彼とつき合えるでしょうか？」（23歳・女性）

月（逆）

❻アドバイス／対策

ワンドの6（逆）

❹相手の気持ち

カップの5

❸未来

カップの4（逆）

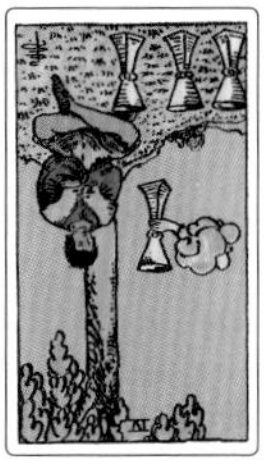

❷現在

ソードのナイト

❶過去

ソードの6

❺質問者の気持ち

Answer

隠れた事情を明らかにして

まずは❹と❺をチェック。相手は現状、主導権や責任感を持って関係性を進める気持ちがありません（❹）。むしろ下手に出て質問者にイニシアチブを渡しているかのようです。そして、質問者は新しい関係性に進めていこうとしています（❺）。どちらも数字の「6」が出ていることから、2人にとって「バランス」がひとつのポイントであることがわかります。

過去を見ると、相手は、恋愛感情以外の判断基準で行動するクールさが際立ち、愛情のある関係を築いてきたとはいえません（❶）。いつまでも続く曖昧な関係を変えていこうとしていますが（❷）、残念ながらこのままでは思うような結果は難しそう（❸）。今の状況をよくするには、現在明らかになっていない隠れた事情をはっきりさせる必要があります（❻）。そのためには、彼の女性関係を把握し、秘密を明らかにしましょう。そのうえで、2人の信頼関係を築いていくことがポイントです。

SPREAD
5

ラブ・クロス
（136ページ）

使用カード

フルデッキ
78枚

相談
6

人間関係に悩んでいます。転職したほうがいい？

「現在の職場に性格の合わない先輩女性がいます。最近、ますます私に対して厳しくなりました。仕事内容は気に入っていますが、転職したほうがいいですか？転職先が見つかりましたが、悩んでいます」（36歳・女性）

SPREAD
6

二者択一
（137ページ）

使用カード
フルデッキ
78枚

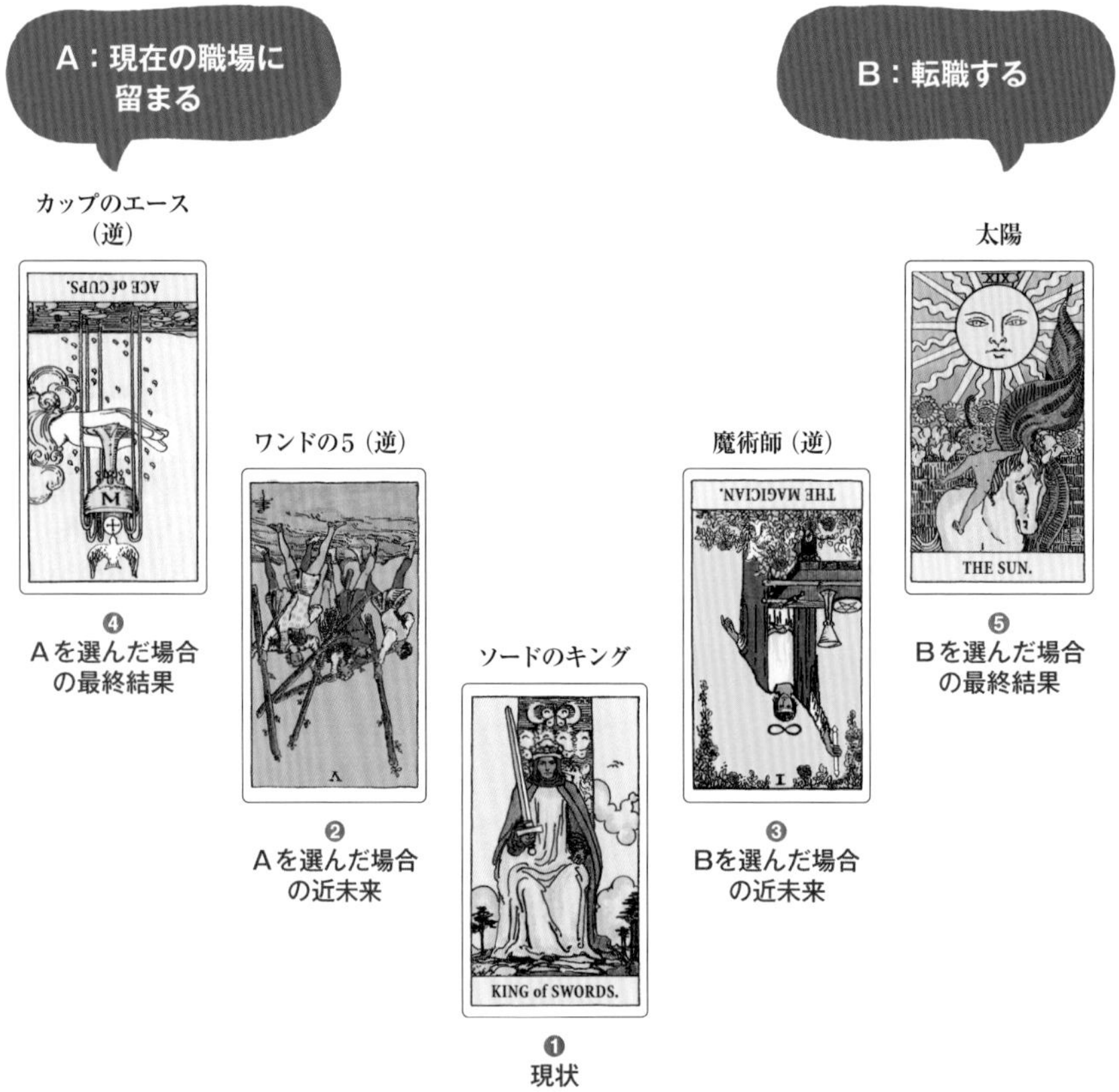

Answer

転職をおすすめします

現状に『ソードのキング』が出ました。仕事熱心ながら、周囲に対して配慮に欠ける同僚男性が質問者に好意的なため、先輩女性の誤解を招く原因となっているよう。このまま現在の職場で働き続けると、自分を押し通すために奮闘むなしく、どうも形勢不利な様子（❷）。結果的に失望し、つらさを味わいそうです（❹）。転職した場合、新しい職場では仕事に慣れるまで時間がかかりそう（❸）ですが、やがて仕事も軌道に乗って結果を出せるでしょう（❺）。

以上により転職がおすすめですが、近未来に『魔術師（逆）』があるので、スタートのタイミングを見定めるなど計画的に進めましょう。

なお、転職先が未定で会社を辞めない可能性があるなら「今の会社のまま、この先活躍できますか？」という質問にすると、結果しだいで今後の参考となるでしょう。『ホロスコープ・スプレッド』がおすすめですが、熟練度により『スリー・カード』『ファイブ・カード』も◎。

相談
7

どちらとおつき合いできるか悩んでいます

「今、親しくしている男性が2人います。Aさんは6歳年上で、優しくて頼りになる男性です。Bさんは2歳年上で、行動的な男性です。2人のうち、どちらかとこの先おつき合いできそうですか？　それとも、他にいい出会い（Cさん）があるのでしょうか？」（28歳・女性）

SPREAD
7
チョイス・スプレッド
（138ページ）
使用カード
フルデッキ 78枚

左：Aさん　**真ん中：Bさん**　**右：Cさん（これから出会う男性）**

ペンタクルの10

❸Aを選んだ最終結果

戦車（逆）

❻Bを選んだ最終結果

悪魔

❾Cを選んだ最終結果

ワンドの5（逆）

❷近未来（Aを選んだ場合にどうなるか）

ソードのキング

❺近未来（Bを選んだ場合にどうなるか）

ペンタクルの3（逆）

❽近未来（Cを選んだ場合にどうなるか）

ペンタクルのクイーン

❶現状（Aについてどう考えているか）

ペンタクルのエース（逆）

❹現状（Bについてどう考えているか）

カップのキング（逆）

❼現状（Cについてどう考えているか）

Answer

カードの答えはAさん

Aさんに対しては、質問者はまじめに向き合っています（❶）。この先2人は意見の対立がありそう（❷）ですが、最終的には豊かな結婚へ進む可能性（❸）が出ています。Bさんに対しては、まだ2人の間に絆が育っておらず（❹）、質問者も相手とはうまくいかない認識を持っています。この先、知性派の彼は質問者に恋愛感情を持つというより、冷静に向き合おうとしてくるため（❺）、恋愛関係は難しそうです（❻）。一方、今後の出会いを見ると優柔不断で自己愛の強い男性（❼）の影が。恋愛関係を築けず（❽）、腐れ縁でダラダラしたり身体だけの関係（❾）に陥ってしまいそうです。

以上の結果から、可能性があるのはAさんだといえるでしょう。お互いの考え方や方向性について、もっと相手を知ってみましょう。「他の男性がよかったかも」と思う可能性のある、自分の心を見つめ直すことも大切です。

相談
8

サークル活動を楽しく続けられる？

「同じ趣味のサークル内で、好意を寄せていた男性が友人女性とカップルになりました。とてもつらいし、この先仲のいい2人を見るのは耐えられなくて気持ちが揺れています。サークル活動は続けたいのですが、この先楽しく参加することができるでしょうか？」（30歳・女性）

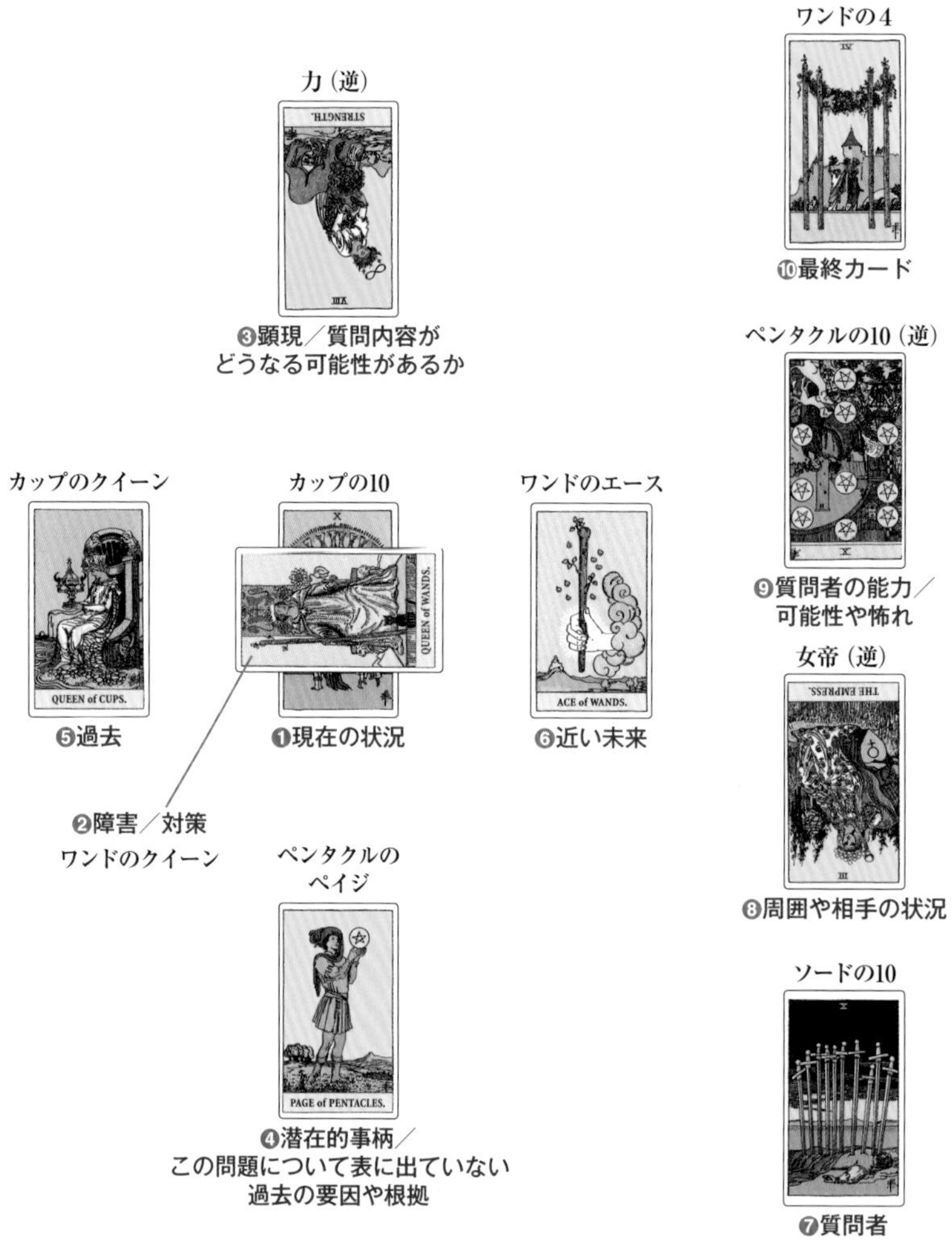

Answer

悩みは乗り越えられます

まずは過去の要因と今後の可能性を把握します。本来、サークルは満足できる空間（❶）ですが、弱気になったりエゴが強くなりすぎたりして、参加しなくなる可能性（❸）が暗示されています。潜在する要因（❹）が『ペンタクルのペイジ』。このコートカードは悩みの原因である友人女性を暗示し、彼女はまじめで誠実ゆえ、憎む対象ではないことを教えてくれます。現在の質問者は傷ついた状態（❼）で実りのない状況（❽）ですが、居心地のいい場を失うことの恐れ（❾）も感じます。過去には愛情深く活動に関わってきた質問者の姿（❺）が浮かび上がり、今後、意欲的に関わろうとする積極性が出てくる暗示も（❻）。最終的には落ち着いた平和な状態が訪れそうです（❿）。すべてのカードに関わる障害・対策（❷）が『ワンドのクイーン』であることから、明るい行動力と情熱がカギ。悩みを乗り越えて、今後のサークル活動をより楽しい場にしていけるでしょう。

SPREAD 8
ケルト十字スプレッド
（140ページ）
使用カード
フルデッキ78枚

column

『ケルト十字スプレッド』を読み解くポイント

『ケルト十字スプレッド』のようにカードの枚数が多い場合、1枚ずつ読む前に全体を見回して、場に出ているカードの「傾向」をつかむことが大切です。

たとえば、全体的に小アルカナのエース～3が多い場合は、問題の初期段階で迷いが生じている状態を表します。一方、小アルカナの8～10が多い場合は、質問者自身が、自分の中にすでに答えを出していることが多いでしょう（詳しくは199ページ参照）。

また、どこかに小アルカナのコートカードが出ている場合は「誰を表すカードなのか？」を特定することが必要です。今回の相談では、❹の『ペンタクルのペイジ』は友人女性、❺の『カップのクイーン』は過去の質問者の姿を表していました。女性でも男性、男性でも女性で出るケースがあるので、注意が必要です。

コートカードには慣れるしかありませんが、回数を重ねるうちに誰を表すのかインスピレーションが湧くようになり、急にイキイキと理解できるようになるでしょう。187ページ以降の「上達レッスン」も参考に、理解を深めてください。

相談
9

来月の運勢を教えて！

「来月はどんな月になりますか？」（30代前半・既婚女性）

SPREAD
9
ホロスコープ・スプレッド
（142ページ）

使用カード
大アルカナ22枚

Answer

根気よく取り組みましょう

現在のコンディション（★・❶）は頭が冴えて何事にもまじめに取り組める時。協調性があり、柔軟に行動できます。仕事面では、信頼できる上司に恵まれ（❿）新たな収入を得る可能性（❷）がありますが、不摂生から体調を崩しがち（❻）。生活のリズムを見直す必要があります。資格や試験勉強は幸運で、学びを深めるチャンス（❾）。SNSやインターネットから得るものもありそう（⓬）。人間関係は実りの時期（❼）。サークル活動などを通して密度の濃い関係を築けます（⓫）が、無責任な言動で周囲から浮いてしまわないよう注意（❸）。家庭では穏やかに過ごせて（❹）夫とも心地いい関係（❽）を築けますが、子どもとはコミュニケーション不足（❺）の暗示。連絡の行き違いや誤解を避けるため、会話の時間を大切に。また、甘い誘惑から不倫には要注意（❽・⓬）。『力（逆）』が☆に出ているので、結果を急ぎすぎず、根気よく物事に取り組みましょう。

相談10

30代をどう過ごしていけばいい？

「来年30歳になります。この先1年の運勢を知りたいです。30代をどう過ごしていけばいいか、アドバイスがあればぜひ教えてください」（29歳・女性）

SPREAD 9
ホロスコープ・スプレッド
（142ページ）
使用カード
フルデッキ78枚

Answer

前向きに前進できそうです

現状の迷い（★・❸）が吹っ切れて、新たな方針のもと前進していけそうです。仕事面（❻・❿）を含め、人間関係（❸・❼・⓫）にはストレスが溜まりそうですが、自己研鑽や学びにチャンスがあり（❾）、ワンランク上を目指すことができます。海外旅行も◎。金運は好調で、身内から受け継ぐもの（❷・❽）も期待できます。家庭運は現状維持（❹）。家具などは買い替えるより使い回したほうが◎。恋愛面（❺）では警戒心が強まりますが、ネット関係での活動は順調で意欲的に進めそう（⓬）。『ソードの6』が☆に出ているので、気持ちを切り替えて新たな世界へ進んでいきましょう。

なお、30代の過ごし方すべてを占うには期間が長いため、補佐として「ワン・オラクル（157ページ）」でアドバイスを選んでもいいでしょう。ここでは『節制』が出ました。我を通さず節度を保つことが大切。協調性を持ち柔軟に周りに合わせれば、よりよく変わっていきます。

相談
11

この先、素敵な出会いはある？

「社会人になってからまったく出会いがありません。気づいたら周りは既婚者ばかり……。今後、このまま出会いがないのではと不安になります。素敵なパートナーと出会えるでしょうか？」（34歳・女性）

SPREAD
10
ラブ・ホロスコープ
（144ページ）
使用カード
フルデッキ 78枚

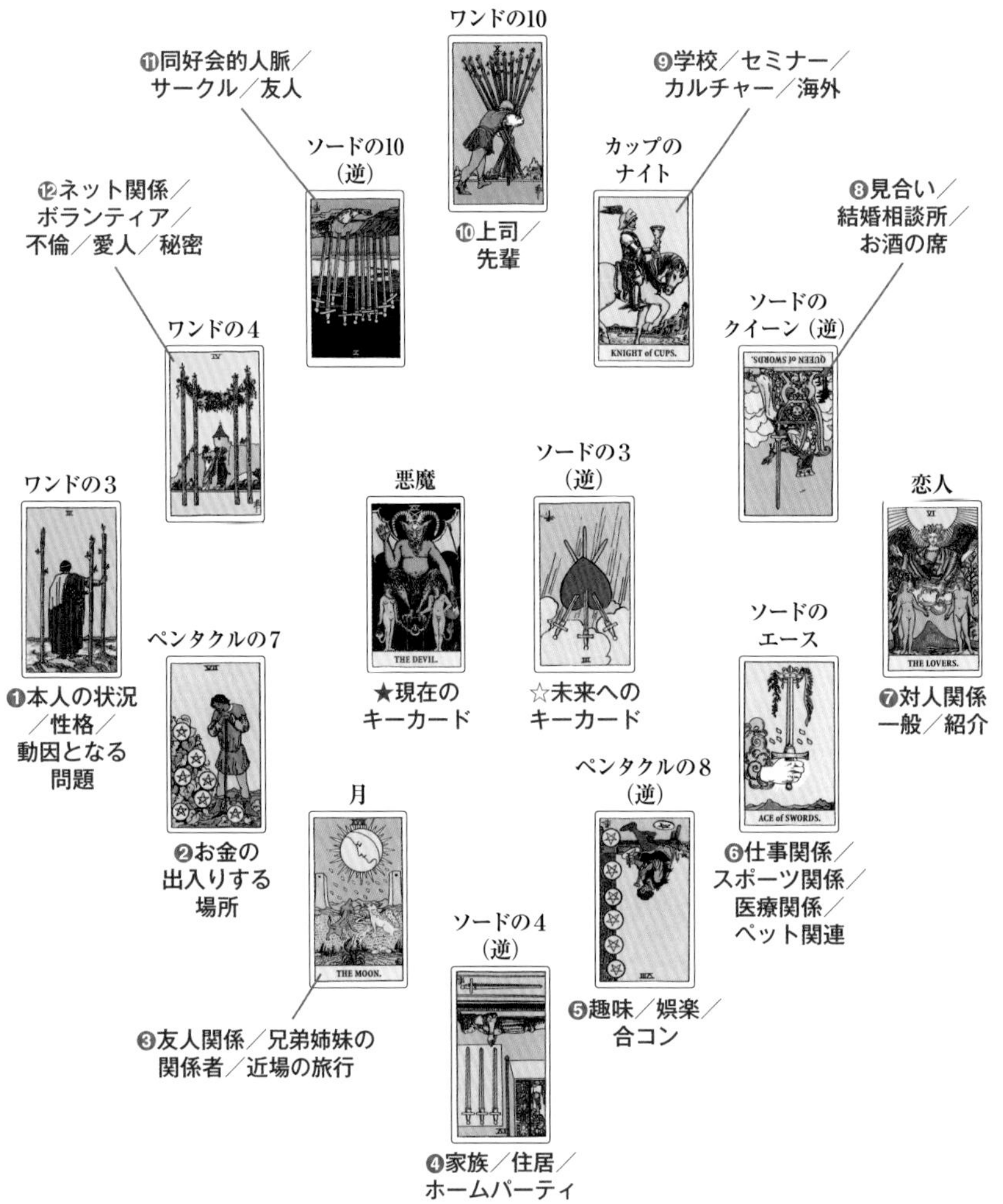

Answer

講習会や学びの場に良縁あり

すべてのカードを読む必要はありません。全体を見て、恋愛につながる可能性を示す場所のみチェックしましょう。まず、現在のキーカード（★）と質問者の現在のコンディション（❶）を見ると、誰か気になる相手がいる様子。しかし、未来へのキーカードで三角関係が暗示されていて望みは薄いです。注目は❼、❾、⓬。❾『カップのナイト』は男性からアプローチが来るカードで、習い事やカルチャー系、自分を高める講演会や学びの場に出ていますから、これから参加することを考えてみてもいいでしょう。❼『恋人』は知り合いの紹介や、いろいろな人間関係の中でピンとくる出会いがある可能性を示唆。⓬『ワンドの4』が出ているので、ネットやSNSでの集まりがきっかけを作ってくれそうです。

　未来へのキーカード（☆）は『ソードの3（逆）』。アレコレ考えて取り越し苦労をせず、積極的に周囲と関わっていきましょう。ただし、既婚者やパートナーがいる方は避けてください。

相談
12

いつかは彼女ができる？

「会社員です。少人数の職場は男性ばかりで、女性は年配者しかいません。このまま彼女ができないのではないかと心配ですが、どうしたらいいかわかりません」（29歳・男性）

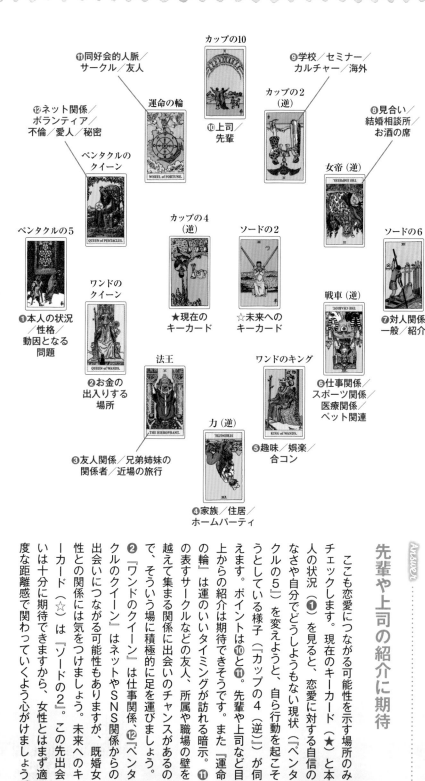

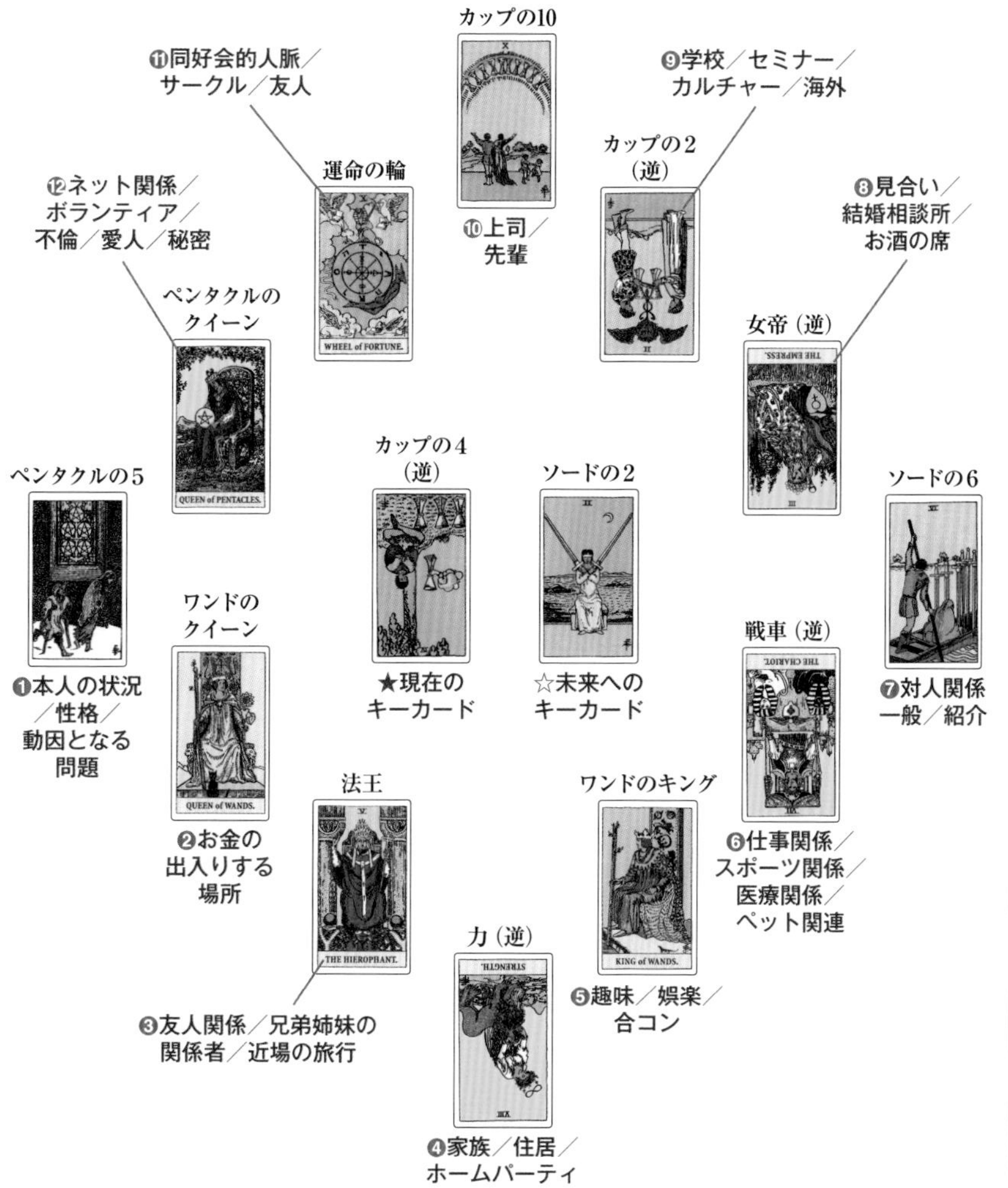

SPREAD 10
ラブ・ホロスコープ
（144ページ）

使用カード
フルデッキ78枚

Answer

先輩や上司の紹介に期待

ここも恋愛につながる可能性を示す場所のみチェックします。現在のキーカード（★）と本人の状況（❶）を見ると、恋愛に対する自信のなさや自分でどうしようもない現状（『ペンタクルの5』）を変えようと、自ら行動を起こそうとしている様子（『カップの4（逆）』）が伺えます。ポイントは❿と⓫。先輩や上司など目上からの紹介は期待できそうです。また『運命の輪』は運のいいタイミングが訪れる暗示。⓫の表すサークルなどの友人、所属や職場の壁を越えて集まる関係に出会いのチャンスがあるので、そういう場に積極的に足を運びましょう。

❷『ワンドのクイーン』は仕事関係、⓬『ペンタクルのクイーン』はネットやSNS関係からの出会いにつながる可能性もありますが、既婚女性との関係には気をつけましょう。未来へのキーカード（☆）は『ソードの2』。この先出会いは十分に期待できますから、女性とはまず適度な距離感で関わっていくよう心がけましょう。

相談
13

失恋から立ち直れる？

「少し前に、彼女と別れました。新しい恋に進みたいです。いつ頃に出会いがありますか？」（25歳・男性）

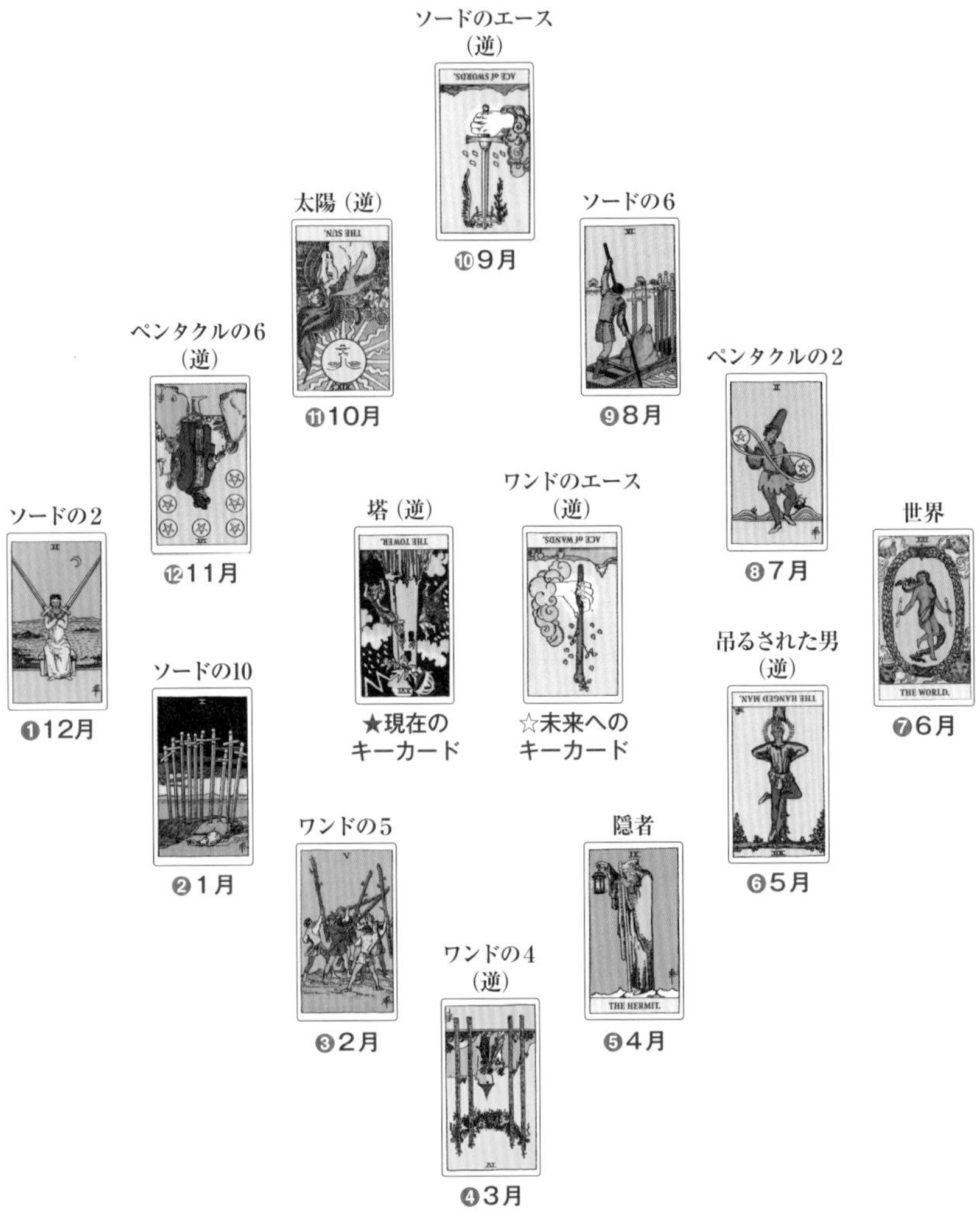

Answer

6月頃に注目してください

鑑定月が12月でしたので、❶を12月として見ていきます。『トゥエルブ・メッセージ』の場合、すべてのカードを読む必要はありません。特に「現在のキーカード」「未来へのキーカード」と、いいカードが出ているところに注目しましょう。

現在のキーカード（★）から、質問者の現在のコンディションを見ると『塔（逆）』。彼女との別れの影響を、どこかで引きずっているようです。思い出や胸の痛みは、ゆっくりと癒やされていくでしょう。焦らないことです。カードを見ていくと、❼に『世界』があることから、6月頃がチャンス。『世界』は、統合された完成のカード。自分とぴったりくる相手との出会いが期待できるでしょう。

未来へのキーカード（☆）は『ワンドのエース（逆）』。恋にもタイミングが重要です。意欲が空回りしないように、上手にアピールしていきましょう。

SPREAD
11
トゥエルブ・メッセージ
（146ページ）
使用カード
フルデッキ 78枚

相談14

転職後はうまくいきますか？

「転職が決まっています。転職後はどうなりますか？」（33歳・女性）

ペンタクルのキング

❼仕事運

カップの4

❺知識／頭脳

死神

❾対人運／信用度

法王

❸金運／恋愛運

魔術師

❶質問者の資質

ワンドの6（逆）

❽発展運／パワー

戦車

❷目上／引き立て運

ペンタクルのエース

❻目下／部下

ペンタクルの3（逆）

❹変革運／家庭

SPREAD 12

ナイン・カード
（148ページ）

使用カード

フルデッキ 78枚

Answer

自信を持ってスタートして

対人関係に大きな変化（❾）があり、関わる相手や環境が激変する可能性が出ています。引き立て運があり（❷）、特に地位や力のある男性（❼）など目上の人物が、あなたの目標実現を後押ししてくれるでしょう。目下の人との関係も良好（❻）です。金銭面も問題ありません（❸）。仕事はしっかりと軌道に乗るためお金には困りませんが、発想がマンネリ気味なので、新たな刺激や学びを積極的に取り入れることが必要（❺）でしょう。ただ、何かを変革するには準備不足。家族の絆も弱くなりがちなので、会話の時間を作って（❹）。

一番の注目は、質問者の資質（❶）。新スタートを切るのに最適な『魔術師』が出ていて、ビジネススキルがあることがわかります。コミュニケーション能力もありますから、イニシアチブを周囲に渡して行動しない（❽）というのはもったいないこと。タイミングを見計らい、怖がらずに自信を持って積極的に進みましょう。

相談

15

同僚のAさんはどんな人？

「職場の同僚のAさんが気になります。どんな人でしょう？」（20代後半・女性）

SPREAD 13

キャラクター・スプレッド

（150ページ）

使用カード

フルデッキ 78枚

女帝（逆）

❾社交性／信用

星

❺知識／頭脳

審判

❼仕事

悪魔

❽行動力／パワー

ワンドの7

❶人物の資質

ワンドの5

❸金運／恋愛

ペンタクルの9（逆）

❹家庭

月

❻目下／部下

ワンドのナイト

❷目上／引き立て運

Answer

パワフルな仕事人間かも

1枚ずつ読んでいきましょう。Aさんの資質（❶）を見ると、我慢強く、自分の信念を貫こうとする強さが伺えます。アクティブな行動が目立つため、目上の人にも好かれやすく、ちゃっかりと抜け目なく動いて（❽）引き立て運をつかみやすいタイプ（❷）といえるでしょう。知性があり、感性も豊か（❺）で、将来の夢へ向かって積極的に進もうとする力があります。仕事運は良好（❼）で、まさに天職と巡り会えて、イキイキと働いている様子が感じ取れます。現在は、収入と金運アップのために奮闘中（❸）といったところでしょう。

一方、目下の人とは、本音の関係を築いていないようです（❻）。社交面では少々干渉しすぎるところがあり（❾）、周囲の信頼を完璧に得ているとまではいえないでしょう。家庭運は薄く（❹）、何らかの理由により家族の助けが得られないようです。

相談 16

アプリで知り合った彼……

「マッチングアプリで知り合った男性と今度会う約束をしました。つき合える可能性は？」（22歳・女性）

星

❶

ペンタクルの5

❷

カップの8（逆）

❸

SPREAD 14
パーセンテージ 3枚バージョン
（152ページ）

使用カード
フルデッキ78枚

Answer

確率は3分の1

3枚のうち、大アルカナの『星』が1枚出ました。『ペンタクルの5』と、『カップの8』の逆位置はカウントしないので、この場合、確率は3分の1となります。

この確率をどう捉えるかは、質問者次第です。なお、場に出たカードの意味は特に気にしなくて大丈夫です。

相談 17

片思いの人がいます

「片思いの相手とつき合える可能性は？」（20歳・男性）

ペンタクルのナイト

❶

ペンタクルの3

❷

ワンドのエース

❸

正義

❹

カップの4（逆）

❺

SPREAD 14
パーセンテージ 5枚バージョン
（153ページ）

使用カード
フルデッキ78枚

Answer

確率は50％

❶❷❸は小アルカナの正位置なので「10」。❹は大アルカナの『正義』の正位置なので「20」。❺は小アルカナの逆位置なので「0」。「10＋10＋10＋20＝50」。この場合、確率は50％となります。

この答えを受けて、今後どう行動するかは、質問者に委ねられます。

相談
18

起業した仕事で成功するためには？

「初めての分野で起業しました。成功するためにはどうしたらいいですか？」
（31歳・男性）

成功している
自分をイメージ！

世界

❶願望カード

カップの8
（逆）

❺隠された要因／
原因

ワンドの4

❹方法

ワンドの
エース

❻アドバイス

ワンドの5（逆）

❸質問者の資質

力（逆）

❷現状

Answer

営業活動に力を注いで

現状（❷）は『力（逆）』。商品や設備投資などの費用が不十分と出ており、起業を急いで進めた結果、準備不足と出ています。質問者の資質（❸）は『ワンドの5（逆）』。とにかくやりたいという気持ちが先行し、少々混乱していることを示しています。成功への方法（❹）は『ワンドの4』。環境を整え、まずは落ち着いて気持ちのゆとりを取り戻すことが必要でしょう。一歩一歩、地道な成功を積み上げていくことが大切です。仲間の存在も無視できません。隠された要因（❺）は『カップの8（逆）』。起業することについては以前から興味があり、ベストなタイミングで行動に移したことが伺えます。

掲げた質問者の願望（❶）は『世界』。満足のいく成功を実現するためのアドバイス（❻）は、意欲を持って積極的に進むこと。新規開拓の営業活動を行うことが成功への近道です。

SPREAD
15
願望実現スプレッド
（154ページ）

使用カード
**フルデッキ
78枚**

相談19

彼から別れを告げられた

「急に彼から別れようと言われました。本当に別れるつもりでしょうか？」

（24歳・女性）

ソードの10　ソードの7　ソードの6

❶　❷　❸

SPREAD
応用編1
3枚引きコンビネーション
（156ページ）

使用カード
フルデッキ78枚

Answer

彼の決心は固い様子

3枚まとめて読みますが、注目は『ソード』のカードばかり出ているところです。『カップ』と違い感情的なものではなく、理性的に考えて判断していることがわかります。彼なりに深刻に考えた結果、うまく立ち回って距離を取ろうと、つまり別れようとしています。決心は固いようです。

column

『3枚引きコンビネーション』を読み解くポイント

「3枚まとめて読む」ためには慣れが必要です。カードの象徴や意味を、あらかじめ頭に入れてからのほうが混乱しないでしょう。3枚を「じっくり読む」というよりも、場に出た3枚のカードから「直感的につかむ（わかる）」感じをイメージしてください。強いて言うなら「連想ゲーム」のような感じでしょうか。タロットカードになじんでいくと、ある時、急にわかるようになりますから、難しく考えすぎずチャレンジしてみてくださいね。

結果を予想したりせずに、意識を集中させてカードに向き合います。左のイメージは、あくまで参考程度に覚えてください。あまりしばられず、質問者の直感を大切に。

大アルカナ→22〜65ページの各キーワードおよび202ページの「大アルカナキーワード早見表」の正位置を参照
ワンド→情熱／意志／葛藤
カップ→愛情／感情の揺らぎ
ソード→知性／判断／冷酷さ
ペンタクル→物質的／関係性の積み重ね

なお、他のスプレッドの補佐として占う場合は、186ページの鑑定例を参考にしてください。

相談 20

今日1日ラッキーに過ごしたい！

「今日のラッキーアドバイスをお願いします」（19歳・女性）

SPREAD
応用編2

ワン・オラクル
（157ページ）

使用カード

大アルカナ22枚

Answer

単独行動がいい日

1人の時間を大切に、大勢で過ごすより単独行動がラッキーな日。158～159ページを参考にしてください。オーガニックフードやベジタリアンフードなどが身体の内側からイキイキとさせてくれます。いい天気なら単行本を1冊持ち、森林浴をしながらの読書もおすすめです。

隠者

❶アドバイス／メッセージなど

相談 21

面接はうまくいく？

「転職の面接で、成功するためのアドバイスをください」（28歳・女性）

SPREAD
応用編2

ワン・オラクル
（157ページ）

使用カード

フルデッキ78枚

Answer

動機を明確にアピールして

『審判』は巡り会いのカード。どうしてその会社に入りたいのかを明確にしましょう。その会社の経営方針や職務内容を詳しく調べるなどして、自分が「この会社だ！」と思った点を、しっかり認識して面接に臨むと◎。少しでもアピールできるように、心がけてみましょう。

審判

❶アドバイス／メッセージなど

相談22

デートを成功させたい！

「今日は大事なデートの日。素晴らしい1日になるようアドバイスをください！」（24歳・男性）

SPREAD 応用編2

ワン・オラクル

（157ページ）

使用カード

フルデッキ78枚

Answer

準備を入念に！

『カップの7（逆）』は目的がはっきりするカード。相手とどのように過ごしたいか、どのように関係を深めたいかということを、はっきり意識しましょう。デートのスケジュールや行き先、食事をする店なども、行きあたりばったりではなく、前もって決めておくことがおすすめです。

カップの7（逆）

❶アドバイス／メッセージなど

相談23

自分を魅力的に見せたい！

「人間関係が苦手です。どうしたら人に好かれるでしょうか」（27歳・男性）

SPREAD 応用編3

ドリーム

（160ページ）

使用カード

大アルカナ22枚

Answer

肩の力を抜いてOK

現状は『戦車（逆）』。思い込みが激しく言動に波があります。周囲の質問者に対するイメージは『吊るされた男』。努力家で忍耐強いと思われています。アドバイスは『世界（逆）』。完璧を求めすぎず、少々アンバランスな個性があったほうが魅力的ですから、プライベートを充実させて。

太陽

❶願望カード

明るく幸せな自分が目標！

戦車（逆）

❷質問者の行動性

吊るされた男

❸周囲からどう見られているか

世界（逆）

❹アドバイス

タロット学へようこそ

vol. 5

さらに読み込みを深めたい人へ

一つのスプレッドで答えが出なかった時、別デッキを使って3枚引きで占ってみましょう。

相談

「遠距離交際中の彼がいますが、子持ちの既婚者とも男女の関係に。彼との今後はどうなりますか？」

『3枚引きコンビネーション』で質問を追加しましょう

『3枚引きコンビネーション』は単体で占えるだけでなく、他のスプレッドの補佐的な使い方ができます。ここでは『ヘキサグラム』の結果をさらに深める使い方を紹介します。

まず『ヘキサグラム』の結果ですが、過去（❶）は三角関係を暗示し、現在（❷）は質問者が失望感の中にいることがわかります。質問者は現状を厳しくジャッジしていますが（❻）、彼は過去を忘れられない様子（❺）。近未来（❸）はお互いの存在を忘れられないと出ており、最終カード（❼）から2人の関係は続くことが暗示。現実を見て目を覚ますように（❹）というメッセージです。

さらに『3枚引きコンビネーション』で、彼と既婚男性、それぞれの気持ちを補足します。Q1の結果、彼は正式なパートナーとして向き合いたいが、現状はどうすることもできず、どう考えていいかわからない様子。一方、Q2の結果、既婚男性は世間的なしがらみがあると同時に、自分としては満足している面もあるため、このまま家庭を守っていくようです。

相手の状況や気持ちをもっと知りたい！

Q1

彼はこれから質問者とどうなりたい？

Q2

既婚男性は家族をどうするつもり？

『3枚引きコンビネーション』の並べ方

スプレッドを並べ終わったら、新たに用意した別デッキから3枚引きをして並べます（詳しくは156ページ参照）。

第6章

タロット占い上達レッスン

Lesson 1

覚えたカードから占ってみましょう

まずは少ない枚数でそのカードになじみましょう

フルデッキ78枚の意味を丸暗記しようと思うと、気が遠くなるかもしれません。まずは、象徴のキーワードに慣れ親しみましょう。例えば『太陽』なら、「生命力」「繁栄」「幸福」……というように、そのカードが代表するキーワードを頭に入れていきます。ただし、一度にたくさんのカードを覚えようとしても、なかなかうまくいかないはず。最初は3枚、もしくは5枚ずつ占いに使用して、それらのカードに徹底的になじむようにしていくことが大切です。

その際、「意味を覚える」という感覚ではなく、「その数枚を扱えるようになった」「その数枚がわかった」という感覚を持つことができるようになれば大丈夫。その数枚が頭と心になじんだら、さらにカードを増やしていき、徐々に占うカードとなじんでいくことによって、占った時の、カードの出方にも特徴があるのだと気づくでしょう。

大アルカナがわかるようになったら、小アルカナに取り組みます。各スートごとの同じ数札4枚ずつを学んでいきましょう。まずはエース～10、数札ごとのテーマに注目してください。コートカードも、キングならキングの4人の性格分析をしながら個性をつかみます。例えば、「このキングはどのような考え方をするか？」「何を言いそうか？」「ランチには何を食べていそうか？」など。日常生活において、周囲の人をコートカードに当てはめてみると理解が早いはずです。

また、コートカードは必ずしも質問者や相手の性別通りに出てこないことがあります。ただ、同じ人物にはいつも同じコートカードが出てくることも多いので、注目してみてください。

上達のためのワンポイントアドバイス！

質問のしかたが大切です

わかりやすい答えを得るためには質問が重要です。例えば、「○○していいですか？」と質問するより「○○したらどうなりますか？」という質問のほうが、答えがわかりやすく出ます。また、気持ちや事態の成り行きについての質問は答えを得やすいのですが、具体的な金額や人数などの数を出したい場合、答えを得にくいようです。

逆位置の基本は正位置と心得ましょう

正位置と逆位置の両方の意味をそれぞれ覚えていくのではなく、まずは正位置の象徴やキーワードを、しっかり理解しておきましょう。正位置に慣れ親しんだら、逆位置について推察します。逆位置は基本的に「過不足」を表すので、正位置での意味合いが行きすぎているか？　または、不足しているか？　と考えてみるのです。

カードの絵柄に注目しましょう

カードに描かれた絵を見て、意味を判断する方法もあります。例えば、カードの絵の背景は質問者の未来の目標や理想を表しています。

人物が描かれている小アルカナが出たら、「顔の向き」に注目します。一般的には左向きが過去、右向きが未来を表します。また、左向きが内側を見ること、右向きが外交的に他者と向き合うことを指す場合もあります。人物がいなければ、その相談事の主導権が質問者にないということかもしれません。ただし、大アルカナの人物は象徴の擬人化で人物カードではありません。『吊るされた男』までは人間界における現代社会の領域を表し、『死神』以降は、より内面的な世界、つまり魂の領域の象徴とされています。

Lesson 2

数字で各スートを理解しましょう

数に注目！ 数の意味をまず覚え 元素の意味を加える

小アルカナは、大アルカナほどの明確な意味の区別がないため、混同することもあるようです。そのため1枚ずつ意味を覚えようとすると大変で、ためらわれてしまうでしょう。そんな時、役に立つのが「数」に注目した覚え方です。

「カバラ（ユダヤ神秘思想）」ベースになっているウエイト＝スミス版（126ページ参照）は、数そのものに神秘的な意味合いがあります。エースから10まで、それぞれの数が意味を持つという考え方です。ですから数の意味を理解しておけば、56枚ある小アルカナの意味も、スートの境界線を越えて理解できるでしょう。つまり、4つのスートを数ごとにまとめて理解するというやり方で覚えられるのです。ここでは、エース

四大元素と意味	エース	2	3	4
	物事の始まりを表す 始まりを表し、小アルカナの中で、もっとも強いカード。スートの性質が純粋に出ています。	**均衡の取れた状況を意味する** エースが表している最初の動機にもう一つの要素が加わり、異なるものの間で揺れ動きます。	**物事に動きが出てくる** 点が2つだと線、3つだと三角形となるように、スートの意味に動きが出てきます。	**安定と落ち着き** 4は安定を意味する数。そのため、4のカードはどのスートも落ち着いています。
火（情熱）	 ワンドのエース	 ワンドの2	 ワンドの3	 ワンドの4
水（感情）	 カップのエース	 カップの2	 カップの3	 カップの4
風（思考）	 ソードのエース	 ソードの2	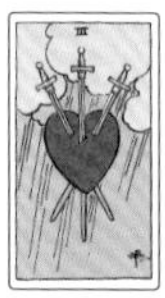 ソードの3	 ソードの4
地（物質）	 ペンタクルのエース	 ペンタクルの2	 ペンタクルの3	 ペンタクルの4

から10までの数が、どのような意味合いを持っているのかを挙げてみました。

さらに、各スートは、この世界を構成する四大元素である「火」「水」「風」「地」と対応しています。ワンドは「火」、カップは「水」、ソードは「風」、ペンタクルは「地」にそれぞれ相当します。加えて「火」は情熱、「水」は感情、「風」は思考、「地」は物質を意味することから、ワンドの場合、「物事を始める動機が情熱である」と読めるのです。同じく、カップの場合、その動機は感情、ソードなら思考、ペンタクルなら物質……といった具合に読み解くことが可能となります。

なかでもエースは、四大元素の純粋なエネルギーそのものと見ることができます。例えばワンドのエースは、「火」の純粋なエネルギーそのものといえるでしょう。

このように、まずは全スートを数ごとに横並びにして、その数が表す意味を初めに覚え、次に各スートが持つ元素の意味合いをからめることをおすすめします。

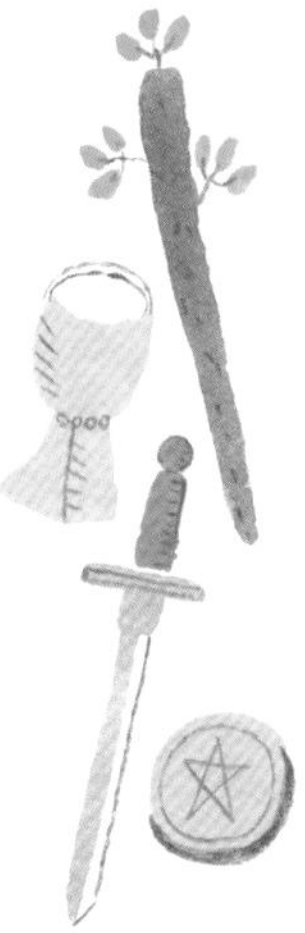

5	6	7	8	9	10
大転換期を迎える 安定した4から、場面がガラリと変わります。5で大きな転換期を迎えるのです。	**調和とバランス** 天上と地上の調和や、美徳と悪徳の葛藤を暗示。両者のバランスを取り、全体の調和を保ちます。	**調和が崩れる** 6の調和が不安定になります。7は何かを得たゆえの葛藤と、そこから先の探求を表しています。	**変化と移行** どのスートも、次のステージに移行する段階がやってきたことを暗示しています。	**ここまでの到達点** 一定のものを得た到達点を意味しますが、まだその先があることも暗示しています。	**到達と完成** 9のさらに先に至るのが10。一つの物語が終わりを迎え、四大元素が完成した状態を表します。
 ワンドの5	 ワンドの6	 ワンドの7	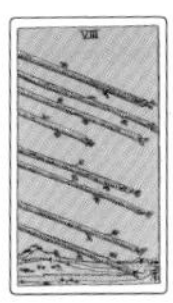 ワンドの8	 ワンドの9	 ワンドの10
 カップの5	 カップの6	 カップの7	 カップの8	 カップの9	 カップの10
 ソードの5	 ソードの6	 ソードの7	 ソードの8	 ソードの9	 ソードの10
 ペンタクルの5	 ペンタクルの6	 ペンタクルの7	 ペンタクルの8	 ペンタクルの9	 ペンタクルの10

Lesson 3

コートカードは人物イメージが大切です

それぞれの人物の特性を知れば意味が見えてきます

小アルカナのうち、特定の人物が描かれたカードをコートカードと呼びます。「コート」とは「宮廷」のことで、当時の身分制度を表します。キングは王を、クイーンは女王を、ナイトは騎士を、ペイジは小姓を指し、それぞれが人間のある年齢を表しているのです。

キングは大人の男性、クイーンは大人の女性、ナイトは青年を象徴します。また、ナイトが出た時には、馬の向きやスピードに注目することが大切です。ペイジは子ども、未成年、若い娘にあたりますが、大人の女性でも、精神的に未熟な場合、質問者を暗示するカードとして出ることもあります。

さらにコートカードはこの世界を構成する四大元素に分けられ、キングは「火」、クイーンは「水」、ナイトは「風」、ペイジは「地」というように分類されています。そのため、各スートが意味する四大元素とのかけ合わせで、元素の意味が強調されると読むことができます。火を意味するワンドのキングなら、火×火で、火の意味合いがもっとも強くなるわけです。

一方、コートカードが出た場合、そのカードが質問者自身を表すこともあります。例えば、質問者が大人の女性で、クイーンが出た時は、そのカードは質問者だと捉えることができるでしょう。ただし、性別が変わることもあります。質問者が男性でもカードが示す女性的な性質を多く備えているなら、クイーンが出たりするのです。ここが、タロットのおもしろいところだといえるでしょう。

その他、ペイジが出た場合、ニュースやメッセージ的な意味合いを持つこともあります。同じく、出たカードがナイトなら、出来事やハプニングを暗示しているケースもあるのです。

ペンタクル	ソード	カップ	ワンド	スート		
地	風	水	火	四大元素	人物イメージ	コートカード
 ペンタクルのキング 現実感覚と行動力と精神力を備えた人物。富や権力を持つ人物。逆位置では、所有欲が強い人物。実力も地位もない人物。	 ソードのキング 厳格で知性があり、現実的でクールな人物。逆位置では、独りよがりで周囲の意見に耳を貸さない策略家や、冷酷な人物。	 カップのキング 同情心にあふれ、心が広く穏やかな人物。逆位置では、優柔不断で感情により行動が変わり、依存心の強い不誠実な人物。	 ワンドのキング 誇り高く情熱的で、自己主張の強いリーダー的人物。逆位置では、熱しやすく冷めやすい、心が狭くてワンマンな人物。	火	大人の男性	キング
 ペンタクルのクイーン 実利的で保守的で、現実を見る堅実な精神の女性。良妻賢母。逆位置では、損を嫌い、心が狭く、堅苦しい女性。	 ソードのクイーン きまじめで批判的な、はっきりとものを言う女性。逆位置では、融通が利かない、強情で気が強く、批判的な女性。	 カップのクイーン 慈悲があり、情が深い、献身的で情緒豊かな女性。逆位置では、情緒不安定で依存的な、過干渉、非現実的な女性。	 ワンドのクイーン やる気と行動力ある人物。おおらかで快活な女性。逆位置では、気が強く感情の波が激しいおせっかいでわがままな女性。	水	大人の女性	クイーン
 ペンタクルのナイト 責任感があり、堅実で実利的で忍耐強い青年。逆位置では、金儲け主義的でも生活能力はない、惰性的な青年。	 ソードのナイト 機敏で才気にあふれ、任務を遂行する、判断力の優れた青年。逆位置では、非情で批判的で敵意に満ちた、攻撃的な青年。	 カップのナイト 周囲に合わせていける柔軟性があって、心の優しい青年。逆位置では、軽薄で浅はかな、誠意のない青年。	 ワンドのナイト 意欲的、積極的で、冒険心のある情熱的な青年。逆位置では、短気なトラブルメーカー。競争意識の強い青年。	風	青年	ナイト
 ペンタクルのペイジ こつこつ努力する、勤勉で素質があり、勉強熱心な人物。逆位置では、努力や実力が足りない、怠惰で根気に欠ける人物。	 ソードのペイジ いろいろ試したがる、用心深い人物。情報収集。逆位置では、本音と建て前の違う人物。裏切り者。考え違いによるミス。	 カップのペイジ ユニークな発想と芸術的センスを持つ人物。盛り上げ役。逆位置では、思い込みが激しく自分に甘く、誘惑に弱い人物。	 ワンドのペイジ 意志が強く、意欲のある人物。いい知らせ。逆位置では、気まぐれで未熟な目立ちたがり屋。連絡ミスや悪い知らせ。	地	子ども／未成年／若い娘	ペイジ

Lesson 4

絵の中の色に注目しましょう

カードを見た時どんな色が印象に残るでしょうか

タロットカードの絵には、解釈のカギとなるヒントがたくさん描かれています。その中でも注目すべきポイントの一つが、描かれている絵に使われているカラフルな「色」です。赤や青、緑、白、黒、黄色など……タロットカードの絵には、様々な色が使われています。実際にカードを手に取った時、真っ先にあなたの目に飛び込んでくるのは、どういう色でしょうか。

例えば、大アルカナの『魔術師』を見てみましょう。魔術師の足元にある白いユリ、もしくは赤いバラがふと気になるかもしれません。あるいは、小アルカナの『ワンドの４』を見たら、「黄色い背景が記憶に残るな」という印象を受けるかもしれません。タロットカードに使われている色には、やはり重要な意味が込められているのです。

そこで、それぞれの色にどんな意味があるのかに注目してみましょう。そうすれば、カードの意味を丸暗記する必要はなくなり、色の持つ意味から、カードの答えやメッセージを連想することができるでしょう。

ここではウエイト＝スミス版を参考に色の解説をしますが、タロットによっては、絵柄がウエイト＝スミス版とは大きく異なっている場合もあります。だからといって、ウエイト＝スミス版以外は間違いだということはありません。絵を描いた人がイメージする色が、たまたまウエイト＝スミス版とは違う色だったというだけで、いい悪いの区別はありません。

特定のモチーフの色がなぜか目につく場合は、その色の意味に重要なヒントが隠されているかもしれません。１９５ページにまとめた色が持つ基本的な意味の一覧を参考にして、見ていきましょう。

緑

生命力、活力、自然の本能、
バランスを象徴。

例 力やワンドのエースなどの緑の平原、カップの4、ワンドの8

深みのある青

温情、安定、
平穏な状態を象徴。

例 世界、カップの3、ソードのクイーン

白

純粋性、無垢、崇高さ、
女性原理を象徴。

例 魔術師やカップの6などの白いユリの花、審判、カップのエース

オレンジ

意欲、動的エネルギー、
目的意識を象徴。

例 太陽、ペンタクルの2

赤

熱意、情熱、積極性、我欲、
男性原理を象徴。

例 魔術師の赤いバラの花、皇帝、ワンドの2、ペンタクルの4

水色〜青

高い精神性、知性、穏やかさ、
理性を象徴。

例 女教皇、節制、星、カップのキング

紫

高尚さ、崇高さ、
満たされた生活を象徴。

例 恋人、世界、ワンドの3

黄色

実り、幸福、
豊かさを象徴。

例 女帝、ワンドの4、カップの9、ペンタクルのペイジ

灰色〜黒

世俗的な事柄、不安感、
試練を象徴。

例 悪魔、カップの5、ソードの6、ソードの9

Lesson 5

カードの象徴をしっかり押さえましょう

登場するものすべてに重要な意味が込められています

タロットカードには、様々な人物や動物、植物、自然、そして不思議なマークなどが登場します。踊っているような人物、目隠しをした人物、猛獣や想像上の生き物、満開のザクロ、画面いっぱいに描かれた月や太陽、そして雲……。それらの絵柄にはすべて、必ず意味が込められているのです。

同じ人物でも、向いている方向やポーズが違えば、意味も違ってきます。また、背景に描かれた樹々や花、果実、雲、星、月、太陽といった自然界のものにも、一つひとつに何らかのメッセージが存在するのは当然のこと。しかも、たった1本なのか、あるいは生い茂っているのかなどといった樹々の状態、花の種類、雲の様子など、細かい描写もカードによって描き分けられていますので、ぜひ注目してみてください。

例えば、同じ雲でも、流れるような雲と、もくもく湧き立つような雲とでは、はっきりと意味が異なってくるでしょう。

さらに、無限大マークや惑星のマークなど、何らかの記号や図形が描かれている場合は、カードのメッセージ性が特に強まりますから、見逃さないようにしてください。

このように、タロットカードの絵柄には、無意味に登場しているものは何一つとしてないわけです。ですから、カードに描かれたモチーフから意味を連想していけば、カードのキーワードを丸暗記する必要もなく、イメージを自在に広げていくことができるでしょう。

それゆえ、すべてのシンボルに注目し、丹念に意味を拾っていくことが大切です。そこに隠された意味を読み取った時、あなたの中でタロットの解釈はよりいっそう深まるでしょう。

カードに描かれた主なシンボル

植物

バラ、ヒマワリ、ブドウ、ユリ、ザクロ、シュロなどが登場します。赤いバラは愛や情熱、ヒマワリは明るさや生命力、ブドウは豊かさや収穫、ユリは純潔と平和、ザクロは女性性、シュロは男性性を意味しています。布や衣装に描かれている場合も、同じ意味を持ちます。

例 法王、太陽、ワンドの4、ペンタクルのキング

記号・図形

金星のマークや無限大マーク、アンク十字などが登場します。金星のマークは愛と美に満たされている状態を、無限大マークは無限の可能性を意味しています。『皇帝』が右手に持つアンク十字は、生命と多産の象徴。エネルギーを強める働きをしているのです。

例 魔術師、女帝、皇帝

人物の向きやポーズ

後ろ向き、踊っている、座っているなどが登場します。後ろを向いているのは未来を見つめていること、踊っているのはその時の心理状態を、座っているのは現状にすっかり満足しきっていることを表し、マンネリ状態を意味することもあります。

例 ワンドの3、ペンタクルの2、カップの4

天体や雲

月、星、太陽、雲などが登場します。月は神秘性や女性性、星は希望や理想、太陽は喜びや生命力、雲は物事が展開するスピードや現状を表します。流れる雲なら早いスピードで物事が進み、雲に囲まれている状態は、周りが見えなくなっていることを意味します。

例 女教皇、カップの7、ソードのナイト

動物

馬、犬、ライオン、蛇、そしてスフィンクスのような想像上の生き物なども登場します。馬は走り方に注目を。疾走する馬なら急展開を、止まっているように見える馬なら停滞を意味します。また、犬は友達、ライオンは王者、蛇は邪悪なものの象徴。スフィンクスは本能を表します。

例 愚者、恋人、戦車、カップのナイト

人物の背景や地面

遠くに見える山、建物、海、水辺、庭などが登場します。山や建物は明るい展望や希望を、広がる海は新しい方向性を、水辺は浄化や思考を、庭は豊かさ、安息を表しています。ただし、荒波や荒れた庭なら、すさんだ状態を意味しています。

例 皇帝、節制、カップの6

Lesson 6

毎日カードを引いてみましょう

占えば占うほどタロット占いは上達していきます

タロットカードは、占えば占うほど意味がわかるようになり、的中率も上がっていきます。そうなると、どんどんおもしろくなっていくでしょう。短時間でもいいので、まずは毎日カードにふれて、慣れ親しむことをおすすめします。1枚ずつカードと向き合い、最初のうちは、意味や象徴に親しんだ数枚のカードを使って占いを始めます。徐々にカードを増やしていきましょう。あなたのペースで構いませんので、じっくりカードのイメージをふくらませてください。

おすすめは、タロット専用ノートを1冊用意することです。そのカードを見て発見したこと、絵柄で気がついたこと、思いついたストーリー、得られたインスピレーションなどを、カードごとにどんどん書き留めていきましょう。

もし負担にならなければ、毎日カードを引いて占ってみるのもいいでしょう。占った後はノートに記録を残して、後から答え合わせをすることが上達のコツです。「これらのカードが出たら、こんな結果になるのか」というスプレッドを読む時のバリエーションが、自分の中で蓄積されていくでしょう。さらに慣れてきたら、あらかじめ予想結果のメモを取って、占い結果と照らし合わせてみるのもおすすめです。さらに、映画や小説などのストーリーをタロットカードと結びつけて考えてみるイメージトレーニングもいいでしょう。やがて、日常生活の中で起きた事柄と、場に出たカードとを、うまく対応できるようになっていくはずです。

どのようなタロット占いの熟練者であっても、初心者の時代を経ています。誰もがタロットの鑑定師になれる可能性を秘めているのだということを、忘れないでくださいね。

場に出たカードが偏っていたら？

コートカードばかり！

コートカードばかり出た場合、その問題について関わる人間が多いということを意味しています。いろいろな人の関わりや、影響を受けているケースが多いと考えましょう。その中に、問題について大きな影響力を持つキーマンが出ていることもありますから注目を。

スプレッドに数字が多い！

エース～３が多ければ、その問題がまだ初期段階であるケースで、質問者に迷いがある可能性も。４～７が多ければ、その問題の中盤に差しかかっている暗示。８～10が多ければ、問題の最終局面だったり、質問者がすでに答えを決めている可能性を表します。なお、エースが目立つ場合は、強いエネルギーを意味するので重視しましょう。

逆位置ばかり！

逆位置ばかりの時、質問のしかたが悪い場合、そもそも問題についての考え方や捉え方が間違っている場合、今日は答えが出せない場合などが考えられます。他の日に占い直してもいいですが、その場で質問のしかたを変えて、占い直してもいいでしょう。なお、正位置ばかりのケースでは、特に気にする必要はありません。

大アルカナばかりか小アルカナばかり！

大アルカナばかりの場合、その問題が質問者に重要な意味を持つことを表します。人生に関わってくる重要な「運命」である可能性も。一方、小アルカナばかりの場合、日常の細かい事象を指し、質問者への影響力は小さいケースもあります。

同じスートばかり！

問題にそのスートの意味合いを多く含んでいるケースがあり、注意しましょう。各スートの意味については、ご覧の通りです。

ワンドが多い	情熱や行動力による影響が強く、自分と周囲との間で闘争が起きやすいでしょう。勢いはありますが安定を欠き、事態が二転三転しやすいようです。
カップが多い	感情や気持ちからの影響を強く受け、他者との間に情緒的なものが存在すると読みます。情によって事態が左右される可能性もあるでしょう。
ソードが多い	知性や思考、対人関係がクローズアップ。自分や他者との戦い、試練などで傷つけ合うことも。質問者の考え方や、精神面からの影響も無視できません。
ペンタクルが多い	金銭や物質的なものからの影響が強く、仕事やポジションなど現実的な事柄が強調されます。仕事や金銭に関する占いでこのカードが場に出ない場合、儲けにつながらない可能性も。

スートによってスピードが異なることも！

なお、スートによって物事が展開する勢いや速さに違いがあります。希望が現実となる時間軸に関係するので、要チェックでしょう。

ワンド…１日単位　カップ…日または週単位

ソード…週または月単位　ペンタクル…月または年単位

もっと知りたい！

タロット占いQ&A

タロット占いをしている時に、よくある質問や素朴な疑問について、お答えします。

Q カードを並べる時、「6枚捨てて7枚目を引く」のはなぜですか？

A 「7」は宇宙のリズムを暗示

7という数字は、宇宙の周期であり、宇宙のリズムだといわれています。旧約聖書に出てくる天地創造の話によれば、神がこの世界を作るのに7日かかったとのこと。つまり7は、タロット占いにおいても特別な数字なのです。

Q 最初に買うならどんなタロットカードがいい？

A ウエイト＝スミス版がおすすめ

どんなタロットカードを使用してもいいですが、初心者の方は「ウエイト＝スミス版」(ライダー版ともいいます) タロットがおすすめです。象徴がわかりやすく描かれており、数札が絵柄であることも解釈に役立ちます。

慣れてきたら、他のカードにチャレンジしてもいいですね。実際に何種類か試してみると、自分にとってイメージを広げやすいカードが見つかるでしょう。また「マルセイユ版タロット」や「トートタロット」など、カードの意味や鑑定方法がウエイト＝スミス版とは異なる種類もあるので、興味のある方はチェックしてくださいね。

Q 自分を占う時に気をつけることは？

A 満月の夜は注意が必要！

古くから、満月は人を感傷的にさせるといわれるため、慣れるまでは満月の日に深刻な内容の自分占いをしないほうがいいでしょう。プロの鑑定師でも、自分のことを占わないスタイルの人がいるほど、自らの感情、願望や恐れを入れず、客観的に自身を占うことは難しいのです。

Q 他にどんなタロットの活用法があるでしょうか？

A お守りとして持ち歩くのも◎

タロットカードをお守りにして、手帳などにはさんで持ち歩くのはおすすめ。自分の理想や願いを実現できるよう、パワーをもらいましょう。持ち歩くカードは、通常占いに使用するデッキとは異なるデッキから選ぶのがいいですね。

Q タロットカードってどこで買えるの？

A 書店の他、通販でも購入可能

タロットカードは、大きな書店に置いてあることが多いようです。その他、インターネットで専門のショップがあります。購入する時は、自分の手の大きさなどを考慮して扱いやすいカードサイズのデッキを選ぶといいでしょう。購入後は、カードの浄化（128ページ参照）も忘れずに行いましょう。

巻末 大アルカナ キーワード早見表

正位置・逆位置で出た場合の大アルカナのキーワードをそれぞれまとめました。ここからイメージを広げて、解釈を深めていきましょう。

正位置

0 愚者	個性的／好奇心／オリジナリティー／自由奔放
Ⅰ 魔術師	機知に富む／新たなスタート／手腕／コミュニケーション
Ⅱ 女教皇	知性／冷静さ／思慮分別／つつましい／洞察力
Ⅲ 女帝	実りと収穫／安らぎ／繁栄／結婚と妊娠
Ⅳ 皇帝	野心／強い意思／リーダーシップ／達成
Ⅴ 法王	助言や協力／温厚／保守的／人のために尽くす／法的事柄
Ⅵ 恋人	楽しい時間／ワクワクと発展する／選択の時／ひらめきに従う
Ⅶ 戦車	征服する／前進／困難に立ち向かう／決行／達成へ努力する
Ⅷ 力	粘り勝ち／勇気／不屈の精神／根気／受動的な力
Ⅸ 隠者	精神的な成長／孤独／秘密／研究
Ⅹ 運命の輪	幸運の訪れ／いい時期／成功／達成
XI 正義	公正さ／中立／バランスの取れた状態／正しい行い／相応しいパートナー
XII 吊るされた男	忍耐／試練／意味のある自己犠牲／観点を変える／時機を待つ／身動きが取れない
XIII 死神	方向転換／物事の終わり／破局／生死に関すること／精神的内面の改革
XIV 節制	協調性を発揮する／節度を守る／感情を制御できる／穏やかさ／献身的
XV 悪魔	快楽主義／執着心／甘い考え／誘惑／病気／反社会的言動
XVI 塔	ショックな出来事／終止符を打つ／トラブル／手術／事故／考え方を変える／ケンカ
XVII 星	創造性／芸術的感性／希望を抱く／イキイキした生活／友愛
XVIII 月	状況がはっきりしない／情緒不安定／偽り／隠れた敵／郷里／家族／母親／妊娠
XIX 太陽	幸運／喜ばしいこと／発展／名誉や地位を手に入れる／健康回復／昼間／結婚／出産
XX 審判	復活／解決する／はっきりする／道が開ける／帰属する場を見つける／巡り会う
XXI 世界	完成／満足のいく状態／完璧／調和が取れて安定している／成功／達成

逆位置

0 愚者	非現実的／無計画／軽率／マイペース
I 魔術師	活力不足で停滞／実力不足／無計画な言動／だまされる／コミュニケーション不調和
II 女教皇	閉鎖的／融通が利かない／潔癖さ／批判的／ヒステリック
III 女帝	成果がない／浪費／ルーズ／快楽主義
IV 皇帝	強引／わがまま／未熟／降格／物事が裏目に出る
V 法王	裏表のある言動／反道徳的／無慈悲／ルール違反
VI 恋人	惰性に流される／裏切り／誘惑に負ける／優柔不断
VII 戦車	軽率な行動／乱暴／思い込みが激しい／意欲減退／衝動的言動
VIII 力	強引さ／弱気／中断／力不足
IX 隠者	偏屈さ／秘密が明るみに／閉鎖的／社会に背を向ける／変人
X 運命の輪	不運／停滞／失敗／避けられない出来事
XI 正義	不正／不公平／優柔不断／不当な扱い／不釣合い
XII 吊るされた男	見当違いの努力／固定観念にとらわれる／忍耐不足／物事の捉え方が違う
XIII 死神	スッキリしない状態／停滞／行きづまる／刷新できない
XIV 節制	不摂生／我を通す／抑えられない／自己中心的／人嫌い
XV 悪魔	純粋な心／とらわれからの解放／悪習慣から脱する／更生する／腐れ縁を絶つ
XVI 塔	トラブル後の後遺症／混乱／回復の過程／行きづまり
XVII 星	失望／閉鎖的／古い考え／夢がない／期待はずれ／ストレス
XVIII 月	状況が落ち着く／不透明なことがはっきりする／事情が明るみになる／精神の安定
XIX 太陽	物事の中止や停滞／贅沢／落胆する／挫折／不健全
XX 審判	相変わらずの状態／こじれた状態／病気再発／立ち直り困難／諦める
XXI 世界	不完全／整わない／少ない収穫／高望みによる不調和／中断する／限界

巻末

小アルカナ キーワード早見表

正位置・逆位置で出た場合の小アルカナのキーワードを、4種のスートごとにそれぞれまとめました。迷った時はこの早見表を確認しながら、イメージを広げていきましょう。

ワンド

正位置

エース（ワンド）
直感／情熱／意思／やる気／野心／目的／ひらめき

2（ワンド）
実行力／新たな一歩／指導力／目的・方向性が決まる

3（ワンド）
進展する／計画を実行する／成果がある

4（ワンド）
安定／平和な状態／発展／祝福／順調

5（ワンド）
葛藤／戦い／闘争／向上するための争い

6（ワンド）
主導権を握る／達成する／満足感を得る／有利な立場に立つ

7（ワンド）
現状維持／自分の立場を守るために頑張る／信念を守る／妥協しない

8（ワンド）
速やかな変化／チャンス到来／解決／進展

9（ワンド）
追いつめられた状態／あらゆる手を尽くして踏ん張る／妥協しない

10（ワンド）
荷の重いプレッシャー／無理を承知で背負う／逃れられない責任／前途多難

ペイジ（ワンド）
情熱的／野心／勇気がある／前進する／向上心／うれしいメッセージ

ナイト（ワンド）
意欲あり／積極性／目標への前進／引っ越し／旅行

クイーン（ワンド）
やる気と行動力あり／社会的に活動する／元気／はつらつと明るい

キング（ワンド）
野心がある／勇気がある／ビジネス能力が高い／責任ある立場で頼りになる

逆位置

エース（ワンド）
やる気が空回りする／自信過剰／見当違いの頑張り／自分本位

2（ワンド）
想定外の出来事／方向性が見えない／思うようにいかない／停滞／計画性がなく空回り

3（ワンド）
諦める／前進できない／無計画な行動／チームワークの悪さ

4（ワンド）
不安定／惰性的状態／成し遂げるまでに時間がかかる

5（ワンド）
自我を押し通す／敗北／混乱／欲望のための争い／向上心がない

6（ワンド）
実力がない／うぬぼれ／心配事ができる／服従する

7（ワンド）
守り切れない／信念を曲げる／弱気になる／戦いを放棄する／諦める

8（ワンド）
邪魔が入る／動きが遅い／見当違いの展開

9（ワンド）
傷つけられる／負ける／災難にあう

10（ワンド）
限界オーバー／被害を受ける／ギブアップ／押しつけられたトラブル

ペイジ（ワンド）
気まぐれ／やる気がない／持続力に欠ける／自己中心／残念なメッセージ

ナイト（ワンド）
競争意識が強い／野心が強すぎる／短気／トラブルメーカー

クイーン（ワンド）
おせっかい／負けず嫌い／怒りっぽい／やる気が空回り／気が強い／わがまま

キング（ワンド）
自分勝手／オレ様的／視野が狭い／熱しやすく冷めやすい／頼りにならない

カップ

正位置

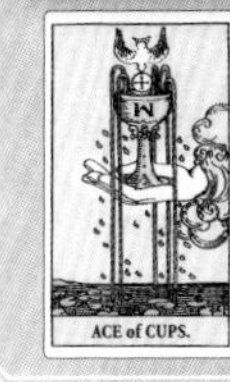

カップ3
友愛／周囲との調和／友達関係／社会活動／連帯／グループ活動／祝い事

カップ6
親愛の情／慈しみ／幼なじみ／思い出を振り返る

カップ9
満足／ツキがある／努力とは関係ないラッキー／幸福感を得る

カップナイト
柔軟性を持つ／愛情／提案／勧誘

カップエース
愛情／思いやり／満足／平和

カップ4
マンネリ／不満足／怠惰／与えられても幸福感がない

カップ7
妄想／現実逃避／現実が見えていない／迷っている／酒やドラッグに溺れる

カップ10
幸福な状態／家族や一族の喜び／満ち足りた状態／結婚の幸福感

カップクイーン
愛情深い／情緒豊か／献身的／良妻賢母／夢見がち

カップ2
互いに愛情を交わす／共感を持つ／気に入る

カップ5
願いが叶わない／失望／成果が少ない／すべてを失ったわけではない

カップ8
関心がなくなる／考え方の変化／興味を失う／放棄

カップペイジ
愛嬌／純粋／優しさ／芸術的才能／よい知らせ／おしゃれ／愛・子どもに関するメッセージ

カップキング
優しい／穏やか／寛大／同情心がある／情が深い

逆位置

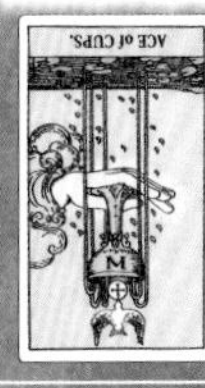

カップ3
不和／人間関係の不調和／ルーズさ／閉鎖的／薬・アルコールの過剰摂取で不健康に

カップ6
同情／過去への執着／憧れで終わる

カップ9
アテが外れてがっかりする／浪費／依存／不平不満

カップナイト
軽薄／浅はかさ／情にほだされる／詐欺

カップエース
失望／愛情不足／心を閉ざす／感情の揺れ／素直に感情を出せない／妄想的愛

カップ4
動き出す／変化／重い腰を上げる／希望が湧いてくる

カップ7
目が覚める／現実が見える／目的がはっきりする

カップ10
家族・親族とのトラブル／失望感／落胆する出来事／不満を抱く

カップクイーン
情緒不安定／依存的／自分のカラに閉じこもる／非現実的／過保護

カップ2
愛情が冷める／対立／心が通い合わない／気に入らない／絶交

カップ5
諦められない／未練が残る／希望が湧く

カップ8
新たに関心を持つ／社会においての人づき合い／不安解決の予兆

カップペイジ
わがまま／依存心／誘惑／甘え／思いつきや思い込み

カップキング
優柔不断／不誠実／依存体質／感情によって行動が変わる

ソード

正位置

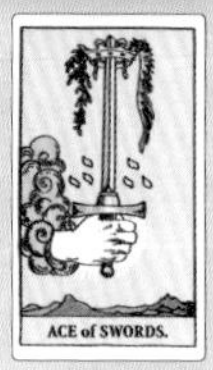

ソード 3
哀しみ／分裂／不和／解散／別れ

ソード 6
考え方を変える／移動する／方向転換／旅行

ソード 9
情緒不安定／思い込みによる絶望／不安／孤独感

ソード ナイト
勇ましい／実行力／思考力・判断力あり／状況の早い展開

ソード エース
思考／知性／精神力／決断

ソード 4
しがらみにとらわれる／充電する／休養する／時期を待つ

ソード 7
策略／偽善的／狡猾さ／私利私欲からうまく立ち回る

ソード 10
破滅／不幸／緊迫した事態／破産／深刻な状況／計画の失敗／不安が現実になる

ソード クイーン
観察力あり／生まじめ／クール／はっきりものを言う／批判精神

ソード 2
他者と調和を保つ／表面的な平和・一致／割り切った交友

ソード 5
人を傷つける・傷つけられる／我欲の行為／損失／コミュニケーションの状態が悪くなる

ソード 8
動けない／考えるばかりで行動できない／自分の考えに縛られる

ソード ペイジ
知識欲あり／警戒心／情報収集する／用心深く抜け目ない／知らないうちに驚くようなメッセージ

ソード キング
知性的／論理的／判断力あり／白黒つける／クール

逆位置

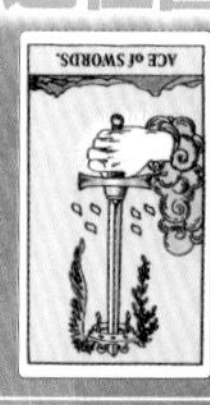

ソード 3
精神的に不安定になる／争い／損失／心が傷つく

ソード 6
変化を拒む／自分の考えにこだわる／分裂

ソード 9
不安から解放される／現状が見えてくる／苦痛や悩みが消失していく

ソード ナイト
非情／批判精神／敵意がある／人に対して攻撃的／盲目的

ソード エース
誤解／冷酷／思慮不足／コミュニケーショントラブル／健康の変化／攻撃性

ソード 4
行動する／考えを手放せる／解決の糸口が見えない／病状がよくなる

ソード 7
慎重に対処する／他人の策略に注意／手腕を振るう／ずるさ

ソード 10
徐々に好転する／将来的な展望が見え始める／苦労の末につかみ取る

ソード クイーン
融通が利かない／強情／他人を傷つける一面／孤独性

ソード 2
相手についていけない／不調和な人間関係／利己主義

ソード 5
損失／失敗／正位置の意味がより強まる

ソード 8
克服する／動き出せる／無抵抗

ソード ペイジ
情報不足／本音と建て前が違う／裏で立ち回る

ソード キング
融通が利かない／権威主義／冷酷／独りよがり／厳格

ペンタクル

正位置

ペンタクル エース
知覚／繁栄への基盤／金銭／物質的事柄のスタート／身体的なこと

ペンタクル 2
臨機応変な言動／相手に合わせて続ける／柔軟性あり／上手に楽しむ

ペンタクル 3
積み重ねる／学び／こつこつ努力して結果を出す／技術

ペンタクル 4
基盤が固まる／所有欲／堅実／維持していく

ペンタクル 5
損失／損害／援助が必要な状態／金銭トラブル／絶望／健康面の心配事

ペンタクル 6
報われる／ギブアンドテイク／要望が通る

ペンタクル 7
不満が残る結果／現状に満足しない／限界を感じる／パッとしない状況

ペンタクル 8
時間をかけて実りに向かう／職人のように積み上げる／地道な努力

ペンタクル 9
努力や実力が認められてチャンス／才能を発揮して成功する／引き立て運あり

ペンタクル 10
完成／生活・職場の繁栄／家族に関する幸福／仕事の成功／豊かな家庭／遺産

ペンタクル ペイジ
勤勉／着実に伸びる／学生／忍耐力あり／現実的／生活に役立つメッセージ

ペンタクル ナイト
責任感がある／地に足をつけて前進する／現実的／辛抱強い

ペンタクル クイーン
現実的／実利的／まじめ／堅実／勤勉／保守的

ペンタクル キング
社会的地位と経済力がある／資産あり／仕事の成功／技術力あり

逆位置

ペンタクル エース
損失／健康を害する／基盤の欠如／金銭・物質面が不安定

ペンタクル 2
不安定／不実な対応／コミュニケーションの不一致／うまく対応できない

ペンタクル 3
力不足／停滞／未完成／成果がない／努力が足りない

ペンタクル 4
守り切れない／基盤ができていない／損失／物欲／貪欲

ペンタクル 5
手助けが必要／不安定／病気

ペンタクル 6
報われない／当然のものが得られない／収支バランスが合わない／損失／浪費

ペンタクル 7
実を結ばない／諦める／実力不足／努力不足

ペンタクル 8
努力の放棄／時間をかけても実らない／ごまかす

ペンタクル 9
実力を発揮できない／能力不足／支援がない／機会が与えられない

ペンタクル 10
損失／失敗／家族に関する不幸／経済面の危機／不安定な生活

ペンタクル ペイジ
浪費／放蕩／努力しない／不まじめ／独りよがり

ペンタクル ナイト
惰性／頑固／停滞／物質主義／生活能力の欠如

ペンタクル クイーン
心が狭い／損失を恐れる／堅苦しさ

ペンタクル キング
欲深い／仕事能力がない／実利主義／無職

美園環希

子供の頃、お小遣いで初めてタロットカードを手にしたことが、後に占いの世界に入るきっかけに。その後、タロットカードの他にも体系的に西洋と東洋の占術を学ぶ。プロの鑑定師になることは予想もしていなかったが、ご縁に導かれるようにプロとしての活動をスタート。原宿占い館タリムでの対面鑑定は20数年を越える。現在、イベントや執筆、後進の指導に活躍の場を広げている。占術は、タロットカード、九星気学、西洋占星術、周易、姓名学、ダウジングなど。一般社団法人日本占術協会常務理事、認定占術士。NPO法人岳易館。ハート出版「九星開運暦」執筆メンバー。タロット講座はオンライン受講も可能。https://ameblo.jp/delphine333/

本文イラスト／井田やす代
本文デザイン／菅野涼子（株式会社説話社）
執筆協力／吹上恵美子（株式会社説話社）
校正／岡田好江
編集協力／小島みな子（株式会社説話社）酒井美文（えいとえふ）
編集担当／田丸智子（ナツメ出版企画株式会社）

いちばんやさしいタロット入門

2020年5月1日　初版発行
2022年11月1日　第7刷発行

著　者　美園環希
発行者　田村正隆

発行所　株式会社ナツメ社
東京都千代田区神田神保町1-52　ナツメ社ビル1F（〒101-0051）
電話 03-3291-1257（代表）　FAX 03-3291-5761
振替 00130-1-58661
制　作　ナツメ出版企画株式会社
東京都千代田区神田神保町1-52　ナツメ社ビル3F（〒101-0051）
電話 03-3295-3921（代表）
印刷所　図書印刷株式会社

ISBN978-4-8163-6817-2
Printed in Japan